ISBN 978-1-334-97482-3
PIBN 10606583

1 MONTH OF
FREE
READING

at

www.ForgottenBooks.com

By purchasing this book you are
eligible for one month membership to
ForgottenBooks.com, giving you
unlimited access to our entire
collection of over 700,000 titles via
our web site and mobile apps.

To claim your free month visit:

www.forgottenbooks.com/free606583

e ollection de microfiches.

croreproductions / Institut canadien de microreproductions historiques

1982

The Institute has attempted to obtain the best
original copy available for filming. Features of this
copy which may be bibliographically unique,
which may alter any of the images in the
reproduction, or which may significantly change
the usual method of filming, are checked below.

L'I
qu
de
po
ur
m
so

☐ Coloured covers/
Couverture de couleur

☐ Covers damaged/
Couverture endommagée

☐ Covers restored and/or laminated/
Couverture restaurée et/ou pelliculée

☐ Cover title missing/
Le titre de couverture manque

☐ Coloured maps/
Cartes géographiques en couleur

☐ Coloured ink (i.e. other than blue or black)/
Encre de couleur (i.e. autre que bleue ou noire)

☐ Coloured plates and/or illustrations/
Planches et/ou illustrations en couleur

☐ Bound with other material/
Relié avec d'autres documents

☑ Tight binding may cause shadows or distortion
along interior margin/
La reliure serrée peut causer de l'ombre ou de la
distortion le long de la marge intérieure

☐ Blank leaves added during restoration may
appear within the text. Whenever possible, these
have been omitted from filming/
Il se peut que certaines pages blanches ajoutées
lors d'une restauration apparaissent dans le texte,
mais, lorsque cela était possible, ces pages n'ont
pas été filmées.

☐ Additional comments:/
Commentaires supplémentaires:

L'exemplaire filmé fut reproduit grâce à la générosité de:

Bibliothèque nationale du Canada

Les images suivantes ont été reproduites avec le plus grand soin, compte tenu de la condition et de la netteté de l'exemplaire filmé, et en conformité avec les conditions du contrat de filmage.

Les exemplaires originaux dont la couverture en papier est imprimée sont filmés en commençant par le premier plat et en terminant soit par la dernière page qui comporte une empreinte d'impression ou d'illustration, soit par le second plat, selon le cas. Tous les autres exemplaires originaux sont filmés en commençant par la première page qui comporte une empreinte d'impression ou d'illustration et en terminant par la dernière page qui comporte une telle empreinte.

Un des symboles suivants apparaîtra sur la dernière image de chaque microfiche, selon le cas: le symbole ➔ signifie "A SUIVRE", le symbole ▽ signifie "FIN".

Les cartes, planches, tableaux, etc., peuvent être filmés à des taux de réduction différents. Lorsque le document est trop grand pour être reproduit en un seul cliché, il est filmé à partir de l'angle supérieur gauche, de gauche à droite, et de haut en bas, en prenant le nombre d'images nécessaire. Les diagrammes suivants illustrent la méthode.

3

| 1 |
| 2 |
| 3 |

NOUVEAU VOYAGE

DANS

LES ÉTATS-UNIS

DE

L'AMÉRIQUE SEPTENTRIONALE,

TOME PREMIER.

NOUVEAU VOYAGE

DANS

LES ÉTATS-UNIS

DE

L'AMÉRIQUE SEPTENTRIONALE,

FAIT EN 1788;

PAR J. P. BRISSOT (WARVILLE),
Citoyen François.

On peut conquérir la liberté, sans mœurs;
on ne peut la conserver, sans mœurs.

*Nemo illic vitia ridet, nec corrumpere, nec
corrumpi sæculum vocatur....... Plusquam
ibi boni mores valent quam alibi bonæ leges.*
TACITE.

TOME PREMIER.

———

A PARIS,

Chez BUISSON, Imprimeur et Libraire, rue
Haute-Feuille, N°. 20.

AVRIL 1791.

PRÉFACE.

Publier un voyage, paroîtra sans doute, au premier coup d'œil, une occupation bien étrangère aux circonstances où se trouve la France. Je me reprocherois moi-même le temps que j'ai consacré à le mettre en ordre, si je ne le croyois pas utile et nécessaire au maintien de notre révolution. L'objet de ce voyage n'a pas été d'étudier des antiques, ou de rechercher des plantes inconnues, mais d'observer des hommes qui venoient de conquérir leur liberté : or, un peuple libre ne peut plus être étranger à des François.

Nous avons aussi conquis notre liberté. Il ne s'agit donc pas d'apprendre des Américains la manière de la conquérir ; mais il faut apprendre d'eux le secret de la conserver. Ce secret est sur-tout dans les mœurs ; les Américains l'ont, et je vois avec douleur, non-seulement que nous ne le possédons pas encore, mais que nous ne sommes pas même très-persuadés de leur nécessité absolue, pour le maintien de la liberté. Ce point est important, le salut de la révolution en dépend ; il faut donc l'approfondir.

Qu'est-ce que la liberté ? C'est l'état le plus parfait de la société ; c'est l'état où l'homme ne dépend que des lois qu'il fait ; où, pour les faire bonnes, il doit perfectionner sa raison ; où, pour les exécuter, il doit encore employer toute sa raison. Car des moyens coercitifs déshonorent des hommes libres ; ils sont presque nuls dans un état libre, ou, lorsqu'on est forcé de les emprunter, la liberté touche à son déclin.

Or, les mœurs ne sont que la raison appliquée à tous les actes de la vie ; c'est dans leur force seule que consiste l'exécution des lois. La raison ou les mœurs sont à l'exécution des lois, chez un peuple libre, ce que les fers, les fouets, les gibets sont chez un peuple esclave. Détruisez les mœurs, ou la raison pratique, et il faut les remplacer par les fers, les fouets ; ou bien la société ne seroit plus qu'un état de guerre, n'offriroit plus qu'une anarchie déplorable, qui se termineroit par sa dissolution.

Des mœurs ! des mœurs ! sans elles point de liberté. Si vous n'avez pas de mœurs, vous n'aimez pas la liberté, vous l'enlevez bientôt aux autres. Car, si vous vous abandonnez au luxe, à l'ostentation, à un jeu excessif, à des dépenses immenses, vous ouvrez nécessairement votre ame à la corruption ; vous trafiquez de votre popularité, de vos talens ; vous vendez le peuple au despotisme, qui cherche toujours le moyen de le replonger dans les fers.

Mais on peut, me crie-t-on, aimer la liberté et n'avoir point de mœurs. — Non. — Ce n'est pas la liberté qu'on aime, c'est la part à la tyrannie nouvelle. L'homme immoral ne renverse le despotisme que pour l'exercer lui-même, que pour s'asseoir à la place de ceux qui enprofitoient, que pour satisfaire son orgueil ou ses autres passions.

Ils font, ces hommes immoraux, la distinction des mœurs publiques et des mœurs privées. Fausse et chimérique distinction, imaginée par le vice, pour atténuer son danger ! Sans doute ou peut avoir des mœurs privées, sans avoir des mœurs publiques ; on peut être un bon père, sans être un énergique ami de la liberté. Mais qui n'a pas de mœurs privées, n'a jamais sincèrement des mœurs publiques. A cet égard, elles sont inséparables ; leur base est la même, LA RAISON. N'avoir pas de mœurs privées, c'est être débauché, dissipateur, joueur, mari infidèle, père dénaturé. Or, quelles mœurs publiques peut-on allier avec de pareils vices ? Quoi ! dans l'intérieur de votre maison, vous foulez aux pieds la raison, et vous la respecteriez au dehors, dans vos raports avec vos concitoyens ! La raison, qui ne peut réprimer vos excès dans vos foyers, la réprimeroit au dehors ! Qui ne respecte pas la raison, sous la vue seule de ses pénates, ne la respecte jamais sincèrement. Le respect au dehors, pour elle et pour la loi, n'est, dans un homme immoral, que l'effet de la crainte, ou la grimace du charlatanisme. Or, la crainte s'évanouit, là où la force publique ne peut atteindre, et le vice reparoît. D'un autre côté, le charlatanisme des mœurs publiques n'est, chez l'homme immoral, qu'un scandale de plus, qu'un piége dangereux. Car le scandale entraîne la ruine des mœurs publiques, comme le piége couvre l'abîme où la liberté doit s'ensevelir.

Quelle confiance peut-on avoir, en effet, dans ces hommes qui, ne voyant dans les révolutions que des degrés à la fortune, n'encensent les mœurs que pour tromper le peuple, ne trompent ce peuple que pour le piller ou l'enchaîner ; qui , dans des discours artificieux , dont l'or a payé la rhétorique séduisante , prêchent le dépouillement de l'intérêt privé , lorsqu'eux-mêmes lui sacrifient secrètement tout ce qu'il y a de plus saint? Quelle confiance avoir dans ces hommes, dont la conduite secrète est un attentat perpétuel à la morale , l'opprobre de la liberté , qui ne doit être que l'exercice de la raison ou qui n'est qu'un vain son; dont la conduite est un démenti scandaleux à la doctrine qu'ils prêchent; et , pour me servir des paroles de Juvénal ,

Qui Curios simulant et bacchanalia vivunt.

Heureux le peuple que cette hypocrisie révolte , qui a le courage de dégrader, de flétrir, d'excommunier ces hommes doubles , dont le langage faux appartient au régime pur de la liberté, dont l'ame infecte n'aspire que la fange du despotisme des Tibère ! Heureux le peuple qui , bien convaincu que la liberté se maintient , non par l'éloquence , mais par l'exercice constant des vertus , n'estime point , et redoute même la première , lorsqu'elle est séparée des autres. Ce peuple force , par son opinion sévère , les hommes à talens d'acquérir des mœurs ; il éloigne de son sein la corruption, il affermit le fondement de la liberté, il se prépare des jours longs et prospères.

Mais, si ce peuple imprévoyant, irréfléchi, entraîné par l'enthousiasme qu'excite en lui l'éloquence d'un orateur qui flatte ses passions, pardonne à ses vices en faveur de ses talens ; s'il ne s'indigne point de voir Alcibiade (1) traîner les manteaux de pourpre

_____

(1) La somptuosité des jeux et des spectacles que donnoit Alcibiade, dit Plutarque ; la magnificence des présens qu'il faisoit à sa ville, la gloire de ses ancêtres, la grace de toute sa personne, son éloquence, sa force de corps, jointe à son courage, faisoient que les Athéniens lui pardonnoient ses fautes, les supportoient patiemment, tâchant toujours de les diminuer, et de les couvrir sous des noms doux et favorables ; car ils les apelloient des jeux, des gentillesses, des marques de bon naturel. ..... Le peintre Aristophane, ayant peint la courtisane Néméa, qui tenoit Alcibiade couché dans son sein, tout le peuple courut en foule à ce tableau, et le vit avec un fort grand plaisir. Mais toutes ces choses déplaisoient extrêmement aux plus âgés et aux plus sages du peuple, et elles leur paroissoient des marques sûres d'une ambition tyrannique, qui fouloit aux pieds toutes les lois et toutes les coutumes de son pays. — Un jour, comme il sortoit d'une assemblée, très-content d'avoir obtenu tout ce qu'il avoit demandé, et de voir les honneurs que le peu-

et de soie, prodiguer les repas somptueux, s'endormir dans le sein de la courtisane Néméa, ou enlever à son époux celle qui faisoit son bonheur; si la vue de ses richesses, de ses graces extérieures, si les doux sons de ses discours ou les traits de son courage, le reconcilient avec ses crimes; s'il lui rend les hommages qu'il ne doit qu'*au talent uni à la vertu*; s'il lui prodigue l'encens, les places, les honneurs; ce peuple alors donne, dans son engouement insensé, la mesure de sa foiblesse, de son irréflexion, de son imbécillité et de sa propre corruption; il s'égorge de ses propres mains; l'instant n'est pas loin, où il sera vendu par les Alcibiade, par ses propres favoris, *au grand roi, à ses Satrapes.....*

Est-ce un tableau idéal, que je trace ici? Ou, ne seroit-ce pas le nôtre? Je frémis de la ressemblance!... Grand dieu! n'aurions-nous fait la révolution la plus inconcevable,

---

ple lui rendoit en le reconduisant, Timon le misantrope l'ayant rencontré, alla au-devant de lui, et lui tendant amicalement la main: *Courage, mon fils*, lui dit-il, *tu t'aggrandis henreusement pour la ruine de ce peuple.* La prédiction de Timon se vérifia.

la plus inattendue , que pour tirer du néant
quelques intrigans , quelques hommes médiocres, quelques ambitieux , pour qui rien
n'est sacré , qui n'ont pas même une bouche
d'or , et qui ont une ame de boue ? Les infâmes ! Ils cherchent à excuser leurs foiblesses , leur vénalité , leurs capitulations éternelles avec le despotisme , en disant : Ge
peuple est trop corrompu, pour lui laisser
une liberté entière. Et ils lui donnent eux-
mêmes l'exemple de la corruption ! et ils lui
donnent de nouveaux fers ! comme si des fers
pouvoient éclairer ou améliorer l'homme !

O providence ! à quel sort destines-tu donc
le peuple de France ! Il est bon , mais il est
facile, mais il est crédule, mais il est entou-
siaste, mais on le trompe aisément. Combien
de fois il a, dans son engouement, applaudi
à des traîtres secrets, qui lui conseilloient les
mesures les plus perfides !

L'engouement décèle, ou un peuple dont
la vieillesse imbécille annonce la dissolution
prochaine, ou un peuple enfant, un peuple
machine, un peuple qui n'est pas encore mûr
pour la liberté. Car l'homme libre est l'homme
raisonnable par essence. Il raisonne donc ses
éloges, il mesure son admiration , si même

il en a jamais ; il ne les profane point, en les prodiguant à ceux qui se déshonorent.... Un peuple dégradé à ce point , applaudira bientôt aux chaînes dorées qu'on lui présentera. C'est le peuple Anglois , traînant dans la boue ce parlement auquel il devoit sa liberté , et couvrant de fleurs le vil Monk, qui le vendoit à son nouveau tyran.....

J'ai vu de près ces hommes dont le peuple s'engoue avec tant de facilité. Combien peu de patriotes j'ai compté parmi eux ! Combien peu j'ai vu d'hommes , aimant sincèrement le peuple , s'occupant sans cesse de son bonheur , de son amélioration , mettant constamment à l'écart leur intérêt privé ! ..... Ces vrais amis, ces vrais frères du peuple , vous ne les trouverez ni dans ces tripots infâmes , où des représentans jouent le sang du peuple ; ni parmi ces vils courtisans , qui, conservant le même esprit, n'ont changé que leur masque ; ni parmi ces patriotes d'un jour , qui , tout en prônant la déclaration des droits , s'occupent gravement d'un wisky et de gilets à la mode. L'homme frivole qui a de pareils goûts, n'a jamais descendu dans ces méditations profondes , qui font, de l'humanité, de l'exer-

cice de la raison, un besoin constant, un
devoir de tous les jours............. La
simplicité des besoins et des goûts peut être
le seul signe certain, et le garant du patriotisme. Qui a peu de besoins n'a jamais celui
de se vendre ; tandis que le citoyen qui
a la manie de l'ostentation, la fureur du
jeu, des fantaisies dispendieuses, sans cesse
aux expédiens, est toujours à celui qui veut
l'acheter, et, tout, autour de lui, trahit sa
corruption......

Veux-tu donc me prouver ton patriotisme ?
Laisse-moi pénétrer dans l'intérieur de ta
maison..... Quoi ! Je vois ton antichambre
remplie de laquais insolens, qui me regardent avec dédain, parce que je suis comme
Curius, *incomptis Curius capillis !* Ils te mon-
seigneurisent, ils te donnent encore ces vains
titres que la liberté foule aux pieds ; et tu le
souffres, et tu te dis patriote ! Je pénètre plus
avant. Quel luxe par-tout ! tes lambris sont
dorés, des vases magnifiques ornent tes cheminées ; je foule aux pieds les tapis les plus
riches ; les vins les plus chers, les mets les
plus exquis couvrent ta table ; une foule de
domestiques l'entoure, tu les traites avec
hauteur...... Non, tu n'es point patriote.

L'orgueil le plus concentré règne dans ton cœur ; orgueil de la naissance, des richesses, des talens. Avec ce triple orgueil, on ne croit point à l'égalité. Tu ments à ta conscience, quand tu prostitues ce mot de patriote......
Mais d'où te viennent ces richesses ? tu n'étois pas riche. — Est-ce du peuple ? Il est encore pauvre. Qui m'assure que cet or n'est pas le prix de son sang ? Qui m'assure qu'au moment où je te parle, il n'existe pas un pacte secret entre la Cour et toi ? Qui m'assure que tu ne lui as pas dit : Confiez-moi le pouvoir qui vous reste, et je ramènerai le peuple à vos pieds, et je l'attacherai à votre char, et je saurai enchaîner la langue et la plume de ces hommes indépendans qui vous bravent : pour enchaîner un peuple, il ne faut pas toujours des Bastilles......

Je ne sais si tant de tableaux, qui nous frappent journellement les yeux, nous convaincront de l'impossibilité, ou au moins de la prodigieuse difficulté d'allier *l'incorruptibilité publique avec la corruption des mœurs* ; mais je suis convaincu qu'il est facile, qu'il sera nécessaire un jour , de démontrer, si l'on veut conserver notre constitution, cet axiome :

Sans mœurs privées, point de mœurs pu-
bliques, point d'esprit public, point de li-
berté.

Mais comment créer ces mœurs privées
et publiques chez un peuple, qui sort tout-à-
coup de la fange de la servitude et de l'i-
gnorance ; fange amoncelée pendant douze
siècles sur sa tête ?

Une foule de moyens s'offrent à nous ;
lois, instructions, bons exemples, éducation, multiplication des hommes à principes, encouragement à la vie rurale, morcèlement des propriétés, respect pour les
métiers, etc.

N'est-il pas évident, par exemple, que les
mœurs privées s'associent naturellement avec
la vie rurale, que par conséquent on amélio-
rera les mœurs, en faisant refouler les hommes des villes vers les campagnes, ou en
décourageant les émigrations des campagnes
dans les villes? Si les Américains ont des
mœurs si pures, c'est que les neuf dixièmes
d'entre eux vivent épars dans les campagnes.
Je ne dis pas de faire des lois directes, qui
forcent à quitter les villes, ou qui fixent
leurs limites ; toute prohibition, toute gêne
est 1 e injustice absurde et inefficace. Vou-

lez-vous faire le bien ? créez un intérêt à le faire. Voulez-vous repeupler la campagne? créez un intérêt qui y retienne ses enfans. De sages lois, des impôts bien distribués pourront indirectement produire cet effet. Des lois qui tendront au morcèlement des propriétés, à diviser davantage l'aisance parmi les citoyens, contribueront encore à la résurrection des mœurs privées et publiques ; car la misère ne peut prendre aucun intérêt à la chose publique, et son besoin est souvent la limite de la vertu.

Voulez-vous répandre l'esprit public dans toute la France , dans tous les départemens, dans tous les villages ? favorisez la propagation des lumières, le bas prix des livres, des journaux. Combien la révolution se consolideroit rapidement, si le gouvernement avoit le sage principe d'affranchir les papiers publics de tout frais de port ! On vous l'a déjà dit, trois ou quatre millions dépensés ainsi, préviendront une foule de désordres que l'ignorance peut favoriser ou commettre, et dont la réparation coûte bien d'autres millions ; les lumières accéléreront une foule d'entreprises utiles, qui feront naître partout la prospérité publique.

Je veux encore citer l'exemple d'une autre loi, qui répandra infailliblement l'esprit public et les bonnes mœurs ; c'est la courte durée de la mission de tous les fonctionnaires publics, c'est l'impossibilité de les réélire sans intervalle. Par-là le corps législatif verseroit tous les deux ans, dans les provinces, trois à quatre cents bons patriotes qui, dans leur séjour à Paris, se seroient élevés au niveau de la révolution, se seroient pénétrés des lumières, de l'activité dévorante, de l'esprit public, dont cette ville est le foyer. Par-là encore les députés seront forcés de retourner dans leurs départemens, près de leurs pénates obscurs, pour y vivre. Par-là enfin, par cette succession d'hommes dans les places, vous appellerez beaucoup d'hommes à la science des affaires. La chose publique, mieux connue, deviendra donc successivement l'affaire de *tous*, et c'est ainsi qu'on répare le défaut reproché aux gouvernemens représentatifs, de n'être l'affaire que de *quelques-uns*.

Je ne puis m'étendre ici sur tous les moyens ; mais ce sera rendre un grand service à la révolution que de rechercher et d'indiquer ceux qui peuvent nous donner des mœurs et un esprit public.

Cependant je ne veux pas quitter ce sujet si attrayant, sans faire une réflexion bien importante. *Il ne peut exister long-temps de liberté, ni politique, ni individuelle, sans indépendance personnelle. Or, point d'indépendance, sans une propriété, ou une profession, ou un commerce, ou une industrie honnête, qui mettent à l'abri du besoin et de la dépendance.*

Je vous l'ai dit, les Américains sont et seront long-temps libres; c'est que les neuf dixièmes d'entr'eux sont agriculteurs; et lorsque vous supposeriez deux cent millions d'hommes en Amérique, tous pourroient être propriétaires.

Un propriétaire ne dépend que de sa récolte, et sa récolte dépend du ciel; or, jamais le ciel ne lui manque en entier.

Si les pluies détruisent son bled, ses prairies engraissent ses bestiaux et ses champs lui donnent des pommes de terre (1).

_____

(1) La pomme de terre, voilà l'aliment de l'homme qui veut, qui sait être libre. Cette plante de la liberté croît partout, exige peu de soins et peu de peines pour la mettre en état d'être consommée. Or, diminuer ces soins, ces peines, c'est diminuer le besoin du travail privé, le besoin de l'argent ; c'est laisser un plus long temps au travail public.

Nous ne sommes pas dans cette heureu,
position. Divisât-on toutes les terres pro
ductives de la France, qui montent à cin
quante millions, ce seroit deux arpens par
personne. Or, ces deux arpens peuvent-ils
suffire à sa subsistance ?

La nature des choses appelle beaucoup
de François à vivre dans les villes. Le commerce, les métiers, et divers genres d'industrie, y procurent la subsistance à ses habitans. Car, il faut peu compter maintenant
sur le produit des offices publics. Les salaires
indemnisent, mais n'enrichissent pas, et ne
rassurent pas contre les besoins de l'avenir.
Un homme qui, pour vivre, spéculeroit
sur ces salaires, ne seroit constamment que
l'esclave, ou du peuple ou des divers pouvoirs.
Tout homme qui veut être sincèrement libre,
doit donc, s'il n'a pas de propriété, exercer
un art ou un métier. A ce mot de métier, les
patriotes frissonnent encore ! On commence
bien à honorer le commerce ; mais quoiqu'on
vante beaucoup l'égalité, on n'est point encore franchement l'égal d'un homme de métier.

On n'a point encore abjuré le préjugé qui
regarde les métiers comme au-dessous de la
banque

banque ou du commerce. Voilà l'aristocratie bourgeoise, elle sera la plus difficile à déraciner (1).

Voulez-vous honorer les métiers? Donnez de l'instruction à ceux qui les exercent. Choisissez parmi eux, ceux qui paroissent les mieux instruits, pour les avancer successivement dans les emplois publics; ne dédaignez point de leur conférer, dans les assemblées, les places distinguées.

Je regrette que l'assemblée nationale n'ait pas encore donné ce saint exemple, que l'on n'ait pas couronné le génie de l'agriculture, en appelant au fauteuil le bon cultivateur Gérard, que les négocians, et les membres de l'assemblee, qui exercent des arts, n'aient

---

(1) Le dirai-je? elle perce même dans les officiers choisis par le peuple. Avec quel dédain ils toisent un artisan de la tête aux pieds! avec quelle dureté beaucoup de nos gardes nationaux traitent les infortunés qu'on arrête! avec quelle insolence ils exécutent leurs ordres! Observez la plupart des fonctionaires publics; ils sont aussi fiers dans l'exercice de leurs fonctions, qu'ils étoient rampans dans les assemblées primaires.

Un vrai patriote, je l'ai dit ailleurs, est égal dans tous les temps, aussi éloigné de la bassesse lors des élections, que de la hauteur dans ses fonctions.

b

pas joui du même honneur... Pourquoi donc
cette exclusion? Il est très-beau d'écrire, dans
la déclaration des droits, que tous les hommes sont égaux. Mais il faut pratiquer cette
égalité, la graver dans son cœur, en impré-
gner tout son être, la consacrer par toutes ses
actions, et il appartenoit à l'assemblée nationale de donner ce grand exemple. Il auroit peut-être forcé le pouvoir exécutif à la
respecter aussi. Le voit-on descendre dans la
classe des professions, y choisir pour ses
envoyés, ses agens, des hommes simples, peu
fortunés, point courtisans, mais instruits?

Nos démocrates de cour louent bien, avec
un enthousiasme apprêté, *Franklin*, *Adams*,
etc. Ils disent bien, avec un étonnement imbécile, que l'un étoit imprimeur, et l'autre
maître d'école. Mais vont-ils chercher dans
les ateliers les hommes instruits? Non. —
Mais qu'importe à présent la conduite d'un
ministère, que sa détestable base doit rendre
essentiellement anti-populaire et conséquemment pervers? Il ne sera jamais vertueux que
par hypocrisie. Chercher à le convertir, est
folie; chercher à lui opposer des adversaires
indépendans, est sagesse. Or le secret de
l'indépendance est dans cette maxime: *Avoir*

peu de besoins, et un métier sûr et constant,
pour les remplir.

Mais, me dira t-on, une propriété et un
métier ne peuvent pas suffire à tout : un artisan peut tomber malade..... Oui ; et voilà
pourquoi vous devez multiplier ces établissemens d'assurance sur la vie, et toutes ces
ingénieuses institutions répandues en Angleterre, au moyen desquelles un artisan, un
ouvrier, en plaçant ses épargnes de la semaine, ne craint point les maladies pour lui,
ni de laisser, à sa mort, ses enfans sans
ressources. Ainsi ces compagnies de secours
servent à étendre par-tout l'indépendance
personnelle, l'économie, la sainte morale ;
elles servent à écarter l'avilissement, qui rend
si amer le pain de l'aumône, et qui dégrade
celui qui le reçoit. L'ouvrier, secouru par ces
institutions, peut être toujours fier ; c'est le
fruit de ses travaux, de ses épargnes qui le
soutient. Avec cette idée, l'homme ne courbe
point le front devant l'homme. L'artisan s'ho-
nore du métier qui lui assure son indépendance ; il n'envie point les honneurs, il sait
qu'il peut y atteindre s'il en est digne ; il
n'idolâtre point un homme, quel qu'il soit ;
il se respecte trop, pour être idolâtre ; il

n'estime point les hommes , parce qu'ils sont
en place , mais parce qu'ils méritent bien
de la patrie. Les honneurs ne l'éblouissent
point... Les chefs de la révolution hollan-
doise , dans le seizième siècle , assis sur
l'herbe , et mangeant un hareng et des oignons, recevoient, avec une simplicité hau-
taine , les députés du fier Espagnol.......
— Voilà le portrait des hommes qui sentent
leur dignité , connoissent la grandeur d'un
homme libre , sa supériorité sur tous les esclaves des rois......

Quem neque pauperies , neque mors , neque vincula terrent.

O quand aurons-nous cette haute idée de
nous-mêmes ! quand tous les citoyens ne
verront-ils qu'avec dédain toutes ces idoles,
auxquelles ils prostituoient jadis leurs adora-
tions supertitieuses ! quand aurons - nous
enfin une grande masse d'esprit public !

Je n'ai point d'inquiétude pour la généra-
tion qui s'élève ; l'ame pure de nos jeunes
gens ne respire que la liberté ; le soufle infect de l'intérêt personnel ne l'a pas encore
flétri. Une éducation vraiment nationale
créera des hommes , qui surpasseront les
Grecs et les Romains... Mais ce peuple déjà

vieux , depuis si long-temps courbé sous les
fers , familiarisé avec l'idolâtrie des gran-
deurs (1), qui le redressera , qui le dépouil-
lera du vieil homme ? — L'INSTRUCTION , et
le meilleur canal pour la propager , est la
multiplication de ces *clubs populaires*, où les
citoyens , que l'on a si injustement classés
sous le nom de *passifs* , viennent s'instruire
par des lectures , et sur les principes de la
constitution , et sur la situation politique de
tous les jours.

C'est là qu'on pourra mettre sans cesse
sous les yeux du peuple les grands exemples que nous fournit l'histoire ancienne et
moderne ; c'est-là que des traits détachés de
l'ouvrage que je publie , pourroient servir utilement à montrer à nos concitoyens les
moyens de conserver la liberté.

François, qui voulez connoître ces moyens,
étudiez les Américains d'aujourd'hui, ouvrez
ce livre ; vous y verrez, d'un côté, à quel degré de prospérité , la liberté peut élever l'in-

---

(1) . . . . *Qui stultus honores*
Sæpe dat indignis , et famæ servit ineptus,
Qui stupet in titulis et imaginibus. . . .

HORACE, Sat. 3 , lib. I.

b 3

dustrie humaine, améliorer les hommes, les disposer à la fraternité universelle. Vous y verrez, d'un autre côté, par quels moyens on maintient la liberté. Le secret de sa durée est dans les bonnes mœurs; et c'est une vérité que l'observation de l'état actuel de l'Amérique démontre à chaque pas.

Ainsi vous verrez dans ces voyages les prodigieux effets de la liberté sur les mœurs, sur l'industrie et sur l'amélioration des hommes. Vous verrez ces farouches presbitériens, qui dressoient, n'aguères, des gibets pour ceux qui ne pensoient pas comme eux, qui infligoient des amendes énormes à ceux qui avoient l'impiété de se promener et de voyager le dimanche; vous les verrez admettre parmi eux toutes les sectes, fraterniser avec toutes, et rejetter ces odieuses superstitions qui, pour adorer l'être suprême, martyrisoient une partie du genre humain. Ainsi vous verrez tous les Américains, dans l'esprit desquels la jalousie de la métropole avoit semé les préjugés les plus absurdes contre les nations étrangères, abjurer ces préjugés, se lier avec toutes, rejetter toute idée de guerre, ne songer qu'à tracer la voie d'une confédération universelle. Vous verrez l'Amé.

ricain indépendant , n'ayant plus d'autres
bornes que celles de l'univers , plus d'autre
frein que celui d'une loi faite par ses représentans , plus de génes, plus d'entraves pro-
hibitives ; vous le verrez , s'abandonnant à
toutes les spéculations , ouvrir de fertiles sil-
lons sur le sol que couvroient d'antiques forêts , parcourir les mers qui lui étoient inconnues, s'ouvrir des communications nouvelles , des marchés nouveaux, naturaliser
dans sa patrie ces précieuses manufactures
que l'Angleterre s'étoit réservées , et par
cette accumulation de moyens d'industrie ,
changer la balance qui étoit contre l'Amérique , la tourner à son avantage. Vous le
verrez fidèle à ses engagemens, se tourmen-
ter pour les remplir, tandis que ses ennemis
proclamoient par-tout sa banqueroute. Vous
le verrez, augmentant ses facultés et ses vertus , sous ses auspices de la liberté, reformer
son gouvernement , n'employer que le langage de la raison, pour convaincre les réfrac-
taires, engager tous ses frères à le reformer ,
multiplier par-tout les institutions morales ,
les établissemens patriotiques , et surtout
ne jamais séparer les mœurs publiques des
mœurs privées. Tel est le tableau consolant

que ces voyages offriront aux amis de la liberté.

Le revers n'est pas moins consolant. Si la liberté est un sûr garant d'une haute prospérité, si, en perfectionnant les talens de l'homme, elle lui donne des vertus, ces vertus à leur tour déviennent le plus sûr appui de la liberté. Un peuple dont tous les membres auroient d'excellentes mœurs, n'auroit pas besoin de gouvernement. La loi n'auroit pas besoin de pouvoir spécial, chargé de son exécution.

Et voilà ponrquoi la liberté est portée, sans danger, en Amérique, à un degré si haut, qu'elle touche presque à la la liberté de l'état de nature. Voilà pourquoi le gouvernement y a si peu de force, y est souvent presque nul. Les ignorans en concluent l'anarchie. Les hommes éclairés, qui ont examiné les effets sur les lieux, en concluent l'excellence du gouvernement ; puisque, malgré sa foiblesse, la société y est florissante. C'est que la prospérité d'une société est toujours en raison de l'étendue de la liberté ; celle-ci est en raison inverse de l'étendue des pouvoirs du gouvernement. Ce dernier ne peut s'aggrandir qu'aux dépens de l'autre.

Un peuple sans gouvernement, peut-il être heureux? — Oui, si vous pouvez supposer tout un peuple avec de bonnes mœurs; et ce n'est point une chimère. En voulez-vous un exemple frappant? Observez les quakers d'Amérique. Quoique nombreux, quoique épars sur la surface de la Pensylvanie, ils ont passé plus d'un siècle, sans gouvernement municipal, sans police, sans moyens coercitifs, pour administrer l'état, et pour gouverner les hopitaux. Eh! pourquoi? Voyez le tableau de leurs mœurs, vous y trouverez l'explication de ce phénomène.

Les moyens coercitifs et la liberté ne marchent point ensemble. Un peuple libre hait les premiers. — Mais si l'on n'emploie pas ces moyens, qui fera donc exécuter la loi? La raison et les bonnes mœurs; ôtez-les, il faut ou emprunter les armes de la violence, ou tomber dans l'anarchie.

Si donc un peuple veut bannir le moyen deshonorant de la coercion, il faut qu'il exerce sa raison, afin qu'elle lui montre la nécessité d'un respect constant pour la loi.

L'exercice fréquent de cette raison produit, parmi les Américains, une foule d'hommes désignés sous le nom de *principled men, hommes à principes , ou principiés.* Ce mot indique suffisamment le caractère de ces hommes, dont l'espèce est si peu connūe parmi nous , qu'ils n'ont pas même de nom. Il s'en formera, je n'en doute pas ; mais en attendant, je ne vois encore que des êtres mobiles , vibratiles , qui font le bien par impulsion , par. accès d'enthousiasme , et jamais par réflexion. Or, il n'y a de révolution durable , que celle dont la réflexion marque tous les développemens, et mûrit toutes les idées.

C'est parmi ces hommes à principes que vons trouverez les vrais héros de l'humanité : *Howard , Fothergill , Penn , Franklin , Washington , Sidney , Ludlow.*

Montrez-moi un homme de cette trempe, dont les besoins soient bornés , qui ne soit entouré d'aucun luxe , qui n'ait aucune passion secrette , aucune ambition que celle de servir son pays, un homme qui, comme dit Montaigne, *ait des opinions supercélestes, sans avoir des mœurs souterreines ,* un homme , enfin , que la réflexion guide en tout ; voilà *l'homme du peuple.*

En un mot, François , voulez-vous être toujours libres , toujours indépendans dans vos choix et dans vos opinions ; voulez-vous tendre toujours à resserer le pouvoir exécu tif (1) dans des bornes étroites , à diminuer le nombre de vos lois, (*in pessimâ republicâ plurimœ leges ,*) — AYEZ DES MŒURS. Les mœurs peuvent supléer parfaitement aux lois, et même les rendre inutiles. Les lois ne suppléent aux mœurs qu'imparfaitemeut, et d'une manière misérable.

Voulez-vous encore augmenter votre po- pulation, cette première richesse des na- tions, l'aisance de chaque individu, l'indus- trie , la culture, et tout ce qui peut amener la prospérité générale, AYEZ DES MŒURS.

Tel est le double effet des mœurs et de la liberté dans les Etat-Unis , dont la forme de gouvernement effarouche encore les hommes pusillanimes ou superstitieux. Les tableaux offerts dans ces voyages justifieront le répu- blicanisme , que les fripons calomnient sciemment , et que les ignorans ne con-

---

(1) Voilà un des secrets de ceux q'on apelle *républicains.* Ils veulent resserrer le pouvoir exécutif, pour forcer les hom- mes à être vertueux , et avoir peu besoin de lui ; et c'est un but aussi noble qu'on travestit presque en crime ! Ceux qui veulent donner tant de force au pouvoir exécutif, accusent calomn.ent le peuple , la révolution et la constitution.

noissent pas , mais qu'ils apprendront à connoître. Qui peut mieux servir à juger un régime , que ses effets ? Des raisonnemens (1) peuvent tromper , l'expérience ne trompe point ; et si la liberté , parce qu'elle est grande , produit, dans le fait , de bonnes mœurs et augmente les lumières , pourquoi donc des hommes libres continueroient-ils à s'acharner contre l'espèce de gouvernement qui , posant sur une plus grande liberté , entraîne une plus grande prospérité ; contre le républicanisme enfin ?

J'ai cru très-utile, très-nécessaire de prouver ces principes par de grands exemples ; et voilà pourquoi je publie ces voyages. Les exemples frappent toujours plus que les préceptes. La morale , mise en action , a quelque chose de dramatique , et les Françoi aiment encore le drame. Voilà mon premier but. Il est national : je dirai plus , il est universel ; car , s'il est bien démontré que la liberté améliore les mœurs, et que les mœurs

---

(1) Si vous voulez consulter d'excellens raisonnemens sur ce sujet , lisez l'énergique brochure que vient de publier le célèbre Payne, intitulée : *Rights of man*, droits de l'homme : lisez sur-tout le chapitre de mélanges.

à leur tour amènent et maintiennent la liberté, n'est-il pas évident, que gêner l'extension de la liberté, est un projet exécrable, puisque c'est arrêter l'amélioration, la prospérité, l'union de l'espèce humaine?

Un second objet me dirige dans la publication de ces voyages, et celui-là est encore national : j'ai voulu peindre à mes compatriotes, un peuple avec lequel il leur convient, sous tous les rapports, de se lier intimement. Les rapports moraux, qui doivent porter les François vers les Américains, sont développés dans les deux premiers volumes ; le troisième embrasse plus spécialement les rapports commerciaux. Ce troisième volume avoit déjà été publié, en 1787, par M. Clavière et par moi (1). L'édition en étant épuisée, j'ai cru de mon devoir de le reproduire avec des corrections. Tout y est, et tout y sera long-

_____

(1) Cet ouvrage a été traduit en anglois, et publié à Londres et en Amérique. Les auteurs du *Monthly Review* (janvier 1788), quoique guidés par les préjugés anglois, ont rendu hommage aux principes de cet ouvrage. Les Américains, pour le mettre à portée de tout le monde, l'ont publié par fragmens dans leurs gazettes. Car les gazettes sont le canal des connoissances en Amérique ; et voilà pourquoi on y est généralement instruit.

temps utile aux François. Les principes, les faits, les calculs qu'il offre sont encore étrangers aux commerçans françois, mais ne peuvent l'être plus long-temps. Car, lorsque la liberté est solidement assise, il est impossible qu'un peuple ne s'occupe pas d'augmenter son industrie et son commerce Or, ce troisième volume indique aux François les sources les plus riches po.· ¹ª commerce ; ces souces que le temps dévorant ne doit qu'augmenter, au lieu de les diminuer.

Il manque à cet ouvrage, pour le completter, un quatrième volume ; c'est celui qui doit traiter des *rapports politiques* et de la confédération actuelle des Etats-Unis. Les matériaux existent, mais le temps me manque pour les mettre en ordre. Le tableau comparé du gouvernement des Etats Unis, et du nôtre, exige une foule de rapprochemens divers, de profondes méditations. Le temps a déjà jugé l'un, l'autre est encore au berceau (1) : et peut-être, faut-il plus de c lme, moins de prévention et d'ignorance dans les

----

(1) Si la science de généraliser étoit Lien connue, qui ne verroit que tous les abus politiques ne tiennent qu'à un seul, qu'il n'y a qu'un seul moyen efficace de les réformer?

esprits , pour juger sainement la con°titution américaine. Il est des vérités qu'il ne faut pas hazarder , lorsqu'un mot bannal et *in-entendu* peut les décrier et les faire proscrire.

Il faut attendre que le peuple soit assez mûr, pour ne juger les choses que d'après elles et lui , et non d'après des mots supers-titieux , qui , ayant l'air de cacher un grand sens sous quelques sillabes , ne couvrent souvent que des erreurs compliquées, auxquelles la paresse adhère , parce qu'elle redoute d'y toucher. Il faut préparer cette maturité , qui n'est pas éloignée ; et ces voyages l'accéléreront, en exposant, avec vérité , les avantages du seul gouvernement qui mérite quelque confiance.

Si j'avois consulté ce qu'on appeloit jadis l'amour de la gloire et l'esprit de la vieille littérature , j'aurois pû perdre quelques années à polir cet ouvrage ; mais j'ai cru, que nécessaire à présent, il pourroit être inutile et trop tardif dans quelques années. Nous sommes arrivés au temps , où les hommes de lettres doivent songer d'abord à être utiles , où l'on doit, dans la crainte des mouvemens rétrogrades , précipiter la propagation des vérités, que le peuple peut porter ; où, con-

séquemment, il faut plus s'occuper des choses que des mots, et où la recherche ne seroit
dans le style et dans la perfection du coloris
qu'un signe de petite vanité et d'aristocratie
littéraire. Montesquieu, s'il revenoit, rougiroit de passer vingt ans à faire des épigram-
mes sur des lois. Il écriroit pour le peuple ;
car la révolution ne peut se maintenir que
par le peuple, et par le peuple instruit ; il
écriroit donc bonnement, d'après son ame,
et il ne tourmenteroit pas ses idées, pour les
rendre brillantes.

Après avoir exposé l'objet qui m'a mis la
plume à la main, je dois maintenant rendre
compte des sources où j'ai puisé et des regles
que je me suis prescrites en observant.

Muni de la recommandation des hommes
les plus respectés en Amérique, je reçus
par - tout cet accueil hospitalier qu'on doit
à un frère, à un ami. qui ne voyage que
pour le bien du genre humain. Je ne sais
pourquoi je me suis trouvé tout d'un
coup à l'aise, avec les personnages qui
jouent le plus grand rôle dans les Etats-
Unis. Après quelques heures d'entretien,
j'étois avec eux, comme si je fusse né parmi
eux, comme si j'eusse été l'un d'eux. N'est-ce
pas-là

pas-là l'effet réciproque de la vertu , de la droiture ? Elle met et se met promptement à l'aise. Des hommes de bien , qui se voyent pour la première fois , ont un siécle de liaisons. .

On connoissoit déjà en Amérique l'ouvrage que j'avois publié, avec M. Clavière , *sur la France et sur les Etats-Unis.* Les savans , les politiques instruits s'empressèrent de me fournir tous les mémoires , toutes les instructions que je pouvois désirer ; et c'est à leur zéle obligeant que je dois ces lumières , qui ont suppléé à la rapidité de mon voyage et de mes séjours. Je leur ai rendu , dans le cours de cet ouvrage , la justice qu'ils méritoient. Mes éloges ne sont pas suspects ; j'ai prouvé que j'étois sobre d'éloges, et que je ne louois que dans la sincérité de mon ame. Non , jamais ma plume ne s'avilira à louer un homme , quelque puissant qu'il soit, un homme , que je détesterois , ou qui mériteroit la haine publique (1).

---

(1) Faire l'éloge d'un homme puissant , quoique vertueux , me gêne ; je crains qu'on n'envenime les motifs On a dit que , pour faire du bien , il ne falloit pas être si scrupuleux , qu'il falloit même louer le méchant utile. —

Quand on veut voyager utilement, il faut étudier, 1°. les hommes, 2°. les livres, 3°. les lieux.

1°. Les hommes ; il faut les voir dans toutes les classes, dans toutes les parties, dans tous les âges, dans toutes les situations.

Il faut qu'ils vous voyent sans défiance, qu'ils voyent en vous un ami, qu'ils n'aient aucun intérêt à vous tromper, qu'ils soient toujours pour vous *en déshabillé*, ou, pour me servir de l'expression angloise, *at home*.

Je lis dans les gazettes que les ambassadeur de Tipou-Sultan recevoient par-tout des fêtes. On les traînoit aux bals, aux spectacles, aux manufactures, dans les arsenaux, dans les palais, dans les camps. — Je ne sais si, après avoir été fêtés pendant six mois, ils ont, en s'en retournant chez-eux, cru connoître la France. Si telle étoit leur opinion, ils auroient été dans l'erreur ; car ils n'auroient vu que la partie brillante, que la surface. Or, ce

---

Je ne vois pas quel bien se fait par la bassesse. Puis un homme vicieux est-il dupe de la bassesse ? Enfin, le bien qui se fait par un pareil trafic est un mal. Mauvaise base, mauvais exemple. — Cette note est nécessaire dans un temps où l'on croit devoir louer le vice, quand, d'ailleurs, il est quelquefois utile.

n'est pas par la surface qu'on peut juger de la force d'une nation. Il faut que l'ambassadeur échappe à sa dignité , monte au galetas , parcoure seul les campagnes , entre dans l'étable , pour voir les chevaux , dans la grange , pour voir les grains et leur qualité (1).

On défigure tout , pour tromper les gens en place. Un prince va aux invalides ; on lui fait goûter de la soupe, de la viande. Croiton que le gouverneur soit assez bête, pour n'avoir pas , ce jour-là , donné des ordres au cuisinier?

L'observation vraie est celle de tous les jours , celle qui n'est point prévue.

Un voyageur, avant de partir , doit connoître , par les livres et par les hommes , le pays qu'il va parcourir. Il aura des *données*, il confrontera ce qu'on a dit , avec ce qu'il voit.

Il doit avoir un plan d'observation ; s'il veut,

_____

(1) C'est ainsi que M. Jefferson a voyagé en France , en Italie. Il avoit un seul domestique avec lui. Il a tout vu par ses yeux. Je suis convaincu que peu de voyages seroient aussi judicieux , aussi utiles que ceux de ce philosophe ; mais sa modestie ensevelit tout dans son porte-feuille.

que rien ne lui échappe (1), il doit s'accou-
mer à saisir les objets rapidement, et de
manière à n'en omettre aucun. Il doit sur-
tout s'astreindre à se rendre compte tous les
soirs de ce qu'il a vu, et mettre par écrit les
principes, les observations, les faits, les conversations ; telle doit être la loi du voyageur:

Nulla dies abeat quin linea ducta supersit.

Jamais il ne doit être en arrière dans ses
comptes ; car les observation s'accumulent,
la quantité de travail amène la négligence,
les omissions provoquent la paresse.

L'art d'interroger utilement est nécessaire
à un voyageur qui veut s'éclairer et éclairer
ses semblables. Il doit y joindre l'art du critique, ou le moyen de distinguer la foi due à
l'homme qu'on interroge ; art plus difficile
qu'on ne pense. Car, comment savoir s'il dit
la vérité ? Il faudroit le confronter avec le
fait avec ou d'autres témoins. Mais vous ne les

_____

(1) Tel le plan que je m'étois fait avec M. Clavière, et
qu'on trouvera en tête du premier volume. Il pourra, comme les lettres qui l'accompagnent, être utile à d'autres
voyageurs, moins pressés, moins dominés que moi par des
circonstances impérieuses.

avez pas sous la main ; vous ne pouvez vous diriger que par la connoissance que vous avez de son caractère. S'il est honnête, s'il a du jugement, s'il n'a aucun intérêt à vous tromper, vous pouvez vous fier à lui. Mais comment saurez vous que cet intérêt n'existe point dans lui ? Il faudra donc interroger d'autres hommes sur lui, savoir son histoire, ses circonstances, son caractère ; savoir à quel parti il appartient, savoir s'il est de celui qui domine, ou mécontent. Ces sortes de questions sur un tiers, sont toujours très-délicates, et, presque toujours, on y répond avec un air équivoque, une enveloppe mistérieuse et des vacillations qui ne dissipent point les doutes.

Les hommes publics seroient peut-être les meilleurs à consulter, puisqu'il sont censés être choisis parmi les hommes à talens et avoir plus de lumières et d'expérience ; ils seroient, dis-je, les meilleurs à consulter, si la loyauté, la franchise, la communicabilité faisoient enfin partie du caractère de l'homme public, malgré les axiomes de la vieille politique. Certes, si cette révolution doit se faire, c'est dans des gouvernemens républicains, c'est en Amérique. Car, pourquoi y auroit-on du secret, de la réserve ? Cependant on n'en est pas encore là : soit respect pour l'ancienne doctrine, soit résultat de la communication avec les cabinets européens, soit habitude angloise, qui n'est pas encore extirpée, vous rencontrez souvent encore cette désolante réserve.

Cependant je dois rendre hommage ici à plusieurs hommes célèbres qui sont à la tête des républiques américaines, et qui sentent que leur grandeur n'est pas dans ces petites ressources de la nullité qui se cache, pour échapper à la censure, mais dans la bonté des ressorts du gouvernement. Ils ont levé devant moi ces voiles, que la mesquine politique rend impénétrables ailleurs.

Le choix des personnes qu'il faut consulter, pour connoître un pays, est assez difficile à faire. Les Indigènes ont souvent trop de prédilection pour leur patrie, les étrangers, trop de préventions contr'elle. Ici, j'ai rencontré cette prévention chez presque tous les étrangers. La révolution d'Amérique les confond. Ils ne peuvent se familiariser avec l'idée d'un peuple *roi*, d'un président, ou *roi électif*, qui serre la main à un ouvrier, qui n'a point de gardes à sa

porte , qui marche à pied , etc. Les consuls
étrangers sont ceux qui décrient avec le
plus d'acharnement la constitution américaine , et je le dis avec douleur , j'ai vu ce
même acharnement dans quelques uns des
nôtres. A les entendre , quand je débarquai
en Amérique , les Etats-Unis touchoient à
leur ruine. Il n'y avoit plus de gouvernement ; la constitution étoit détestable ; il
ne falloit pas se fier aux Américains : la
dette publique ne devoit jamais être payée ;
il n'y avoit point de foi, point de justice.

Ami de la liberté , ces calomnies contre
le gouvernement américain durent me ré-
volter. Je les combattis avec la raison. Mes
adversaires , qui m'objectoient alors l'expérience de leur long séjour , et la rapidité
du mien, doivent voir aujourd'hui , que le
prisme de la raison vaut un peu mieux que
celui des bureaux. ... Presque tous ont de
l'esprit et des connoissances ; mais presque
tous ont été élevés dans les places inférieures
de l'administration françoise : ils en avoient
les préjugés. Une république étoit une
chose monstrueuse à leurs yeux. Un ministre étoit une idole qu'ils révéroient supers-
titieusement. Le peuple n'étoit pour eux

qu'un troupeau qu'il falloit gouverner avec
rigueur , etc. Voilà les maxime. favorites
des hommes élevés dans la vieille diplo-
matie. —Il est clair , qu'avec l'habitude ne
voir ainsi les gouvernemens , nos consuls
devoient trouver celui des Américains détestable ; vous leur demandiez des faits (1), ils ne
vous en citoient aucun important. J'ai bien
entendu de petits traits d'injustice... , mais
en les citant , on oublioit la foule innombra-
ble d'iniquités atroces , dont nos gouvernemens despotiques se rendent tous les jours
coupables.

Un homme qui vit des rapines du despotisme , est toujours mauvais juge des pays
libres ; il sent qu'il seroit nul dans cet état
de choses , et on n'aime pas à tomber dans le
néant (2).

_____

(1) Je dois dire que parmi ces consuls , M. Crevecœur
est le seul dans lequel je n'ai pas trouvé ces maximes anti-
républicaines. M. Letombe m'a paru juger aussi les Américains un peu moins monarchiquement que ses confrères.

(2) Jugez , par le trait suivant , de l'insolence avec laquelle les agens du despotisme passé , jugeoient et traitoient
les chefs de républiques respectables. J'ai entendu M. Du-
moustier , ci-devant ambassadeur en Amérique , se vanter
d'avoir dit au président des Etats-Unis , chez lui , qu'il n'é-

J'ai rencontré, dans nos François voyageurs, les mêmes préjugés que chez nos consuls, et je n'en ai point été surpris.

La plûpart des François qui voyagent ou
émigrent, n'ont aucunes connoissances, et
ne sont point préparés à l'art de l'observateur.

Présomptueux à l'excès, et admirateurs
de leurs coutumes et de leurs usages, ils sont
portés à ridiculiser ceux des autres peuples :
le ridicule leur offre un double plaisir; il
satisfait leur orgueil, il humilie les autres.

Plus il y aura de différence entre les habitudes d'un François et celles du pays qu'il
parcourt, plus il ridiculisera ces dernières.
Telle est l'expérience que j'ai faite sur mes
compatriotes, quand je les interrogeois, sur
Philadelphie par exemple. Les hommes y

---

toit qu'un *tavern keeper*, ce qui équivaut à *restaurateur ou te-
neur de taverne*. Et les Américains eurent la bonté de ne
pas demander son rapel ! Par ce fait seul, vous devez
juger de l'horreur que cet homme avoit pour la révolution
actuelle. Il s'en est affiché l'ennemi déclaré en Amérique. Il
déclamoit avec violence contre ses chefs. Ces faits sont publics : je les ai dénoncés à M. Montmorin, qui cependant,
pour le récompenser sans doute de ses œuvres anti-révolu-
tionnaires, lui a donné l'ambassade de Berlin.

sont graves, les femmes sérieuses; il n'y a
point d'air évaporé, point de femmes
mariées libertines, point de café, point de
promenade. Mon François trouvoit tout
détestable à Philadelphie, parce qu'il ne
pouvoit pas se pavaner sur un boulevard,
bavarder dans un café, ni séduire une jolie
femme par ses airs d'importance et ses bou-
cles à la mode. Il étoit presque scandalisé
qu'on ne l'admirât pas, qu'on ne parlât pas
françois; il étoit désolé de ne pouvoir parler
l'américain avec la même facilité; il perdoit
en effet tant à ne pas faire briller son
esprit !

Si donc un personnage aussi léger, aussi
superficiel, se présente et décrie les Américains, il a jugé sa personne et non les
Américains.

Un peuple grave, sérieux, réfléchi, ne
peut être bien observé, bien apprécié que
par un homme de ce caractère.

Le défaut de réflexion caractérisoit nos
François du temps passé; ils voyoient super-
ficiellement, croyoient avec facilité, répan-
doient la satyre avec légèreté, et ne cher-
choient en tout qu'à faire briller leur esprit:
il faut espérer que la révolution corrigera
cet affreux caractère.

Elle doit les changer entièrement , en faire des hommes, sous tous les points de vue, ou ils ne conserveront pas long-temps leur liberté. La liberté qui n'améliore pas l'homme , cède bientôt sa place à une nou velle servitude : c'est un remède qui échoue contre un corps profondement paralysé ; il lui donne quelques fortes convulsions, pour le laisser retomber dans une léthargie plus concentrée.

Mais si les François améliorent leurs mœurs, augmentent leurs lumières, ils iront loin ; car le propre de la raison et de la liberté éclairée , est de se perfectionner sans cesse, et de substituer , en tout, les vérités aux erreurs, les principes aux préjugés. Ils se délivreront donc insensiblement des préjugés politiques, qui flétrissent encore la belle constitution qu'ils ont élevée. Ils imiteront les Américains, autant que la différence de leurs circons-tances physiques et politiques le leur per-mettra ; ils les imiteront , et ils n'en seront que plus heureux ; car, le bonheur général n'est point à côté des absurdités et des con-tradictions, il ne peut naître ni des com-plications, ni du choc des pouvoirs. Il n'y a qu'un pouvoir réel, et c'est en le repor-

tant sans cesse vers sa source , qu'on le
rend bienfaisant. Il devient dangereux en
raison de son éloignement ; en un mot
moins le gouvernement est actif et puissant,
plus la société est active , puissante et heu-
reuse. Voilà le phénomène que démontre
l'histoire actuelle des Etats-Unis.

Ces voyages donnent la preuve de la seconde partie de cet axiome politique ; ils
prouvent l'activité , la puissance , le bonheur
l'amélioration en tout point des Américains
ils prouvent que les Américains sont appelés
à être le premier peuple de la terre , sans
en être l'effroi.

A quel grand anneau sont attachés ce
hautes destinées ? A trois principes.

1°. Tout pouvoir est électif en Amérique

2°. Le pouvoir législatif y est fréquemmen
changé.

3°. Le pouvoir exécutif , qui est aussi
électif et amovible (1), y a d'ailleurs peu
de force.

---

(1) Ce dernier point mérite quelque attention dans les
circonstances où nous sommes. Le président des États-Unis
est élu comme tous les présidens et gouverneurs des autres
états. On ne peut concevoir, dans ce pays, qu'il y *ait une sa-*

Il me sera facile un jour de déduire de
ces trois principes , tous les effets heureux
que j'ai observés en Amérique. Ici , je me

---

gesse, une capacité héréditaire, qui se transmette de générations
en générations. Les Américains qui lèvent les épaules à cette
extravagance européene, n'ont point d'ailleurs éprouvé,
depuis 16 ans , quand il s'est agi de changer de président,
ces troubles que les ignorans redoutent en Europe. La tranquillité règne dans cette élection, comme dans celle des
simples représentans. Les hommes qui ne peuvent répondre
aux argumens, se créent des fantômes pour les combattre ;
on ne fait pas assez d'attention aux effets des progrès de la
raison , et de *l'instinct d'analogie* qu'a le peuple. Du moment
qu'il est accoutumé à l'élection du corps représentant , toute
autre élection n'offre rien d'inquiétant.

C'est encore la même raison chez les gens instruits , et
le même instinct d'analogie chez le peuple non instruit,
qui leur inspirent une défiance éternelle contre le pouvoir
exécutif, dans le pays où les chefs sont héréditaires et non
électifs. Du moment qu'on décrète la monarchie héréd-
taire, on décrète la défiance éternelle du peuple contre le
chef du pouvoir exécutif. Il seroit en effet contre nature qu'il
ût confiance dans des individus , qui prétendent à une supériorité surnaturelle, qui en ont une de fait, et qui sont indépendans du peuple. Il ne peut exister de confiance sincère
et franche, que dans les gouvernemens où le pouvoir exé-
utif est électif, parceque le gouvernant est toujours dans
dépendance du gouverné.

Or, dès que la confiance est impossible sous une monar-

suis borné à exposer ces effets, parce que je veux laisser à mes lecteurs le soin de remonter eux-mêmes aux causes, et de des-

---

chic héréditaire, tandis qu'elle est un résultat nécessaire d'un gouvernement électif en tous ses membres, on s'explique Comment les querelles entre le peuple et le gouvernement son éternelles dans le premier état ; comment le recours à la force est fréquent ; comment les trahisons et les délits ministériels sont impunis ; comment la liberté est violée ; comment le despotisme ou l'anarchie reviennent tour-à-tour ; comment enfin ces sortes d'états n'ont qu'une prospérité factice, partielle, et souvent teinte de sang ; tandis que dans le second état, où le peuple a, par l'élection, la censure sur tous les membres du gouvernement, il y a une unité d'intérêt qui engendre une prospérité réelle, générale et pacifique.

Les écrivains anglois ont beaucoup exalté les pouvoirs donnés au président des Etats-Unis ; ils l'ont comparé au roi de la Grande-Bretagne, et son sénat, à la chambre des pairs.

C'est une double erreur. Le président des Etats-Unis est électif, et le roi anglois est héréditaire : le premier n'est en place que pour 4 ans, et l'autre est à vie. Le sénat est pareillement élu et à terme, tandis que l'hérédité décide de l'admission à la chambre des pairs, et que ses membres en sont inamovibles.

Observez que ce président des Etats-Unis ne peut faire aucuns traités, envoyer aucune ambassade, nommer à aucune place, sans l'avis du sénat ; observez que ce sénat est électif ; observez que le président est responsable ; qu'il peut être accusé, poursuivi, suspendu, condamné ; observez que

cendre ensuite de ces causes , par un retour naturel , à leur application à la France (1).

Je n'ai pas même dit tous les faits ; j'avois trop peu de temps , et pour les exposer tous , et pour en tirer moi-même tous les résultats. Je m'étonne d'avoir pu finir un ouvrage aussi volumineux , au milieu de tant d'occupations variées qui m'accablent à-la-fois ; chargé *seul* d'un journal entrepris par le seul désir de rétablir dans l'opinion publique ce puissant instrument des révolutions ; d'un journal où la défense des bons principes , la surveillance de mille ennemis , des attaques éternelles à repousser , apellent sans cesse mon attention. Combien de temps m'ont encore enlevé mes fonctions politi-

---

le bien public et la raison ne s'en trouvent pas plus mal de cette responsabilité ; que les places de président et de ministres ne sont pas vacantes , parce qu'on les environne de tant de digues ; observez enfin qu'elles sont occupées , toutes , par des hommes d'un mérite reconnu ; car le peuple qui élit, ne se donne pas , comme le hazard , des imbéciles pour gouverneurs , ni des fripons et de petits tyrans pour ministres, ainsi que les rois sont accoutumés de faire.

(1) Je sais tout ce qu'on peut opposer à cette application , mais je sais aussi qu'il n'est rien qu'on ne puisse aisément réfuter.

·ques et civiles, tant de brochures particulières, la nécessité d'assister à des clubs où
la vérité se prépare, le devoir que je me
suis prescrit de défendre les hommes de
couleur et les noirs!... Si je cite tous ces faits,
c'est pour prouver à mes lecteurs que j'ai
quelques droits à leur indulgence. J'en mérite encore par le motif qui m'anime : *consi-
lium futuri ex preterito venit*, dit Seneque,
le passé doit guider l'avenir; un plus grand
avenir doit s'ouvrir pour nous. Il falloit donc
se hâter de faire connoître le peuple, dont
l'heureuse expérience peut nous diriger.

———————

N. B. Plusieurs de mes lecteurs seront surpris de trouver
dans le premier volume les noms de *Brissot de Warville.*
Pour prévenir tout scandale, je dois observer que l'impression du premier volume a été commencée avant le 19 juin
1790. Si depuis j'ai conservé sur le titre le second nom de
Warville en parenthèse et sans la particule *de*, c'est pour
mes lecteurs américains qui ne me connoissent que sous ce
nom, et pour lesquels ce voyage est aussi destiné.

Paris, 21 Avril 1791.

TABLE

TABLE DES MONNOIE
ES ÉTATS-UNIS D'AMÉRI
Comparées avec celles d'Europe.

MONNOIE D'EUROPE	Massasuchett, NeW-Hamp,hire, Rhode-Island, Connecticut, et Virginie.	NeW-York, et Caroline du nord.	Pensylvanie, NeW-Jersey, Maryland, et DelaWare.	
	liv. schel. den.	liv. schel. den.	liv. schel. den.	li
cu de France de 6 liv.	6 8	8 9	8 4	
uinée angloise . . .	1 8	1 17 4	1 15	
ncien louis d'or de				
5 . 6 grains	7	1 16 4	1 14 6	1
ollar ou piastre d'Es-				
pagne, 5 liv. 5 sous				
en 1788, vaut 5 liv.				
8 s. à présent 1791.	6	8	7 6	
livre se divise, dans				
tous les Etats, en				
20 schell., le schel-				
ling en 12 deniers.				
schelling vaut . .	environ 16 s. de France.	environ 13 s. de France.	environ 14 s. de France.	

comptes du congrès se tiennent en dollars ou piastres, et en ce
près la centième partie d'une piastre, ou un peu plus qu'
est la monnoie de *Standard*, à laquelle on ramène les monnoi
ariations de leurs monnoies, qui embarrassent singulièrement l
ngagé le congrès à décréter une monnoie uniforme et gé
ales. On ne s'en sert encore que dans les comptes du congrès

L'or est rare dans les Etats-Unis ; il passe dans l'étranger , pour payer leurs dettes et leurs achats. L'argent est plus commun : on y voit beaucoup d'écus de 6 livres de France , et de piastres. — Il y a des pièces d'or des Etats-Unis. — C'est une espèce de monnoie faite avec des rognures de guinées. On suppose que le poids de ces guinées est au-dessus du titre; on les diminue en les rognant , pour épargner , dit-on , la peine de les peser ; et, des rognures, on fait cette monnoie. — C'est une misérable industrie, et qui ne remplit pas son objet. Car , qui m'a répondu que vous étiez honnête , et qu'un autre juif , après vous , ne rogneroit pas ? Je suis donc toujours obligé de peser. — On a frappé des pièces aux armes du congrès , valant deux guinées environ; mais on en voit peu.

En général on paye en guinées , en écus de 6 liv. , en schellings anglois et demi-schellings , en monnoie de cuivre, qui est très-mélangée.

On paye aussi en louis d'or ; mais il n'y a que les anciens qui soient reçus pour la valeur portée dans la table.

Les nouveaux louis d'or sont pesés ; et comme ils varient dans leur poids , ils perdent plus ou moins.

Il y en a qui pèsent moins que les anciens , de 8 — 10 grains, d'autres , 6 — 4, ce qui est énorme. J'en ai fait l'épreuve à Philadelphie.

Je perdis , sur 8 louis , 12 schellings 6 deniers (le schelling à 14 sous) ; le grain étoit évalué à 4 sous.

C'est une grande source de friponeries , et un grand désavantage pour les voyageurs , que la diversité des monnoies dans les Etats-Unis.

Il seroit facile d'y tout réduire en piastres , au lieu de pounds , qui varient.

Il s'est fait jusqu'à présent , et depuis la paix , une très-grande exportation de numéraire des Etats-Unis. Un négociant très-éclairé m'a assuré que chaque paquebot anglois emporte 30,000 livres sterling , outre ce qui passe par les vaisseaux marchands. Il a calculé , d'après des comptes très-exacts , qu'il s'étoit exporté , par New-York, d'après la paix , plus de 10,000,000 de piastres.

TABLE

Des Mesures et Poids des Etats - Unis.

No u s devons observer que les poids et les mesures usités dans les Etats-Unis , sont les mêmes que ceux de l'Angleterre.

L'acre de terre d'Amérique est de 38,284 pieds quarrés.

L'arpent ordinaire de France est de 32,400. — 11 acres d'Amérique font donc 13 arpens.

Le mille ordinaire d'Amérique est de 5000 pieds d'Angleterre.

La lieue ordinaire de France est de 13,705 pieds.

Le pied d'Amérique n'a que 135 lignes de France de long.

Le pied-de-roi de France a 144 lignes.

Le boisseau d'Amérique , qui est la mesure ordinaire du bled , pèse environ 60 livres. Il faut 4 boisseaux et 4 cinquièmes d'Amérique pour faire le setier de France.

La livre de poids d'Amérique est moins forte que celle de France ; en voici la proportion exacte :

100 livres de poids de commerce d'Amérique font 91
7 huitièmes, poids de commerce d'Amsterdam.

100 livres, poids de commerce de France, font 99
1 huitième, poids de commerce d'Amsterdam.

Le galon, mesure de liqueurs, vaut 4 pintes de Paris.

ERRATA.

Nota. On prie les lecteurs de lire cet *errata* avant de
commencer ce tome premier.

Page xlvj *de l'introduction, à la note, lignes 2 et 3,* on
s'explique. Comment, *lisez :* on s'explique, comment.

Page 130. Le pont de Charleston a 2684 pieds, *lisez:*
1684 pieds.

Page 137. L'histoire précieuse du Massasuchett, par
Wintthrop, *lisez :* du New-Hampshire, par Belknap.

Page 157, *à la note.* Le schelling ne vaut pas tout-à-fait
notre pièce de 24 sous, *lisez :* vaut environ 16 sous de
France.

Page 267, *ligne* 12, dans les derniers, *lisez:* dans les
derrières.

Tome II, page 79, Il n'y en a aucune de cette largeur,
ajoutez : à l'exception de *Market-Street.*

NOUVEAU

NOUVEAU VOYAGE

DANS

LES ÉTATS-UNIS D'AMÉRIQUE.

LETTRE PREMIÈRE.

DE M. CLAVIÈRE

A M. BRISSOT DE WARVILLE.

PLAN D'OBSERVATIONS

Sur l'existence politique, civile, militaire, sur la législation, etc. des Américains libres.

18 mai 1788.

LE voyage que vous allez entreprendre, mon cher ami, formera sans doute la plus intéressante époque de votre vie contemplative. Vous allez vous transporter sur cette partie

Tome I. A

du globe où l'on pourroit, avec le moins d'obstacles, rapprocher les tableaux les plus frappans de tout ce qui appartient à l'humanité,
de tout ce qui peut intéresser dans elle. C'est
là qu'avec un peu de courage, beaucoup de
patience, un grand sang froid, une défiance
continuelle des habitudes du corps et de l'esprit, un oubli total de ses opinions chéries,
et l'abnégation de l'amour-propre ; c'est là
qu'en s'avertissant sans cesse de ne juger
qu'avec lenteur, on pourra conclure, sur le
vû des choses mêmes, quelle est la situation
où l'homme, enfant de la terre, pourroit
rassembler la plus grande somme et la plus
grande durée de bonheur public et privé.

Peu d'années suffiroient, et sans courir de
grands dangers, pour contempler les scènes
les plus variées. On peut en Amérique, du
sol déjà usé, déjà dépouillé par les mouvemens d'une population nombreuse et active,
passer facilement dans les déserts, où la main
des hommes n'a rien modifié, où le temps,
la végétation, l'inertie et le pesanteur de la
matière, semblent avoir fait seuls les frais du
spectacle.

Entre ces deux extrémités on doit trouver
des intermédiaires qui en sont plus ou moins

rapprochés; et c'est sans doute en les visitant que la raison et la sensibilité s'accorderoient le mieux pour y choisir le meilleur genre de vie.

Mais que ne faut-il pas aux hommes, quand rien ne dompte l'activité de leur esprit, quand rien n'arrête la prodigieuse variété de combinaisons qu'ils enfantent ? Est-ce d'ailleurs dans le domaine de la liberté qu'il faut espérer de trouver une manière de jouir de la terre, où l'homme, satisfait de ses rapports avec la chose publique, ne puisse plus desirer à cet égard aucun changement, du moins pendant une longue suite de siècles ? L'histoire ancienne ne nous est pas assez connue, et la moderne ne suffit pas pour résoudre cette question.

Le spectacle actuel de l'Amérique libre fera peut-être entrevoir ce qu'il est permis d'espérer. Mais qui, pour en juger, se séparera de son âge, de son tempérament, de son éducation, de l'impression que lui font certaines circonstances ? Sur qui les localités n'influent-elles pas selon ses goûts ou ses habitudes ? Qui saura faire taire son imagination et se défier des sensations qui l'excitent ? Je souhaite, mon cher ami, que vous

ayez cette force; et vous ne devez rien né-
gliger pour l'acquérir, si vous réfléchissez sur
le but principal de vos travaux. Vous voulez
éclairer les hommes, leur applanir la route
du bonheur; ainsi vous devez craindre, plus
qu'aucun autre, de vous tromper sur les
apparences, de former de fausses conjec-
tures.

Lors donc que vous jugerez sur le lieu même
de ces célèbres constitutions américaines,
ne vous exagérez ni les vices de l'Europe auxquels vous les comparerez, ni les biens de l'A-
mérique que vous mettrez en opposition.
Ayez pour premier but de voir, dans tout ce
que vous remarquerez, si l'on ne peut pas
en dire : *Au fond, c'est tout comme chez
nous; la différence est si petite, qu'elle ne
vaut pas le déplacement.* Je crois cette méthode la plus propre à préserver d'erreur, et
il est à propos de se faire en même temp
une juste idée des déplacemens, qui toujours
soit présente à l'esprit. Voltaire a dit :

La patrie est aux lieux où l'ame est enchaînée.

Vous voulez contempler *les effets de la liberté sur les développemens de l'homme, de
la société, du gouvernement.* Puissiez-vous,

dans un tel examen, ne jamais perdre de vue l'impartialité, le sang froid et la circonspection qu'il exige, afin que vous ne rapportiez pas des tableaux qui exposent vos amis ou à l'incrédulité ou à des mécomptes !

Je n'imagine pas que vous puissiez trouver en Amérique de nouveaux motifs pour tout Européen raisonnable d'aimer la liberté. Mais ce dont on vous saura le plus de gré, c'est de nous peindre ce qu'elle est en Amérique, et dans le fait, et dans l'opinion; ce qu'elle y sera plus ou moins long-temps, dans ses rapports avec les accidens inévitables qui troublent le bonheur de la vie.

Les hommes sont disputeurs, et par-tout conformés de la même manière; leurs passions se retrouvent par-tout : mais les matières sur lesquelles l'on se divise, sont, dans un état, plus ou moins propres à troubler l'harmonie générale et le bonheur individuel. Ainsi, la tolérance universelle rend les diversités d'opinions sur les matières religieuses, peu dangereuses.

A proportion que les institutions politiques soumettent l'autorité à des formes bien tranchées, en même temps qu'elles ont en leur faveur l'opinion publique, les dissentimens

politiques doivent être moins inquiétans.
Voilà, mon ami, sous quel point de vue il
importe que l'état politique de l'Amérique
soit connu de nous : dites-nous sur-tout ce
qu'il faut penser pour le présent et l'avenir
de cette variété de gouvernemens, qui distingue si considérablement plusieurs états
les uns des autres, et s'il n'en doit résulter
aucun inconvénient majeur; si la paix fédérale n'en doit jamais être ébranlée; si cette
variété ne doit pas corrompre la justice des
états confédérés les uns envers les autres, dans
le commerce ordinaire et dans les chocs dont
la confédération est juge; si aucun de ces
états ne se meut, ne s'agite, ou ne sera porté
à s'agiter, pour ressembler ou ne pas ressembler à tel autre; si les jalousies nationales
n'existent pas déjà, ou ne se préparent pas
par l'effet de ces différences. Elles ôtent à
la Suisse une grande partie de son prix;
elles ont perdu la Hollande, et empêcheront
sa restauration; et si ces jalousies doivent
être inconnues aux Américains, ou ne jamais
s'exalter, expliquez-nous ce phénomène;
par quelle cause ou par quel effet il existe et
se maintiendra : car vous sentez que de ce
que vous observerez sur ce seul point, il peut
très-bien résulter que l'on reste où l'on est,

ou que l'on se détermine pour certains états ;
par préférence à d'autres.

Il y a, en Amérique, un avantage que
l'Europe n'offre pas. L'on peut s'y placer dans
tel état, où il est aisé de fuir les tracasseries
de la politique intérieure, en s'enfonçant
dans les terres, puisqu'elles n'offrent que des
déserts. Mais ce parti offre-t-il toute la sûreté
qu'on peut en desirer ? Tâchez de nous rapporter, sur l'état des sauvages répandus sur
tout ce vaste continent, ce que l'on sait de
plus certain de leur nombre, de leurs mœurs,
de leurs habitudes, et les causes, plus ou
moins inévitables, de l'état de guerre où l'on
vit avec eux. Cette partie de vos récits ne
sera pas la moins intéressante. Vous savez
d'ailleurs que ces sauvages sont le *loup-garou*
de beaucoup d'honnêtes gens. N'oubliez pas,
à cette occasion, de rassembler tout ce qu'on
a de lumières sur l'ancien état de l'Amérique,
si vous avez le temps de vous en occuper.

Observez ce qui peut être resté chez les
Américains de l'esprit militaire dont ils ont
eu besoin ; quels sont leurs préjugés à cet
égard ? Y trouveroit-on des hommes qui dé-
sirassent de se voir à la tête des armées ? Y
feroit-on des recrues de soldats ? Y apperçoit-

on un germe qui, joint au goût de la fainéantise, fasse de la profession de soldat une
profession préférable à celle de laboureur,
de manœuvre, etc.; car c'est ce triste état
de choses qui fournit ailleurs le moyen des
grandes armées. Parlez-nous de ces *Cincin-*
nati vraiment inquiétans pour le politique
philosophe.

Salomon a dit *qu'il n'y a rien de nouveau*
sous le soleil; cela doit être vrai. Mais con-
noissons-nous toutes les révolutions politiques, pour en tracer le cercle complet?
L'histoire ne fournit le tableau d'aucune révolution semblable à celle des Etats-Unis, ni
d'arrangemens tels que les leurs. Ainsi vous
pourrez envisager, dans l'avenir, des persé-
vérances ou des changemens qui doivent
s'éloigner plus ou moins de ce que nous enseigne la philosophie de l'histoire.

Vous devez aussi appercevoir s'il faut
s'attendre à des guerres extérieures; si les
Européens ont raison de dire que les Etats-
Unis voudront un jour être conquérans.
Je ne le crois pas; je crois plutôt que l'exemple de leur révolution sera contagieux, sur-
tout si leur système fédéral doit maintenir l'union et la paix dans toutes les parties

confédérées. C'est là que doit se trouver le chef-d'œuvre de la politique, et où vos forces méditatives doivent se réunir.

Enfin, dites nous si la manie réglementaire a passé les mers avec les colons qui peuplent les Etats-Unis. Vous y trouverez sans doute des esprits frappés des désordres qu'a dû causer la guerre de l'indépendance, et d'autres qui ont conservé une image vive et agréable de la grande liberté qu'il falloit laisser à chaque individu. Les premiers s'effraient du plus léger mouvement, et voudroient qu'on appliquât une loi ou un réglement sur toutes choses; les autres ne trouvent jamais les réglemens et les loix en assez petit nombre. Quel est, à cet égard, l'opinion dominante dans les Etats-Unis? Quand on envisage combien les occupations privées doivent y avoir d'attrait et d'utilité, l'on peut espérer que la chose publique restera long-temps, sans s'y compliquer : mais on assure que les gens de loi y sont dans une proportion et dans un crédit effrayans; que la législation civile est, comme en Angleterre, une source abondante de malheurs et de procès. Eclairez-nous à ce sujet. Nous avons souvent observé que la législation civile corrompoit la jouis-

sance des meilleures institutions politiques.
La législation civile est au bonheur des individus ce que sont les caractères des époux
dans la société du mariage. On s'y tue souvent à coups d'épingle. C'est aussi le crime de
la législation civile envers la société. Existe-
t-il en Amérique?

La police repose par-tout en Europe sur
l'opinion que l'homme est dépravé, turbu-
lent, méchant, et la timidité que donnent
les richesses dispose par-tout les riches à envisager les pauvres comme ne pouvant être
contenus que par des chaînes. Cette vérité
européenne existe-t-elle dans l'Amérique
libre?

LETTRE II.

Sur le sol, les denrées, les émigrations, etc.

20 mai 1788.

APRÈS nous avoir instruits sur tout ce qui est
relatif à l'existence politique, et principalement dans les choses dont dépendent la paix
intérieure, extérieure, et la sécurité individuelle; vous aurez à contempler le sol amé-

ricain relativement à l'industrie humaine,
qui, à son tour, influe si prodigieusement sur
les diverses manières d'exister.

Il semble qu'à cet égard toutes les grandes
divisions de la terre doivent se ressembler.
Cependant il est possible que l'Amérique offre,
dans le même espace, bien plus d'alimens à
l'industrie, bien plus de données qu'on n'en
trouve en Europe. Fixez nos idées sur les
invitations que la nature a tracées sur le sol
américain, en s'adressant à l'intelligence
humaine. Particulariser davantage ce que les
cartes géographiques ne font qu'indiquer,
sera plus digne de vos observations, que les
détails qui intéressent le peintre, le poëte,
ou l'amateur des jardins anglois.

Nous avons osé conseiller aux Américains
libres d'être cultivateurs (*), et de laisser à
l'Europe celles des manufactures qui s'éloignent de la vie des champs. Vous serez curieux de vérifier leurs dispositions à cet égard.
Elles doivent beaucoup dépendre de la facilité
des communications; et si, comme il paroît,
l'Amérique libre peut être, en très-peu de
temps, et avec des dépenses faciles à faire,

———————————————————

(*) Voyez le traité de la France et des Etats-Unis dans
différens endroits.

coupée de canaux dans toutes les directions,
si cet avantage est assez généralement senti
pour qu'on s'applique de bonne heure à l'é-
tablir ; nul doute qu'en Amérique l'activité
humaine ne s'occupe principalement de la
production des subsistances et des matières
premières. On est dans l'opinion en Europe
que la consommation fait la production , et
que le défaut de consommation fait cesser
le travail ; voilà pourquoi l'on demande les
villes et les manufactures. Mais il règne dans
toutes ces opinions une grande confusion
d'idées, que le spectacle des sociétés naissantes, sous la protection de la liberté, vous
aidera à éclaircir. Vous verrez peut - être
avec évidence, que l'homme cesse de craindre
le superflu dans les subsistances, aussi-tôt
qu'on ne le met pas dans la nécessité de les
échanger contre de l'argent, pour payer des
impôts , des rentes , etc. ; je suis porté à
croire qu'il ne craint point leur destruction.
Si c'est là sa plus grande crainte, et qu'il ait
près de lui des moyens de transport peu
coûteux, qui lui soient faciles à lui-même,
c'est-à-dire que lui, ou quelqu'un des siens,
puisse , sans danger , charger un bateau ,
et aller faire des échanges , tout en vivant

sur le bateau même, l'homme aime trop le
mouvement, pour que la crainte du superflu
l'empêche de produire ; et lorsqu'il a produit ainsi, sans autre souci que celui d'avoir
employé son temps à créer plus qu'il ne peut
consommer, je crois que la production appelle ou va chercher les consommateurs ;
qu'ainsi il n'est pas besoin, pour ouvrir le
sein de la terre, que le laboureur soit assuré
d'avance de ce qu'il fera de son grain. Les
frais sont le fléau de l'industrie ; et vous verrez, sans doute, dans l'Amérique libre, un
ordre de choses où ces frais n'étant nullement
embarrassans, la théorie des consommations
et des productions est toute différente de ce
qu'on la suppose en Europe. Tâchez, mon
ami, de bien vous rappeller que sur cela
nous avons besoin de plus de détails, de
comparaisons, de calculs, de faits et de
preuves, que les voyageurs n'ont coutume
d'en rassembler, et que cette partie de l'économie politique est encore toute neuve, à
cause des embarras, des abstractions, des
difficultés et des dégoûts même qui l'environnent en Europe.

Or c'est sur les tableaux que vous nous
donnerez à cet égard, que se formera l'opi-

nion de vos amis. Tant de mésaventures, de mécomptes, de malheurs, ont accompagné jusqu'ici des émigrans, d'ailleurs vertueux, sages et instruits, qu'on est intimidé, pour peu qu'on soit tolérablement en Europe. Voyez à quoi les Genevois ont résisté, plutôt que d'aller en Irlande.... Ainsi, mon ami, si vous voulez instruire ceux qui ont à fuir la tyrannie européenne, ou l'ignorance présomptueuse, ou les tâtonnemens incertains de ceux qui règlent le sort des peuples, et qui cherchent pour leurs enfans un état, et des travaux sûrs et honorables, étudiez l'histoire des émigrans. Pourquoi mouroient-ils de faim dans les contrées où la végétation a tant de force? Est-ce donc que, dans les productions spontanées de la terre, aucune n'est propre à nourrir l'homme ? Appliquez-vous à bien éclaircir les causes des désastres des voyageurs, à bien juger de leurs illusions ; et vous trouvant vous-même sur le lieu des débarquemens, étudiez à fond les précautions qu'il faut prendre, pour qu'un douloureux repentir ne porte pas les regrets sur les lieux que l'on a quittés; car alors ils ont une inguérissable amertume.

Vous risquerez moins de vous tromper en vous plaçant au milieu de vos amis et de vos connoissances. Commencez par ceux dont vous connoissez l'aisance, les habitudes, les goûts, les besoins, la mesure d'activité ; et descendant graduellement jusqu'à l'honnête individu, qui, plein de santé et de vigueur, son habit sur le corps, et son bâton à la main, porte tout avec lui, dites à chacun à quoi il doit s'attendre, si, après avoir revêtu telle ou telle volonté, et après telle ou telle pré-caution, il se détermine à quitter l'Europe pour l'Amérique libre.

Enfin, mon ami, dans ce qui concerne la vie privée comme dans ce qui concerne les rapports politiques, dans les moyens de fortune comme dans ce que peut valoir l'honnête ambition de travailler pour la so-ciété, que vos observations attestent que jamais vous n'avez négligé une judicieuse évaluation de ce dont on jouit en Europe, en le comparant avec ce que l'on peut acquérir chez les Américains libres.

LETTRE III.

Plan d'une colonie à établir en Amérique (*).

21 mai 1788.

LORSQUE l'on médite sur la révolution américaine, sur les circonstances qui ont mis obstacle à sa perfection, sur les lumières qu'on est en état de rassembler pour instituer des républiques plus parfaites, sur les terres destinées par le congrès à de nouveaux états, et sur la multitude de circonstances heureuses qui en faciliteroient les préparatifs, et en protégeroient le berceau, on est entraîné malgré soi dans des projets, chimériques au premier aspect, attachans par la réflexion, et que l'on n'abandonne qu'à regret, et par la seule difficulté de les faire adopter par un assez grand nombre d'hommes nécessaires à leur exécution.

Pourquoi, dès que l'on vous offre un pays circonscrit par des limites, et dont on peut

_____

(*) Pour bien comprendre cette lettre, il faut se rappeler le temps où elle a été écrite ; le despotisme forçoit les meilleurs citoyens à chercher un asyle au loin. On ne pensoit pas que le règne de la liberté fût si près.

reconnoître

reconnoître le local , ne pourroit-on pas le préparer pour une république , comme on prépareroit une habitation pour ses amis ? Pourquoi ne pourroit-on pas le diviser d'avance en districts qui ne seroient occupés que les uns après les autres ?

Penn avoit déjà vu la nécessité de régler d'avance la marche d'une colonie sur le sol qu'elle devoit peupler : on a maintenant beaucoup plus de moyens qu'il n'en avoit pour ordonner et exécuter les mêmes choses avec plus de succès ; et au lieu des sauvages qui pouvoient le troubler , on seroit maintenant soutenu par les états mêmes auxquels l'on viendroit s'aggréger.

Je crois sur-tout qu'un sol étant donné , on établiroit aujourd'hui , d'après l'expérience , une législation pour la république qui l'habiteroit , beaucoup mieux calculée pour la paix et le bonheur , qu'aucun des corps politiques qui existent , ou ont existé.

Jusqu'à présent le hasard ou des combinaisons involontaires les ont formés. Dans tous, il a fallu que les nouveautés raisonnables se conciliassent avec des absurdités ; les lumières avec l'ignorance ; le bon sens avec les préjugés ; les sages institutions avec

Tome I. B

la barbarie : de là ce chaos, source éternelle
de mal-aise, de disputes et de désordres.

Des hommes sages et éclairés qui ordon-
neroient la société avant qu'un seul individu
en fût membre, et qui porteroient la prévoyance sur toutes choses aussi loin qu'il
est possible, qui prépareroient les mœurs
publiques et privées par les institutions qui
les produisent, et les mouvemens de l'industrie par les conséquences de la localité,
seroient-ils condamnés à n'enfanter qu'une
Utopie ?

Je ne le crois pas ; et je pense même que
l'amour du gain, celui de la nouveauté, et
la philosophie, se donneroient aujourd'hui la
main pour tenter une entreprise, qui, jusqu'à
la révolution américaine, eût rencontré
trop de difficultés, pour être jugée praticable.

Mettez donc, mon ami, votre séjour en
Amérique à profit, pour vous informer si,
dans les terres dont le congrès doit disposer,
il existe encore une contrée dont l'abord
soit facile, et où la nature du sol et sa disposition favoriseroient les travaux de l'industrie, et n'offriroient point trop d'obstacles à vaincre aux premiers colons.

Il faudroit qu'on pût y établir avec succès

n grand nombre de communications, tant
ar eau que par terre;

Que, pour cet effet, il fût aisé et peu
coûteux d'en lever un plan topographique,
assez circonstancié et assez exact, pour pouvoir y tracer d'avance toutes les divisions
nécessaires. On devroit pouvoir y marquer
assez de niveaux relatifs à un certain point,
pour s'éclairer d'avance sur la possibilité des
canaux; et les personnes chargées de tous
ces travaux devroient avoir assez de zéle,
de lumière, d'exactitude et de fidélité, pour
marquer, chemin faisant, l'état du sol relativement aux matériaux dont on auroit besoin pour bâtir.

On a perfectionné les moyens de connoître
la surface de la terre et ses dimensions.

J'ai vu une carte topographique de l'Irlande
entière, qui n'a pas coûté plus de quatre
années de travail, où se trouvent jusqu'au
moindre ruisseau, jusqu'à la plus légère émi-
nence, et le plus petit marais. On assure
qu'en Amérique il y a des gens en état de
faire les mêmes choses et avec la même
perfection. C'est ce qu'on appelle *surveyors*.

Il doit en coûter sans doute pour obtenir
de tels chefs-d'œuvre; mais quelle dépense

ne peut-on pas faire au moyen des grandes
associations ? et ici se rassembleroient des
motifs d'association de tous les genres. L'on
pourroit d'ailleurs assurer aux entrepreneurs
de ces travaux, outre un paiement convenable, une rétribution à prendre sur la vente des
terres; rétribution qui soutiendroit leur zèle
et deviendroit la caution de leur fidélité.

Il faudroit donc connoître à quelles conditions le congrès traiteroit de la cession
d'un tel pays, et s'il voudroit s'arranger pour
n'en être principalement payé qu'à mesure
que des colons viendroient prendre possession du terrein.

Il faudroit que le pays choisi fût tel
qu'après y avoir marqué un lieu commode
pour l'abord général, il fût facile de faire
dans ce lieu même un grand établissement
destiné à recevoir les colons, à les pourvoir
des choses qui pourroient leur manquer, et
sur-tout à les préserver de ces premiers
embarras, de ces calamités, qui ont jetté la
plupart des colonies naissantes dans le
trouble, la misère, la faim et le désespoir.

Ayant une fois acquis une idée nette de
ce qu'on peut espérer sur la nature du sol,
sur sa position, sur ses rapports avec les

environs, et sur les conditions de l'acquisition; on pourroit, si tout est satisfaisant, s'occuper de la législation politique et civile convenable à la nouvelle république et au sol qu'elle occuperoit. On porteroit sur ces objets l'ouvrage aussi loin qu'il seroit possible. Telle seroit la tâche qu'il faudroit remplir, afin que tout colon qui partiroit pour devenir membre de la nouvelle république, sût d'avance sous quelles loix il vivroit; en sorte qu'il les auroit acceptées par contrat et avec connoissance de cause.

L'esprit de prévoyance devroit être porté à son égard au point que chaque arrivant sût où il va, ce qu'il doit faire, et comment il s'y prendra pour remplir, ou son but, s'il a acquis du terrein, ou ses engagemens, s'il s'est enrôlé comme mercenaire.

Les terreins ne seroient pas remis ou vendus au hasard, ou selon le caprice des colons; mais on suivroit une marche uniforme, par laquelle la population s'avanceroit dans le pays de la manière la plus avantageuse au pays même.

Cette marche seroit sur-tout calculée pour que les individus pussent s'aider, se protéger et s'encourager réciproquement autant qu'il est possible. B 3

Les dépenses publiques, celles du culte et de l'éducation seroient fournies par le produit d'une portion des terres réservées dans chaque district; et pour ne pas se tromper sur la proportion, pour que le propriétaire n'eût jamais rien à redouter du gouvernement, de l'église, ou d'aucun individu en autorité, on feroit une estimation de ces dépenses sur le pied du rapport le plus coûteux que l'on connoisse en Europe.

Ces terres seroient le domaine public. Elles devroient être, ce me semble, les premières mises en valeur. Peut-être faudroit-il qu'elles bordassent les grandes communications de tout genre, afin d'associer leur exploitation avec l'entretien de ces communications.

Peut-être aussi faudroit-il déterminer un régime qui assurât des bras travaillant sans cesse à établir les communications, et à cultiver les parties du domaine public nécessaires pour l'entretien de ces bras et celui des autres personnes publiques. Par ce régime on auroit toujours de l'ouvrage à donner aux imigrans, et l'on pourroit recevoir tous les hommes capables de travail, quoiqu'ils ne pussent pas devenir propriétaires à l'instant même, pourvu que, par leurs mœurs et

leur caractère, ils méritassent d'être admis
dans la nouvelle république.

Ces détails suffisent pour vous rappeller
l'idée du plan dont nous nous sommes souvent
entretenus. Si vous acquériez auprès du
congrès la certitude de pouvoir le réaliser
en ce qui dépend de son pouvoir, et qu'il
ne restât plus qu'à trouver la compagnie qui
feroit l'entreprise, et fourniroit les fonds
nécessaires, je crois qu'en Europe l'on en
viendroit aisément à bout.

La compagnie auroit des terres à vendre,
leur prix augmenteroit à mesure qu'elle
seroient recherchées, et elle s'appliqueroit
à les rendre recherchables par l'état de
choses qu'elle prépareroit aux colons, sur-
tout par les précautions qu'elle prendroit
pour écarter d'eux les malheurs les plus à
craindre, durant les premières tentatives.
Je crois donc que ce projet offriroit un appât
suffisant à la cupidité, et qu'assez d'actionnaires se présenteroient pour y consacrer
plusieurs millions.

Pour les déterminer d'autant mieux, on
diviseroit les portions d'intérêts en très-pe-
tites sommes, et l'on indiqueroit des mesures
propres à tranquilliser les actionnaires sur

une administration digne de respect et de confiance, qui empêcheroit le divertissement des deniers, l'abus de leur emploi, et qui veilleroit à l'exacte exécution de tout ce qui auroit été résolu, pour assurer le succès de l'entreprise, et ne pas tromper l'attente des colons.

Un *prospectus* raisonné informeroit le public de la nature de l'entreprise. On en écarteroit l'enthousiasme, et les perspectives plus brillantes que solides.

Réaliser sur un sol acquis une république formée d'après les leçons de l'expérience, d'après le bon sens, la raison, et conformément aux principes de confraternité et d'égalité qui devroient réunir tous les hommes, tel seroit le but de l'entreprise.

Acheter les terres de manière à pouvoir les revendre à un assez bas prix, pour en encourager la culture, et en même temps avec assez d'avantage pour ajouter au remboursement des actionnaires un profit séduisant pour eux, tel seroit le principal moyen de son exécution. L'on ne s'y permettroit aucune observation qui ne fût naturelle et judicieuse ; on feroit, par exemple, observer que de la première valeur d'un terrain inculte acquis pour y fonder une so-

ciété, à la valeur qu'il auroit acquise lorsque la société y seroit établie et deviendroit
nombreuse, il y auroit de quoi assurer aux
actionnaires un revenu prodigieux sur leur
premier débours; revenu d'autant plus grand,
proportionnellement au débours, qu'il seroit
convenu avec le congrès d'un prix constamment le même, quel que fût le degré de
valeur auquel les terres non encore acquittées
seroient parvenues par l'effet des progrès de
la société et de ses défrichemens.

Cela suppose, comme je l'ai déjà dit, qu'à
l'exception d'une certaine somme payable
en prenant possession du pays acquis, on
ne feroit les paiemens au congrès qu'à
mesure que les terres seroient vendues à des
colons; condition sans laquelle l'entreprise
exigeroit de trop grandes avances pour se
flatter de les obtenir.

Ainsi le fonds de la compagnie seroit composé; 1°. du premier paiement à faire au
congrès; 2°. des frais nécessaires pour acquérir la connoissance topographique du
pays, et en marquer toutes les divisions;
3°. du fonds dont il faudroit s'assurer pour
les premiers travaux publics, les établissemens pour la réception des colons, et pour

fonder les précautions nécessaires pour protéger les arrivans, et les garantir des accidens qui les décourageroient.

Ces trois objets exigeroient sans doute un fonds considérable; mais la valeur croissante des terres qui resteroient à payer et à vendre, et qu'on ne paieroit qu'à mesure que des colons se présenteroient pour les acquérir, assureroit successivement aux fondateurs une rente prodigieuse.

D'ailleurs les débours ne se faisant pas avec rapidité, on pourroit trouver beaucoup d'adoucissement dans le ménagement des premiers fonds fournis d'avance par les fondateurs.

Voilà comment cette entreprise présenteroit de quoi éveiller la cupidité. Les autres considérations exposées dans le *prospectus* détermineroient un grand nombre d'amis de l'humanité, de philosophes, et, si l'on veut, de curieux, à devenir actionnaires.

En voilà assez, mon ami, pour rappeller à votre esprit autant et plus de choses sur ce projet qu'il n'y en a dans le mien. Etudiez-le; et comme, au premier aspect, il a un air romanesque, trouvez le moyen de le sauver de cet écueil, et de vous en entretenir avec des personnes instruites et raisonnables. Recherchez celles qui sont assez attachées aux grandes choses pour desirer d'y concourir avec zèle, lorsqu'elles ont pour but d'aider et de consoler l'humanité.

Mon âge me défend l'espoir de concourir à cette grande œuvre. Elle n'a, ce me semble, aucun modèle dans les temps passés ; elle seroit grandement utile aux temps à venir, et marqueroit la révolution américaine par un des plus beaux effets qu'elle puisse produire : n'en est-ce pas assez pour animer l'ambition généreuse de ceux qui ont assez de jeunesse, de santé et de courage, pour ne pas s'effrayer des difficultés, pour ne pas craindre les lenteurs, auxquelles il faudroit se résoudre, pour réussir ?

LETTRE IV.

1 mai 1788.

L'UTOPIE ne sera qu'un rêve, et vous trouverez sans doute les nouveaux états américains invinciblement destinés à des peu-

plades, qui se formeront peu à peu par des
additions successives de familles ou d'individus, sans suivre aucun plan général, sans
songer aux loix qui leur conviendront le
mieux, lorsque la peuplade, devenue importante, pourra représenter comme république dans la confédération. C'est ainsi que
tous les systémes politiques semblent condamnés à ressembler à ce qui existe déjà
dans tel ou tel état, selon que la multitude
ou un homme hardi et accrédité en décident.

Il faudra donc abandonner ce projet : et
alors où placerez-vous les amis que nous vou-
drions cependant rassembler en Amérique?
Vous informerez-vous pour eux des progrès
de la population et de la civilisation dans le
Kentuké, dont on dit tant de merveilles?
Mais songez à deux choses ; la première, que
notre établissement sera très-incertain, s'il
faut aller le préparer nous-mêmes, bâtir des
maisons, etc. Il faudra alors que quelqu'un
prenne les devants ; et quand se rejoindra-
t-on ? et que de choses ne peuvent pas venir
à la traverse ! Il faut, lorsque la société émi-
grante sera formée, pouvoir en faire partir
tous les membres ; il faut qu'après avoir
pourvu . en Europe même, à une association

qui se suffise à elle-même , tous les individus
partent ensemble pour ne plus se séparer :
mais alors il faut se décider pour un canton
où l'on trouve , pour y séjourner , une bonne
ville , jusqu'à ce que les habitations soient
établies dans le district qu'on aura préféré.
Cette précaution me semble exclure le Kentuké ; car aucune bonne ville n'en est assez
voisine , pour que les membres de l'association qui se chargeroient de faire l'établissement , ne fussent pas séparés trop long-temps
et par trop d'étendue de leur famille. Voyez
donc , mon ami , comment il sera possible
de concilier toutes choses , et de prendre au
début une position où il soit probable que
le chagrin ni la peine ne passeront jamais le
plaisir ou la satisfaction. Vous n'aurez pas
peu de chose à faire , quand vous procéderez
à cet examen ; car n'oubliez pas que , pour
déterminer les personnes dont nous craignons de nous éloigner , il faut un canton où
l'on puisse tout à la fois réunir le commerce
et l'agriculture. Il faut être près d'une rivière
navigable , communiquant à la mer ; il faut
avoir à sa portée une ville où l'on trouve des
hommes de mer , des vaisseaux , etc. En un
mot , il faut que ceux d'entre nous qui sont

habitués aux affaires du commerce et des
manufactures, ne se trouvent pas dans la nécessité absolue d'y renoncer, et par là exposés à l'ennui. Vous savez qu'on ne sent pas la
lassitude, lorsqu'on fait marcher à côté de
soi une voiture ou un cheval, pour s'en servir au besoin.

C'est dommage que Pitsbourg ne soit pas
plus considérable et plus peuplé, ou que la
Virginie soit séparée des nouveaux états par
des déserts.

Il est inutile d'entrer avec vous dans de
grands détails sur cette matière ; vous nous
connoissez ; ils seroient inutiles. Je me borne
donc à vous recommander l'attention au climat. Beau ciel, température de Paris, point
de mosquites, site agréable, et un sol qui
réponde aux soins du cultivateur, voilà l'in-
dispensable.

D'ailleurs, les nombreuses observations
que vous vous êtes proposé de rassembler
pour l'instruction publique, nous éclaireront sur une infinité de choses qu'il faudroit
enregistrer ici, si elles n'entroient dans votre
but principal. En observant les goûts et les
habitudes, n'oubliez pas la musique, considérée dans ses effets sur les forces de l'es-

rit. Le goût de la musique se généralise en Europe ; on en fait un des objets importans de l'éducation.

En est-il de même en Amérique ? Je crois que ce talent n'en favorise aucun, si ce n'est les autres talens frivoles auxquels il s'associe. La musique entraîne à l'étudier sans cesse, à voir toujours au-delà de ce qu'on sait ; et quel bien peut faire aux hommes une chose aussi étrangère aux sciences utiles, et qui remplit le temps le plus propre à l'étude ? A-t on aussi besoin en Amérique de spectacles ?

Enfin, comme nous ne sommes pas encore de pauvres Ecossois, songez aux réponses que vous aurez à faire, lorsque nos femmes, nos enfars et nous-mêmes, nous vous demanderons comment l'on fera, si l'on arrive en grand nombre dans quelque ville des États-Unis que ce soit ; car ne pouvant pas envoyer des couriers devant soi, on pourra prendre quelque souci sur ce débarquement dans un pays où l'on ne connoîtra personne.

LETTRE V.

22 mai 1788.

APRÈS vous avoir dit ce que je pense sur des objets généraux, il convient d'arréter ses idées sur ceux qui présentent le fruit le plus facile, le plus palpable et le plus certain que vous puissiez retirer de votre voyage je veux parler des achats des terres ou d fonds publics auxquels on peut étre invi par les circonstances.

Trois classes de personnes peuvent desir d'acheter des terres dans les Etats-Unis : ceu qui se proposent de les faire cultiver, ceu qui veulent les cultiver eux-mémes, et ceu qui pensent y placer de l'argent, dans l'es pérance que ces terres augmenteront de va leur à mesure que la population croîtra et s'étendra davantage sur le sol des Etats-Unis.

Laissons aux deux premières classes à faire elles-mémes leur choix. Les observations gé nérales que vous publierez à votre retour sur l'Amérique libre, éclaireront quiconque desein de s'y rendre ; et c'est à ceux qu veulent

veulent habiter le sol qui les fera vivre, à en choisir eux-mêmes la place ; car, outre le nécessaire, ils devront encore y trouver le bonheur, objet trop important pour s'en rapporter à d'autres qu'à soi-même.

Les simples spéculateurs sont dans un cas différent : les uns veulent acheter pour revendre avec avantage le plus promptement possible ; les autres étendent leurs vues beaucoup plus loin, et, calculant les vicissitudes européennes, peuvent trouver très-sage et très-prudent d'acquérir en terres un fonds mort, dans un pays où presque toutes doivent, dans moins d'un siècle, se ressentir des influences de la population, et gagner par conséquent en valeur.

Beaucoup de chefs de famille prévoyans placent des fonds dans des banques, et les oublient en faveur de leurs descendans. Un plus grand nombre useroit de la même précaution, s'il y avoit une solution satisfaisante à toutes les questions sur le chapitre des accidens. Or rien ne me paroît mieux remplir le but de cette sage prévoyance, que de placer l'argent qu'on y destine, sur le sol non défriché des ÉtatsUnis.

Les lumières que vous rassemblerez à ce

sujet seront infiniment utiles. Il y a des terres
que leur position éloigne plus ou moins de
l'époque de leur défrichement ; d'autres qui,
placées près des grandes communications,
seront plus avantageuses à défricher que les
autres ; et il doit y en avoir qui deviendront
un jour très - précieuses , à cause des bois
qu'elles renferment ; car s'ils sont embarrassans et sans valeur dans une certaine époque
de la population, ils deviennent bien recherchables quand la population s'est étendue.

Peut-être y a-t-il dès à présent telle contrée couverte de bois, à portée d'un transport commode par les grandes rivières , qui
devroit être acquise par des spéculateurs,
dans la seule vue de futurs besoins de bois.
qui ne sont peut-être pas très-éloignés.

Ainsi l'étude du local est importante pour
ceux qui veulent spéculer sur la valeur éven-
tuelle des terres. Ils sauroient sûrement bon
gré à qui leur fourniroit une topographie
raisonnée , par laquelle ils pussent juger de
la marche probable de la population et des
divers rapports que prendront entr'elles certaines portions de pays.

. Mais peut - on acquérir des terres avec
pleine sûreté ? A-t-on établi des moyens sûrs

de reconnoître des propriétés territoriales qui auroient été long-temps perdues de vue? Ne court-on pas le danger, ou de voir sa terre entre les mains d'autrui, quand on voudra en disposer, ou d'avoir acheté celle d'autrui?

Le Cultivateur américain a donné quelqu'indice de la défiance qu'il faut avoir à ce sujet, dans un dialogue entre un colon et un marchand de terre. *Le colon*, dit-il (p. 126, tom. I), *annonce de la méfiance quant à la validité du titre, à l'ancienneté de la patente, etc.* Eclairez-nous, mon ami, sur tout cela, et dites-nous bien positivement comment on peut laisser les terres qu'on acquiert à la garde des animaux qui les parcourent, et en retrouver les limites dans quelque temps que ce soit. Il me semble qu'un surveillant doit être absolument nécessaire pour empêcher les prises de possession.

L'époque où vous vous trouverez en Amérique va décider de la confiance des Européens dans les États-Unis. Je ne doute pas que les résolutions générales ne sanctionnent la confédération proposée ; et dès-lors tout esprit droit envisagera l'Amérique libre comme mise au chemin d'une

IMAGE EVALUATION
TEST TARGET (MT-3)

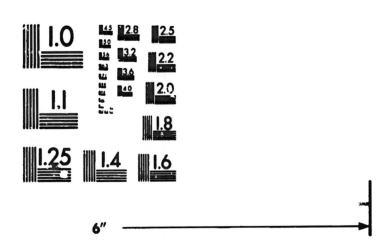

6"

otographic
Sciences

23 WEST MAIN STREET
WEBSTER, N.Y. 14580
(716) 872-4503

prospérité constante. Alors , sans doute
beaucoup d'Européens songeront à y ac
quérir des terres. On ne connoît pas d'é
poque où l'esprit spéculatif ait été aussi gé
néral qu'il l'est aujourd'hui ; et l'on n'en con
noît aucune non plus qui présente une révo
lution semblable à celle de l'Amérique libre
ni une assiette aussi solide que celle qu'il
vont acquérir. Ainsi le passé ne prouvero
rien contre ce que je présume à cet égar
de la disposition actuelle des esprits.

Je ne serois donc point étonné que celu
qui, s'appliquant à la connoissance des terre
sous le point de vue que j'envisage, offriro
des solutions à toutes les questions , de l'e
prit d'ordre , de prévoyance ou de défiance
ne pût engager les Européens à de très-grand
achats de terres.

Je ne regarde pas du même œil les spécula
tions en terres qu'on feroit dans la vue de le
réaliser promptement , avec un grand béné
fice. Quelqu'accélérée que sera la population
des États-Unis , je ne la conçois pas assez ra
pide pour faire monter tout à coup et en peu
de temps le prix d'une grande étendue de
terrains. Ainsi toute spéculation sur les terre
qui exigeroit une prompte réalisation , m

paroît bien douteuse : elle ne peut porter,
avec succès, que sur quelques lisières qui
environnent les villes, ou certains cantons
déjà en activité. Mais ce choix exige des connoissances locales et une application toute
particulière. Il faut avoir des amis sûrs qui
vous avisent ou opèrent pour vous, au moment où il se manifeste une occasion d'a-
cheter des terres à la veille d'augmenter en
valeur.

Je pense donc que les spéculateurs qui
veulent des bénéfices très-prochains, doivent
préférer les effets provenans des dettes publiques. Ceux-là doivent hausser rapidement,
dès que l'on jugera la révolution bien con-
solidée, dès qu'on aura des preuves pal-
pables de l'intention de tout payer ; et il sera
d'autant plus avantageux de préférer ces
effets, qu'ils serviront aussi à acheter des
terres, lorsque l'occasion s'en présentera.

LETTRE VI.

Dette des Etats-Unis.

Vous m'avez dit, mon ami, que les Anglois avoient inondé l'Amérique d'une prodigieuse quantité de papiers publics contrefaits. Il en est parlé dans le Mémoire de M. S. ; mais il ne paroît pas y mettre une grande importance. Cependant si cette contrefaction est si considérable, il ne faut pas aller chercher ailleurs la cause du vil prix auquel sont tombés les papiers de la dette domestique, malgré la bonne volonté manifestée par les états et par le congrès. La contrefaction n'a pu tomber que sur ces sortes de papiers ; et pour peu que les vérifications soient difficiles, on sent parfaitement tout le malheureux effet de cet accident sur leur valeur. Beaucoup de propriétaires doivent craindre les vérifications, et préférer des marchés qui leur laissent quelque chose entre les mains. De là des offres continuelles de vendre qui doivent entretenir un très-bas prix.

Ce désordre prendroit fin, si les Etats multiplioient par-tout les vérifications, parce qu'alors la facilité de vérifier donneroit lieu à beaucoup de marchés conditionnels , et par cela même moins onéreux aux vendeurs.

Il me semble même que les Etats devroient ordonner une vérification générale et un échange de papiers qui ôtât tout à coup toute espèce de valeur aux papiers non échangés. Mais peut-être aussi craint-on un effet trop violent de l'anéantissement subit des faux papiers. Peut-être aussi les Etats eux-mêmes sont-ils bien aises de laisser subsister une circonstance qui doit les favoriser, s'ils ont le projet de racheter eux-mêmes leur papier.

Il y a sur cela beaucoup d'informations à prendre, et ce n'est qu'en les recueillant que vous saurez la véritable raison de l'extrême bas prix de la dette d'Amérique.

On nous dit que la dette domestique a pris faveur depuis que l'acquiescement à la nouvelle constitution fédérative est devenue probable ; mais quelle preuve avons-nous de la vérité à cet égard? Les Hollandois et les spéculateurs prudens n'acheteront de cette dette qu'autant qu'on leur en certifiera la légalité, et qu'ils seront rassurés contre toute falsifi-

cation. Mais cela même suffit pour hausse
les prétentions des vendeurs, quand mêm
ces papiers seroient encore à très-bas prix
dans le pays ; car cette condition, qui sera
peut-être très-lente et très-difficile à exécuter, réduira peut-être à une petite quantité
les papiers acceptables par les acheteurs hol
landois ou autres. Voilà donc des informations bien importantes à prendre. Celles sur-
tout qui concernent les vérifications ou l'en-
registrement dans les livres de la trésorerie,
demandent la plus grande attention ; car à
quoi bon contracter pour des marchés dont
l'exécution seroit très-lente et très-incer-
taine ? Qui sait encore si l'on pourroit compter sur la livraison des papiers vendus, quoique véritables ? Car si leur vérification ne
peut se faire qu'après un certain temps, la
hausse sur le prix des papiers vérifiés peut
être telle qu'il ne convienne plus aux vendeurs de les livrer ; et le prétexte pour ne
pas livrer leur est facile ; ils n'ont qu'à dire
que les effets dont ils s'étoient assurés se
sont trouvés faux. On suspecte déjà la bonne
foi des commerçans américains ; et en Europe on en trouveroit beaucoup qui joue-
roient ce tour sans aucun scrupule. ·

Ce qui existe sur les contrats peut également existe sur les *indents* ou coupons d'intérêt : on n'aura pas pris plus de précautions pour garantir ceux-ci de la contrefaction, qu'on en a pris pour garantir ceux-là; et il ne paroît pas que les *indents* aient été payés en argent, malgré les résolutions du congrès. Les Anglois auront eu le temps de les contrefaire. Il peut donc y avoir, et sur la dette domestique, et sur les *indents* qui en proviennent, une très-grande confusion.

On peut sur cette matière chercher la vérité, comme historien et comme spéculateur. Comme historien, ce travail, devant remonter à l'origine, sera long. Comme spéculateur, il importe seulement de savoir l'état présent des choses, sur quoi on peut compter; si l'on peut s'assurer de la qualité de ce qu'on achète, et si l'on ne songe pas à quelque nouvelle dépréciation; car il n'y a que la politique qui puisse garantir quelque chose à cet égard. Or, quelle est celle des Américains ? Ils distinguent peut-être leur crédit extérieur du crédit intérieur, et pensent qu'ils conserveront le premier en payant exactement la dette étrangère, et ne font aucun cas du second, à cause du désordre où la dette domestique se trouve

Enfin il ne peut convenir aux Européen d'acheter des fonds de la dette domestique qu'autant qu'ils en pourront toucher les in térêts en Europe. Or, sur quoi peut-o compter ? Si les *indents* ne se paient pas e argent, et sont au-dessus du pair, on n peut en faire passer la valeur en Europe, qu selon ce qu'ils valent en Amérique, en sort que l'on seroit trompé dans sa spéculation

On a dit, par exemple : achetons pour 5o livres, les 1oo livres qui en rendent 6 d'in térêt annuel, et notre argent sera placé 12 pour cent d'intérêt en attendant le rem boursement.

Mais si l'intérêt se paie en *indents*, et que ceux-ci perdent contre l'effectif, on retirer de moins toute cette perte ; et au résultat c qui auroit coûté 5o livres en argent effectif, pourroit bien ne rendre que 3 en même valeur.

Conclusion ; le point le plus essentiel à connoître, c'est la contrefaction et ses consé- quences. De quelle manière est-elle envisagée par les États et le congrès? La politique inté- rieure n'a-t-elle point songé à en tirer parti? Existe-t-il des moyens de vérification ? Quels sont-ils ? Sont-ils lents ou prompts ? En existe-t-il pour tous les états ? Je ne saurois me figurer qu'on ait maintenu l'ordre dans l'émission des papiers ; elle a eu lieu dans des époques de confusion et d'embarras ; conséquemment je ne me fais aucune idée des vérifications ; et du moment qu'on parle de contrefactions énormes, je ne sais plus que penser de la dette domestique. Vous n'aurez, mon ami, sur ce point pas trop de toute votre sagacité et de toute votre défiance, et vous trouverez peut-être pourquoi on n'a encore rien livré aux Hollandois qui n'ont contracté qu'à condition qu'on leur livreroit de la dette domestique enregistrée dans les livres de la trésorerie.

On ne peut se dissimuler que les États-Unis éprouvent une grande pénurie dans toute la matière des finances. Les résolutions du congrès ne s'effectuent point, et le taux de la dette domestique se tient à un degré tel qu'on ne peut pas l'attribuer à la rareté du numéraire, à moins que le numéraire ne procure des bénéfices dans le commerce, la culture, ou les défrichemens, qui surpassent un intérêt annuel de 12, 15, 20 et 25 pour cent, et même davantage, puisqu'on a eu 6

livres de rente pour 14 livres de capital.
Eclaircissez donc tout cela, mon ami, avec
l'esprit de méthode que vous vous êtes formé.

Une autre opération servira encore à vous
éclairer. Le congrès a contracté pour 300
tonneaux de monnoie de cuivre contre des
contrats à 6 pour cent, rachetables dans 20
ans. Scrutez cette opération, sachez la valeur
intrinsèque du cuivre, ajoutez-y les frais de
fabrication, et voyez combien de fictif cette
monnoie renfermera, en comparant le débours de la fabrication avec le cours qu'elle
aura.

Voyez ensuite quelle partie de ce fictif le
congrès a abandonnée aux entrepreneurs, et
jugez par là de ses facultés. Il faut qu'elles
soient bien foibles, s'il ne s'est réservé que
13 pour cent sur le fictif. C'est du moins ce
que j'entends par le *prœmium* de 13 pour
cent au profit des états.

Sur quel état de choses un Américain en
prendroit-il l'engagement ? Remarquez que
ces difficultés peuvent ne pas affecter les
Américains si le mal vient de la rareté du
numéraire, parce qu'alors le prix qu'ils mettent au numéraire, les dédommage d'un côté
de ce qu'ils perdent de l'autre. Il ne faudroit

pas même s'étonner que les Américains vous conseillassent d'acheter de leur dette domestique, car cette opération leur produiroit du numéraire.

Nous avons déjà observé dans notre ouvrage que le numéraire devoit leur être très-nécessaire, à cause des défrichemens. Vous vous en convaincrez sans doute ; vous verrez même une infinité de choses qui doivent occuper le numéraire, comme en ont besoin ceux qui bâtissent de grands édifices, ou qui préparent des sources de revenu. Vous voyez d'ailleurs qu'en Amérique il faut payer fort cher la main d'œuvre ; et s'il vous est possible de calculer le nombre de mercenaires qu'on emploie à une piastre par jour, vous trouverez que la somme d'argent effectif, nécessaire à la circulation entre les propriétaires et les ouvriers, est très-considérable pour des États fort endettés au dehors.

MAI 1788.

MÉTHODE D'OBSERVATIONS (*)
à suivre dans mon Voyage en Amérique.

Mon objet principal est *d'examiner les effets de la liberté sur les développemens de l'homme, de la société, du gouvernement.*

Voilà le grand point où doivent tendre toutes mes observations ; et pour y parvenir, il faut écrire chaque soir, sur un journal, tout ce qui m'aura davantage frappé pendant la journée.

Il n'y aura point d'autre ordre pour la composition de ce journal que celui des jours.

Comme mes observations doivent se rapporter à cinq ou six grandes divisions générales, il faut faire un cahier pour *chaque division*, où je jetterai à fur et mesure toutes les observations y relatives, tous les faits,

---

(*) Je crois devoir publier cette méthode : elle peut être utile pour d'autres voyageurs. La méthode est de moi ; les observations de M. Clavière.

ous les documens, tous les matériaux que
·, hasard me procurera.

Je vais parcourir ces divisions.

Gouvernement fédéral.

RASSEMBLER tout ce qui a rapport à l'an-
ien systéme de congrés au nouveau ; avoir
ut ce qui s'est publié, et entr'autres les
ttres de *Publius*.

Marquer les [inconvéniens principaux de
ancien systéme ; les avantages du nouveau ;
s objections qu'on lui fait ; la maniére dont
fédération est généralement envisagée.

Observations de mon ami Clavière.

DE petits états , soit des états dont l'éten-
ue ne donne pas à leur gouvernement des
ccupations trop compliquées, et qui soient
'unis sous un gouvernement fédéral chargé
e maintenir la paix entre eux et de veiller à la
aix, à la sûreté de tous, de rendre leur union
espectable au dehors ; tel est sans doute le
enre d'association politique où doit se ren-
ontrer le plus d'avantages. Ainsi il faut s'at-
acher principalement à développer tout ce
u'on a droit d'attendre de la forme actuelle
u gouvernement fédéral des États-Unis,
n l'examinant d'aprés la nature des choses.

Gouvernement de chaque État.

POLITIQUE. Considérer la composition de la législation de l'assemblée générale, du sénat, du pouvoir exécutif ; les élections, les abus reprochés à chacun d'eux.

Comparer les effets remarqués jusqu'à ce jour dans chaque législature, afin de juger quel est le meilleur systéme.

Observations. QUE faut-il attendre de leur différence ? Quels en sont les traits principaux ?

Tous ont reconnu la suprématie du peuple mais tous ne la lui ont pas également conservée ; et là où il ne peut la reprendre que par la sédition, il faut peu compter sur la paix. Elle est bien douteuse aussi par-tout où la voix du peuple n'est pas assujettie aux formes lentes de l'instruction. Les divers états doivent être examinés d'après ces principes.

Législation civile, de police et criminelle.

EN envisageant ces objets, il faut s'attacher sur-tout aux faits.

Les rapprochemens, les comparaisons avec les faits des autres contrées de l'univers, se feront au retour.

Etat du commerce entre chacun des Etats avec les Sauvages, les Canadiens, la Nouvelle-Ecosse, les isles angloises, la France, l'Espagne, la Hollande, les Etats du Nord, de l'Europe, le Mexique, la Chine, les Indes, l'Afrique.

REMARQUER les articles principaux d'exportation, d'importation ; le nombre des aisseaux employés ; l'état du numéraire con- acré au commerce.

Observations. N'oubliez pas de bien fixer s matières d'échange de part et d'autre, ι sur-tout avec les possessions espagnoles. ar c'est de là principalement que doivent enir l'or et l'argent. S'en approche-t-on par erre à l'occident de l'Amérique ? Les Améri- ains libres voyagent-ils chez leurs voisins les spagnols ?

Le système de la monnoie est-il simple ? era-t-elle une mesure constante, facile à oncevoir ? Est-elle d'une nature perma- nente, en sorte que dans la suite des temps bn puisse toujours juger des variations dans e prix des choses, en les rapportant à un erme de comparaison qui lui-même n'ait

Tome I. D

subi aucun changement ? Cela ne se peut
qu'avec un métal unique, auquel tous les
autres se rapportent, soit comme marchandise, soit comme un billet de crédit se rapporte à la somme d'argent, à l'égard de laquelle il exprime un droit, et non une valeur
intrinsèque. Un sol de cuivre, par exemple,
est un billet de crédit sur la portion de métal adoptée pour mesure des valeurs ; car le
sol de cuivre n'a nulle part la valeur intrinsèque de la partie aliquote de métal mon-
noyé qu'il représente.

Des Banques.

Observations. Les banques sont une partie
bien importante de la chose publique ; les
proportions qu'elles observent entre le numéraire qu'elles renferment et les billets
qu'elles répandent, sont leur grand secret,
le *criterium* de leur solidité. Celles qui n'ont
que peu ou point de numéraire, et qui répandent beaucoup de billets, sont dans un
état très-précaire et sont fort dangereuses.

Il faut lire avec attention, dans Smith,
l'histoire des banques d'Ecosse, mais après
s'être fait des notions justes sur les vrais

principes des banques, afin de pouvoir facilement suppléer à l'obscurité de Smith. Il est très-facile d'errer sur cette matière, qu'on ne sauroit trop simplifier, lorsqu'on veut l'examiner.

tat du revenu fédéral de chaque État ; des impôts qu'ils procurent ; de la manière de les percevoir ; des effets de ces impôts.

Observations. Quel est le systéme d'impoition dominant ? Si l'on regarde le sol comme a base de l'impôt, sait-on qu'il est dangeeux alors de décourager le cultivateur ? ourquoi n'a-t-on pas réservé un domaine ux États ?

e la dette fédérale de chaque État ; des particuliers ; des dépenses fédérales de chaque État; de la comptabilité.

Observations. La dette a été réduite , et n justifie cette réduction sur les énormes énéfices faits sur les fournitures quelconques ui ont donné lieu à la dette. Relisez à ce sujet ; mémoire de M. S. ; vous verrez qu'il y a n moment où il faut que la dépréciation ait té injuste.

Il y a sur cet objet des recherches curieuses à faire. Pourquoi gagnoit-on autant avant qu'on se doutât d'une dépréciation ? C'est parce que l'on couroit des dangers d'un autre genre, l'on se défioit de la possibilité du rembour-sement, parce qu'on se défioit du succès de la révolution. Sous ce point de vue, com-ment justifie-t-on le tarif de réduction d'a-près lequel la dette a été estimée, sur-tout envers ceux qui n'avoient aucun intérêt à la révolution ?

L'argent devoit être très-rare : c'est une grande cause de discrédit. Il devoit beaucoup coûter à ceux qui étoient réduits à en em-prunter, d'où devoit résulter de grandes aug-mentations dans le prix des choses ; et alors n'a-t-on pas été injuste dans certaines ré-ductions ?

Encore un coup c'est une histoire très-cu-rieuse, si on peut la prendre à son origine et en suivre le fil. Il conduira peut-être à trouver qu'on a fait une banqueroute frau-duleuse. Mais en ce cas il ne faut pas craindre cette conclusion. D'ailleurs, en supposant même de l'extorsion de la part du créancier, elle ne justifie pas le rabais que fait le débi-teur ; il n'a en sa faveur que la nécessité.

La nouvelle Encyclopédie fait remonter avant la guerre le désordre qui a causé la dépréciation.

Mais s'il existoit alors du papier-monnoie, celui de tous les États n'étoit pas en discrédit ; et cependant la dépréciation a frappé sur tous les papiers-monnoie sans exception : celui du congrès n'existoit d'ailleurs pas. On a fait banqueroute : voilà sans doute la vérité ; et en rassemblant tous les faits relatifs aux finances, on en pourra peut-être déduire des observations propres à prévenir une telle humiliation dans des circonstances semblables.

Dans l'Encyclopédie, on affirme que la dépréciation ne coûte rien aux étrangers : ce fait est-il vrai ?

Il est très-important de se faire une idée des dépenses publiques auxquelles les Américains se livreront dorénavant, et de pénétrer, autant qu'il est possible, dans le genre d'esprit public qui les anime. Quelle est leur manière d'envisager les emprunts ? Ils sont un bien quelquefois ; mais le gouvernement le plus sage est celui qui résiste à cette ressource : quand on en use, on ne sait plus où l'on s'arrêtera. Les emprunts publics sont toujours des enlèvemens à l'industrie, et la théorie des reversemens est trompeuse... Les Américains doivent d'ailleurs les avoir en aversion, par le mal qu'ils en éprouvent aujourd'hui, à moins qu'ils ne croient leur devoir leur liberté.

État des campagnes autour des villes; plus avant dans l'intérieur; près des Sauvages. De la culture; de ses avances; de ses produits; de la variété de ses produits. Des défrichemens; ce qui les encourage ou les arrête. Du numéraire répandu dans les campagnes; des fabriques des campagnes.

Observations. On prétend que la terre est inculte fort près de New-Yorck; que cette ville est environnée de forêts; et que pouvant avoir le bois à brûler à vil prix, on préfère le charbon, quoiqu'on le paye plus chèrement.

Il faudroit que le commerce fût tel à New-York que la culture fût méprisée, ou que l'on y reçût les denrées à plus bas prix qu'on ne les cultiveroient à sa porte. Si ce qu'on dit est vrai, il y a des singularités à expliquer, dont on ne se doute pas en Europe.

Il faut considérer l'état du commerce et celui de l'agriculture en Amérique, sous le point de vue qui fait qu'on s'adonne à l'un plutôt qu'à l'autre.

Vous trouverez peut-être que l'origine des émigrans décide beaucoup de leur vocation. Les Anglois arrivent avec le commerce dans la tête, parce qu'ils arrivent dans une sorte d'aisance. Les Ecossois, Irlandois, Allemands et autres qui arrivent misérables, se tournent vers l'agriculture, et sont d'ailleurs la plupart des échappés de campagne. En éclaircissant ces faits, vous nous parlerez de ce que l'aisance, l'amour du travail et de la simplicité réunis, et tournés vers la culture, pourroient y faire.

Quelle est la véritable raison du bas prix auquel on trouve à acheter des campagnes défrichées avec maisons bâties ? Sans doute il y a un grand excès de productions, comparé aux consommations. Alors les campagnes rendent peu à qui veut en vendre les produits.

On vante beaucoup les avantages d'élever du bétail.

Les nations ont des préjugés, des goûts, des fantaisies, comme les particuliers ; quelle

est, sous ce rapport; la manière d'envisage
les manufactures dans les Etats-unis? Y a-t-i
un système de culture dominant en Amé
rique ? Y parle-t-on de la grande et de l
petite cultures ?

*Des mœurs privées dans les ports, dans le
villes de l'intérieur, dans les campagnes.*

Observations. En trouverez-vous qui soien
vraiment américaines, et ne trouverez-vou
pas, au contraire, à tout instant l'Europe su
vos pas ? Je distingue ce qui, appartenant
la conformation de l'homme, fait retrouve
par-tout les mêmes résultats.

Parlez-nous de l'éducation publique e
privée ? Fait-on, comme en Europe, perdr
le temps à la jeunesse en études inutiles o
insignifiantes ? Connoissez, tant que vou
pourrez, les ministres de la religion. L'autorit
paternelle est-elle plus respectée qu'en Euro
pe? L'éducation douce que Rousseau a su fair
prévaloir, est-elle en usage chez les Amér
cains libres ? Y a-t-il du libertinage ? O
assure qu'à cet égard Philadelphie appar
tient à l'Europe.

Quelles mœurs doivent être attribuées à

'état de guerre, et quels changemens doivent
'opérer à cet égard ?

*u prix des denrées de première et de seconde
nécessité dans chacun de ces lieux.*

Observations. Quelles denrées sont les plus
'bondantes ? Conserve-t-on les grains ? Est-
n sobre ou gourmand ? N'oubliez pas de
isiter les marchés par - tout où vous vous
rrêterez. On y juge des mœurs des gens de
ι campagne , de leur aisance, et des pro-
uctions.

Y fait-on usage des liqueurs ?

*e l'inégalité qui existe déjà dans les for-
tunes ; de ses causes ; de ses effets actuels
et probables.*

Observations. N'oubliez pas , à ce sujet,
e nous parler des mariages, des dots, des
estamens ; les mœurs et les usages sur ces
apports arrêtent ou accélèrent l'inégalité.

*De la mendicité ; des hôpitaux. De l'éduc
tion privée et publique. Des colléges ; de
religion , considérée politiquement ; de
manière dont s'arrangent les différenl
sectes. Des mœurs publiques. De la 1
nière dont s'envisagent les habitans
chaque État ; dont ils voyent la chose p
blique et la confédération.*

Observations. On prétend que les mœu
des commerçans sont très-corrompues. (
les dit rusés et faux. Il se peut que l'état vi
lent où ils ont été réduits, les ait perverti
que les gains énormes qu'ils ont faits , aie
exalté leur cupidité , et qu'en général
bonne foi ait beaucoup souffert des opéra
tions que le gouvernement a été lui-mém
forcé de faire sur la dette publique. Ce
choses seront curieuses à examiner, et intê
ressantes à constater avec clarté , si l'on pe
en acquérir de justes idées.

*De la domesticité , de l'esclavage ; des moyen.
qu'on prend pour l'abolir.*

Observations. Est-il vrai qu'on ne puiss
avoir pour domestiques que des noirs ? Leu

ritable état civil, moral et politique, l'opi-
on qu'ils en ont eux-mêmes par-tout où ils
 sont plus esclaves, est un morceau philo-
phique; qui mérite d'être fait avec soin.
Vos observations pourront conduire aux
oyens efficaces de replacer cette classe in-
rtunée au niveau des autres hommes.

*chats à faire des terres; comment? Défriche
mens; quelles avances à employer. Achats
des fonds publics. Quel commerce, etc?*

Observations. Ayez des notions sur les agens
ii se mêlent des fonds publics; et en géné-
il examinez cette classe d'hommes qui font
courtage. Les a-t-on rendus nécessaires?
Examinez aussi l'émigration qui s'est faite,
puis la paix, dans l'Amérique libre; de
el pays viennent principalement les émi-
ans; quels succès ils ont généralement, etc.
L'histoire de Kentucké, des établissemens
jacens, du cours de l'Ohio, et des derniers
ansports de colons rassemblés à Pitsbourg,
partis depuis ce rendez-vous, doit fournir
curieux détails, et sur-tout des remarques
téressantes pour les futurs émigrans. Qu'est-
au juste que Pitsbourg?

Voilà, ce me semble, les différens objet
qui doivent fixer par-tout mes regards.

Je dois rassembler le plus de matériaux pou
sibles, faire le plus d'extraits possibles ; ras
sembler les brochures et les livres publiés e
Amérique, et qui peuvent en donner l'idée

Je dois encore, à mesure que je voyagerai
consulter les voyageurs qui ont écrit su
chaque ville, sur chaque objet, et mettn
mes remarques en marge.

Observations. N'y a-t-il point de voyageur
qui aient parcouru l'occident de l'Amérique
dont les relations soient estimées et inco
nues aux Européens ? Les écrivains se multi
plient-ils ? État de l'imprimerie.

ETTRE PREMIÈRE.

Séjour au Havre de Grace.

Havre de Grace, 3 juin 1788.

ᴇ voilà donc enfin, mon cher ami, près
ɘ l'océan, et à la vue du bâtiment qui doit
'enlever à ma patrie. Je la quitte sans re-
et, depuis que le despotisme ministériel
ui la déchire, ne me laisse entrevoir, dans
ɘ lointain, que des orages affreux, que l'es-
lavage ou la guerre. Puissent les malheurs
ui menacent ce beau pays, épargner ce que
'y laisse de cher à mon cœur !

Je ne vous décrirai point les campagnes et
es villes que j'ai traversées, pour arriver ici.
on imagination étoit trop pleine encore du
pectacle déchirant que je quittois ; mon
sprit étoit assiégé de trop de soucis et de
raintes, pour conserver la faculté d'obser-
er. Insensible à toutes les scènes qui se pré-
entoient successivement à moi, je fus à
eine tiré de cette paralysie intellectuelle
ar la vue de quelques cantons de la Nor-
andie qui me rappellèrent l'Angleterre.

Les campagnes de la Normandie, et sur.
tout celles du pays de Caux, offrent une
grande variété de culture. Les maisons des
paysans, mieux bâties, mieux éclairées que
dans la Picardie et la Beauce, annoncent
l'aisance qui règne généralement dans cette
province. Les paysans sont bien vêtus. Vous
connoissez la bizarre coeffure des Cauchoi-
ses ; ce bonnet qui s'élève en pain de sucre;
ce clinquant qui défigure toujours la simple
nature ; ces cheveux relevés, contraints,
plaqués de poudre et de suif, tout cela paroit assez ridicule ; mais on excuse ces ornemens, ce luxe, en pensant que, si leur
maris étoient misérables, comme les paysans
d'autres provinces, ils n'auroient pas de
moyens pour les payer. Les paysans nor-
mands ont cet air de contentement et d'indépendance qui nous frappa, si vous vous
en souvenez, dans le campagnard de la
Flandre autrichienne (*); ils ont cette phy-

_____

(*) La route depuis Mons jusqu'à Anvers offre le spectacle le
plus magnifique. C'est un jardin superbe et d'une richesse immense. Les campagnes, les maisons des paysans, leurs cha-
riots, leurs chevaux si vigoureux, leurs habits de bon drap,
leur contenance, leur regard, tout annonce l'aisance qui règne

onomie ouverte et tranquille , signe infail-
ble de l'*heureuse médiocrité* , de la bonté.
orale et de la dignité de l'homme. Quelle
t la cause de l'aisance particulière aux ha-
itans des campagnes de la Normandie ? Est-
e le voisinage de la mer , le commerce flo-
ssant, la division en petite culture des
rres ? Je n'ai pu en constater la vraie cause.
ais certainement si la France est un jour
ie par une constitution libre, aucune de
s provinces n'est mieux située, n'a plus de
oyens pour arriver à un haut degré de pros-
rité.

Bolbec, *Bottes*, près du Havre , offrent
stuations pittoresques tout à fait déli-

i le peuple. J'y ai peu vu de jeunes filles qui n'eussent
l'air intéressant et aimable. Avec quel plaisir j'apperce-
is à la porte de ces maisons décentes de jeunes femmes al-
tant leurs enfans, tandis que les plus grands se jouoient sur
pelouze autour d'elle !
Voilà ce que je demande au ciel , une maisonnette dans un
ys fertile , près d'une rivière , au milieu d'un peuple qui ait
core des mœurs et qui jouisse de quelque liberté. Cette
tie de la Flandre ressemble beaucoup à l'Angleterre ; les
aisons sur-tout , à la porte près, qui n'a pas les deux pe-
es colonnes , ont , toutes, la propreté et la décence des mains angloises.

cieuses, où s'éleveroit aisément l'hermitag
d'un philosophe, ou la simple maison d'un
famille peu nombreuse, qui ne cherche so
bonheur que dans son propre sein.

· Je fuirois le voisinage de Rouen, comm
de toutes les grandes villes ; la misère s
trouve à côté de l'opulence. Vous y rencon
trez une foule d'hommes couverts de gu
nilles, le visage have, le corp:, décharné
l'air abattu ; tout vous dit qu'il y a des m
nufactures dans cette ville, c'est-à-dire
essaim de misérables qui meurent de fain
pour faire nager dans l'opulence quelqu
individus (★).

Depuis deux jours que je suis au Havr
je n'y ai vu que trois ou quatre négocians
c'est trop peu de temps et trop peu d'homme
pour juger une ville. Les négocians se pla
gnent beaucoup du nouveau traité de con
merce entre la France et l'Angleterre, qu'
jugent au moins *prématuré*, en considéran

(★) Toutes les manufactures n'offrent pas ce tableau : c
dépend de la diversité de leur objet et de la liberté du pa
où elles sont établies. Voyez l'ouvrage *de la France et d
États-Unis*, et ce que j'en dirai par la suite.

otre défaut de constitution et la supériorité
e l'industrie angloise. Ils se plaignent encore de ce que le commerçant n'a pas été
consulté pour le faire. J'ai cherché à les consoler, en leur faisant entrevoir que les con-
équences de ce traité, jointes à d'autres
circonstances, ameneroient, sans doute, une
onstitution libre, qui, faisant tomber les
haines de l'industrie et du commerce fran-
ois, nous feroient réparer nos pertes ac-
uelles, et que ce ne seroit pas payer trop
her la liberté, que de l'acheter par quel-
ues banqueroutes et une gêne momenta-
ée. A l'égard de l'indifférence du minis-
ère pour consulter les commerçans, je
eur ai fait voir que c'étoit autant le résultat
e la crainte servile et du défaut d'esprit public des négocians, que des principes du
gouvernement monarchique illimité. Il n'admet au ministère que des intrigans bornés,
présomptueux ou fripons ; et cette espèce
de ministres n'aime pas à consulter.

Le Havre est, après Nantes et Bordeaux,
le foyer principal de la traite des nègres:
beaucoup de maisons riches de cette ville
doivent leur fortune à cet infâme commerce.
Il augmente loin de diminuer. Une nouvelle

Tome I.   E

qui vient d'arriver va plus fortement enflammer encore l'avidité des joueurs qui mettent
à cette *loterie* ; on apprend qu'un vaisseau
négrier, arrivé à Saint-Domingue, y a vendu
ses noirs 2300 livres la pièce, argent des
colonies (*) ; et ses armateurs comptent encore sur un retour très-lucratif. Il y a une
demande considérable de nègres de la part
des colonies. J'en ai recherché la raison : on
m'a dit qu'elle étoit occasionnée par l'augmentation des demandes des produits de nos
colonies, comme sucre, café, et sur-tout le
coton. Ces marchandises se vendent à un
plus haut prix que les années précédentes.
Le planteur est à portée, par son bénéfice,
d'augmenter le nombre de ses noirs, et d'en
payer un prix plus considérable. J'ai voulu
savoir la cause de l'augmentation si rapide
de la demande européenne pour le sucre, le
café et le coton. On m'a répondu qu'on con-
sommoit davantage d'étoffes de coton, et plus
de sucre et de café. — L'aisance augmente-
roit-elle donc par-tout ? On le croit aisément.

_____

(*) Observez que, dans nos comptoirs africains, chaque
tête de nègre coûte, prix moyen, 300 livres.

ent, quand on parcourt l'Angleterre. Mais
os campagnes françoises, quoique si fer-
iles, ne font pas naître la même idée.

Les armateurs pour la traite croient cepen-
ant que sans les *primes* considérables don-
ées par le gouvernement, elle ne subsiste-
oit pas long-temps, parce que les Anglois
endent leurs noirs à meilleur marché que
s François. Le plus haut prix chez eux est
e 11 à 1200 livres la pièce.

Je tiens quelques-uns de ces détails d'un
pitaine américain qui connoît beaucoup
Indes orientales et l'Afrique. Il m'a as-
uré que les nègres étoient en général mieux
ourris et plus doucement traités sur les vais-
eaux françois que sur les anglois; et peut-
tre est-ce la raison pour laquelle les fran-
ois ne peuvent soutenir la concurrence avec
es Anglois, qui les nourrissent plus mal et
épensent moins (*).

(*) La véritable cause est dans les dépenses et les salaires
e capitaines et de l'équipage françois. Le capitaine anglois
it à bord de viande salée, et reste toute sa vie capitaine. Le
pitaine françois veut au contraire du luxe et des jouissances
oûteuses; il veut faire sa fortune en trois voyages. Voyez
'intéressant *Discours de M: Pétion de Villeneuve sur la traite*

E 1

J'ai causé, avec les négocians dont je vous ai parlé, des sociétés qui s'élevoient dans l'Amérique, en Angleterre, en France même, pour l'abolition de cet affreux commerce. Ils ignoroient leur existence, et ils ne regardent leurs efforts que comme des mouvemens d'un enthousiasme aveugle et bien dangereux. Remplis des vieux préjugés, et n'ayant lu aucune des discussions profondes que cette insurrection philosophique et politique, en faveur de l'humanité, a excitée en Angleterre, ils ne cessent de me répéter que la culture du sucre ne peut se faire que par des noirs, et par des noirs esclaves. Les blancs ne peuvent, disent-ils, l'entreprendre, à cause de l'extrême chaleur, et l'on ne peut tirer aucun travail des noirs, que le fouet à la main. A cette objection, comme à dix autres, que j'ai cent fois entendues ailleurs, j'ai opposé les réponses victorieuses que vous connoissez (*). J'ai cité les Indes orientales ; mais

---

des *Noirs*. 1790. Au bureau du Patriote François, place du Théâtre italien.

(*) On les trouve dans l'excellent traité sur les *désavantages politiques de la traite*, par M. Clarkson, et dans l'ouvrage, plein de sensibilité et de raison, du Docteur Frossard, intitulé : *La Cause de l'Humanité*, etc. Paris. Gattey,

e n'ai converti personne.. L'intérêt parle en-
ore trop haut, et il n'est pas assez éclairé.
Un de ces négocians auquel je vantois la
éthode d'affranchissement usitée par les
spagnols, et son influence efficace sur l'in-
lligence, les qualités morales, la popula-
on des noirs, me dit qu'ils ne développoient
as, dans les isles espagnoles, plus d'habité qu'ailleurs, et que la culture du sucre n'y
rospéroit pas plus que chez nous. J'ai eu
casion de vérifier ce fait, en consultant
n Américain digne de foi, qui a été plu-
eurs fois à la Havanne. Il m'a certifié que
s nègres libres y faisoient presque toute la
mmission commerciale, qu'ils déployoient
plus grande industrie, soit dans la culture,
oit dans le commerce, et qu'il en avoit sou-
ent rencontré de capables d'exécuter par
ux-mêmes le chargement d'un navire entier.
Ces négocians françois m'ont confirmé un
it que la société de Londres nous a dénon-
é; c'est que des Anglois font la traite des
ègres sous le nom de maisons françoises (*),

(*) Voyez le discours de M. Pétion de Villeneuve *sur la
aite des Noirs*, p. 45.

E 3

et profitent des primes excessives que le gouvernement françois accorde à ce genre de
commerce (1).

Je leur ai parlé de l'établissement libre
formé à Sierra-Leona, pour faire cultiver le
sucre par des mains libres, et répandre cette
culture et la civilisation en Afrique : ils
m'ont répondu que cette institution ne sub-
sisteroit pas long-temps ; que les armateurs
anglois et françois ne la voyoient que de mauvais œil ; qu'un armateur, moitié anglois,
moitié françois, avoit déclaré qu'il emploie-
roit les armes pour détruire cette colonie
naissante (2).

Il m'a paru, d'après la conversation de
ces négocians, qu'ils ont plus de préjugés
que d'inhumanité, et que si on peut leur

---

(1) Ces primes montent presqu'à la moitié du prix ordinaire des nègres. V. *ibid.*

(2) Cette prédiction s'est vérifiée ; et cet infernal projet,
dicté par la cupidité, a réussi. Mais cette cupidité succom-
bera elle-même ; car cet établissement libre doit reprendre
avec des forces bien plus grandes. Deux sociétés nouvelles de
blancs se forment à Londres, pour aller coloniser en Afrique
et civiliser les noirs. Voyez, à cet égard, la judicieuse brochure intitulée : *M. Lamiral réfuté par lui-même.* Au Bureau
du Patriote François.

ouvrir un nouveau genre de commerce plus
avantageux, il ne sera pas difficile de leur
faire abandonner la vente des malheureux
Africains. Il faut donc écrire, imprimer, et
ne pas se lasser de répandre l'instruction.

J'ai vu, dans le port de cette ville, un de
es paquebots destinés pour la correspon-
ance entre la France et les États-Unis d'A-
mérique, et ensuite employés dans le système très-inutile et très-dispendieux de
la correspondance *royale* avec nos isles ;
système qui n'a été adopté que pour favoriser, aux dépens du bien public, quelques
créatures des ministres d'alors. Ce navire,
appellé le M*aréchal de Castries*, a été cons-
ruit en Amérique, et il a la réputation d'un
xcellent voilier. Voilà bien la meilleure ré-
onse à tous les contes débités dans les bu-
eau de la marine, à Versailles, contre la
onté des bois américains, et contre les
ualités de leur construction.

Cet établissement de paquebots paroît au-
ourd'hui frappé d'anathème. Deux mois se
sont écoulés depuis le départ du dernier ; il
n'y a point d'ordre pour en expédier (*),

(*) Il y avoit alors une telle négligence dans le ministère,

et il paroît même qu'on n'en expédiera pa[s]
davantage. Ainsi va s'évanouir le seul établi[s]
sement qui pouvoit nous conserver des co[r]
respondance savec l'Amérique libre, et nou[s]
faire un jour recueillir les fruits des secou[rs]
si dispendieux que nous leur avons donné[s].

Sans doute on en avoit mal combiné le[s]
principes. Il falloit assortir cette institutio[n]
aux moyens et à la ~ ?blesse des relation[s]
naissantes entre les François et les Amér[i]
cains; il falloit construire des bâtimens sim[-]
ples, mais commodes, les faire construire e[n]
Amérique, puisque cette construction off[re]
dans le prix moitié de différence avec la nôtre[;]
il falloit offrir plus d'attraits aux négocian[s]
pour s'en servir, les y inviter par la régularité du service. — Il ne falloit pas surchar-
ger ces bâtimens d'une marine *royale*, c'est-
à-dire d'une marine dispendieuse, insolente,

---

que la malle destinée pour l'Amérique libre, et qui devoit
partir en mai 1788, resta au bureau pendant quatre à cinq
mois, avec celles qui survinrent ensuite : je ne sais pas même
si elles ont jamais été expédiées. Cette négligence fit en
Amérique le plus grand tort aux Françcis; elle détruisit
l'opinion qu'on avoit de leurs principes et de leur gouvernement : elle étoit d'autant plus condamnable, que le *Cato* sur
lequel je m'embarquai, et d'autres vaisseaux, offrirent inutilement de se charger des malles de lettres.

ι portée au gaspillage et à l'insouciance ; il
e falloit pas confier la surveillance de cette
ntreprise à des banquiers de Paris, qui,
op loin de la scène, ne pouvoient ni voir
i réformer les abus. Toutes ces folies, et
ur-tout celles de porter du faste où il ne fal-
it que de la simplicité, et de confier la sur-
·illance à des hommes qui n'y avoient pas
· moindre intérêt, ont occasionné une dé-
·nse de près de deux millions en un an de
mps., Il en résulte que le ministère, *par*
onomie, veut supprimer un établissement
tile, mais mal entendu. Sans doute il faut
rêcher l'économie ; mais cette suppression,
ès-raisonnable et très-politique pour la cor-
spondance avec les isles françoises, est
surde et impolitique pour l'Amérique libre,
uisqu'elle nous ôte le seul moyen que nous
yons de communiquer avec ses habitans,
uisqu'il n'y a pas 7 à 800 navires marchands
hargés dans nos ports chaque année, pour
s Etats-Unis comme pour nos isles, puis-
ue cette interruption de relations peut for-
·r les Américains à se lier plus fortement
ec les Anglois (*), qui envoient sur leurs

(*) Voyez sur ces paquebots et sur ceux qui viennent
'être établis, une des lettres suivantes.

côtes et paquebots et vaisseaux marchands

Adieu , mon ami ; le vent est bon ; nous touchons au moment de nous embarquer. Je languis d'impatience ; tout ce qui m'environne m'afflige et m'inquiète ; jusqu'aux accens de l'énergie et du patriotisme , tout m'alarme et m'est suspect. Telle est la funeste influence des gouvernemens arbitraires; ils rompent tous les liens, ils resserrent la confiance , ils invitent aux soupçons , et par conséquent ils forcent les hommes sensibles et jaloux de leur liberté à se séquestrer, être malheureux , ou bien à craindre éternellement de se compromettre. Je vous peins ici le martyre que j'ai enduré depuis la cruelle époque de 1784. Depuis six mois sur-tout, je n'ai jamais été tranquille qu'en m'étourdissant; je n'ai pas vu un visage nouveau qui m'ait inspiré des soupçons. Cet état étoit trop violent pour moi. Dans quelques heures , ma poitrine sera plus à l'aise , mon ame sera sans inquiétude. De quel bonheur je vais jouir en respirant un air libre !

LETTRE II.

Sur le Commerce du Havre.

Un homme éclairé, qui a bien observé le commerce de cette ville, qui a eu de bons mémoires, a bien voulu me communiquer es lumières ; et je m'empresse de vous en aire part à mon tour, bien persuadé que es détails exciteront votre intérêt.

Le commerce du Havre se divise en quatre ranches, celui des colonies, la traite des oirs, le grand et le petit cabotage.

Le commerce avec les colonies a doublé ci depuis la paix de 1762 ; l'exportation à 'étranger des denrées coloniales a presque riplé. La recette de la douane, plus que dou- lée, atteste ces progrès ; et l'on ne doute oint que, si les plans projettés pour l'agran- issement de cette ville s'exécutent, elle ne devienne une des plus florissantes places de commerce.

On y arme annuellement 120 navires pour les isles , dont 30 de 350 à 450 tonneaux ; le reste de 150 à 240 tonneaux. Il n'est aucun port où les chargemens soient plus riches: on les estime, l'un dans l'autre, de 300 à 350 mille livres. Leurs cargaisons, outre les comestibles dont elles sont composées, tels que bœuf salé, beure, lard, saumon, morue sèche, harengs blancs et saurs, huile d'olive, vins, eau-de-vie et farine, emportent encore tous les articles de nos manufactures, tels que soieries, merceries, grosse et fine, toilerie, quincaillerie, argenterie, bijouterie, chapeaux de castor, galons d'or et d'argent, meubles, glaces, modes, habillemens, dentelles, montres, marmites de fer, objets de menuiserie, de charronnage, merrain, cercles, osier, tuiles, briques, carreaux de Caën, fayance de Rouen et du Havre, suifs, chandelle, etc.

Le commerce de Guinée n'occupoit, avant la paix de 1762, que trois ou quatre navires. La double prime accordée depuis à la traite, les a fait monter jusqu'à 30.

Les cargaisons sont généralement composées de toiles des Indes, toiles de Rouen, soieries, baguettes de Beauvais, eau-de-vie de vin, de cidre, de genièvre (cette dernière

abriquée généralement en Hollande), de fu-
ils (*), pistolets, sabres (tirés en général
e Liège), couteaux, verroterie, fer en barre,
uincaillerie (tirée d'Allemagne), merce
ie, argenterie, bijoux, canettes de grais,
orail, cauris, cuivre, étain, plomb, pou-
re à feu, draps de Carcassone, tant en pièces
u'en manteaux, etc.

Les guinées bleues de Rouen ont été long-
mps recherchées pour ce commerce; et
fait vous prouvera combien il importe,

(*) Ces fusils, pour la traite, se fabriquent à Liège. Visi-
nt, en 1787, une de ces manufactures, je m'y trouvai
ec un négociant de Bordeaux, dont je tairai le nom, pour
argner son honneur. Le fabriquant lui montra des fusils
u'il vendoit 6 liv. la pièce, et d'autres à 6 liv. 10 sols. Je lui
emandai la raison de cette différence. Il me dit qu'il ne vou-
roit pas, *pour la couronne de France*, essayer les premiers;
qu'il tireroit volontiers les autres, parce qu'ils étoient
rouvés. Ne pas être blessé ou tué en tirant les premiers,
toit une affaire de loterie. Je me récriai sur l'atrocité d'a-
heter et de vendre de pareils fusils, et j'engageai le négociant
le Bordeaux à préférer les seconds. Mon ami, me dit-il,
ec ces beaux sentimens d'humanité on va mourir à l'hôpital.
e vais commander mille fusils de la première classe, et j'é-
onomise clairement 500 liv. —Et les êtres qui raisonnent
nsi se disent des hommes! Ils apprécient la vie ou la muti-
ion d'un homme *à 10 sols!*

pour la prospérité du commerce, de s'attacher à fournir constamment de bonnes marchandises : les nations ne sont pas long-
temps dupes des infidélités.

Un fabricant de Rouen avoit trouvé le
moyen d'imiter les guinées bleues, rayées,
cadrillées des Indes, et le bon teint de ce
pays. Elles furent accueillies et recherchées
sur la côte de Guinée. On demandoit alors,
quard un vaisseau arrivoit d'Europe, s'il apportoit des guinées de Rouen. Leur beauté
leur faisoit donner la préférence sur celles
des Indes. Depuis, leur réputation est insensiblement tombée ; et cette chûte doit être attribuée à différentes causes ; soit qu'on éco-
nomise sur l'indigo ou sur la qualité des
toiles, soit qu'on ne puisse soutenir la concurrence des mêmes toiles de Hollande, soit
qu'il n'y ait plus de profit à tromper, en donnant pour guinées des Indes ce qui n'en est
pas, les guinées de Rouen s'exportent peu,
et sont même redoutées à la côte. Pour tromper les Africains, les négocians, en tassant
leurs guinées dans les tonneaux, y mêlent
des lits de poivre ou d'autres épiceries : ils
espèrent leur faire croire que ces toiles viennent de l'Inde, parce que ces dernières ont

général une odeur d'épices, odeur propre
u climat de l'Inde, et qui ne peut s'imiter.
On rougit pour son pays en rapportant
es fraudes misérables. Quelle idée se faire de
ommerçans qui appuyent leurs espérances
r des bases aussi fragiles, aussi immo
les ! Comment ne sentent-ils pas qu'ayant
utter contre des rivaux étrangers aussi fins
'eux, leur ruse ne peut échapper à leurs
ux clairvoyans et à leur critique ouverte?
gagne-t-on donc ensuite aisément la con-
nce d'un pays qu'on a mérité de perdre?
bonne foi, la bonne foi, voilà l'ame du
mmerce et de l'industrie ! il n'en est point
i puisse long-temps se soutenir sans elle;
cette vérité va devenir de jour en jour plus
nsible, à mesure que les lumières se ré-
ndront : elles rameneront les commerçans
a probité, parce qu'elle seule sera le che-
n de la fortune.

Les François emploient encore des piastres
commerce de Guinée, et elles sont sur-
ut destinées pour le rachat des nègres; car
faut bien distinguer entre le rachat et la
ite directe des noirs. La traite se fait di-
ctement avec les Africains et sur les côtes
traite françoise; elle s'étend depuis le fort

Saint-Louis jusqu'à celui de Gorée, et elle e
brasse tous les pays de l'intérieur adjace
tels que Cayor, Sin, Sallum, les Oual
les Poules. Cette traite fournit tous les
environ 2200 noirs, amenés, soit par
Maures qui les ont volés, ou par les prin
qui les ont fait voler. C'est à cette traite e
s'appliquent tous les objets d'échange d
nous avons parlé : c'est la source qui fo
nit les noirs à meilleur marché.

Le reste des noirs, improprement app
de traite françoise, n'est véritablement q
le produit d'une traite étrangère. Elle
composée de noirs rachetés, avec des pi
tres, aux comptoirs anglois, Portugais,
même jusqu'à Saint-Eustache. On doit co
clure de ce fait que les profits de cet infâ
commerce passent entre les mains d'étra
gers, puisque sur les 20,000 esclaves en
ron que les commerçans françois portent da
nos colonies, 18,000 environ sont de tra
étrangère ; et si vous portez à 400 liv. la piè
cette sorte de noirs, il est évident que to
les ans cette partie seule des noirs tire, en
gent, de la balance de commerce, 7,200,00
Joignez à cette somme le prix de dix m
noirs importés en contrebande dans nos is

ar les étrangers, et vous jugerez que cette bsurde méthode de recruter en Afrique, our cultiver nos îles, coûte â la France, haque année, plus de 20 millions, qui passent ans des mains étrangères.

Les retours des navires qui vont à la côte e Guinée, et de-là aux îles, sont composés e sucre terré, café brut, coton, indigo, acao, gingembre, cuirs en poil, bois à eindre, de marqueterie, confitures, liueurs, syrops et taffias.

Ces denrées et marchandises sont ensuite ansportées en partie à l'étranger. Il ne reste, our la consommation du royaume, que le oton en entier, partie des sucres de Saint-Domingue, partie des cafés martinique ; le este des sucres, cafés et indigo, tant de aint-Domingue que des autres îles, s'exporte l'étranger, par mer et par terre. Ce sont es vaisseaux hollandois et des villes anséaiques qui font ces chargemens. Ce qui s'exédie par terre est destiné pour la Suisse, Allemagne, la Lorraine, la Flandre autrihienne, par contrebande.

Le grand cabotage, qui embrasse l'Espagne, e Portugal, l'Italie, la Russie, etc. emploie n grand nombre de vaisseaux ; mais tous

n'appartiennent pas au Havre ; la maje
partie est lapropriété desnégocians de Sai
Valery en Somme, Dieppe, Caen et Rou
Les chargemens de ces navires sont ext
mement précieux ; ils consistent en m
chandises de toutes les manufactures
royaume, telles que celles de Lyon, Pari
Rouen, Amiens, Abbeville, Saint-Que
tiu, etc.

Les navires qui reviennent ou d'Espag
ou de Portugal, exportent des productio
ou marchandises de ces contrées; vins, ea
de-vie, fruits, soudes, laines, et des marcha
dises qui proviennent du commerce des deu
Indes, ou des possessions que ces deu
royaumes ont en Amérique, telles que l
indigos guatimalas, les cochenilles, les cuir
les bois de teinture, les monnoies, lingo
d'or et d'argent, etc.

Ils rapportent d'Italie des huiles d'oliv
citrons, oranges, drogueries, soufre et m
chandises du Levant. Le Havre, pour to
ces objets, est l'entrepôt de Paris, de la P
cardie, de la basse et haute Normandie,
la Champagne, etc.

Ces navires françois ne chargent point
denrées des colonies pour l'étranger. Les H

andois, les Hambourgeois, Dantzikois, Sué-
lois, Danois, sont en possession de cette
exportation, par le bas prix qu'ils mettent
au fret, par la sobriété et l'économie avec
laquelle ils naviguent. Ces étrangers apportent
en échange les objets du cru de leurs pays,
es bois, les chanvres, brais gras, goudrons,
oileries pour guinées, etc.

Le commerce de Marseille, depuis novembre jusqu'en mars, se fait ordinairement par
es navires de Saint-Malo et de Grandville,
qui y ont porté des morues sèches de leur
pêche. Ils obtiennent la préférence sur tous
es autres navires, parce qu'ils se contentent
d'un fret modique, plutôt que de revenir sur
eur lest.

Il s'expédie, depuis quelques années, deux
à trois navires de moyenne grandeur, char-
és de sucre brut pour Fiume et Trieste,
où il y a des rafineries établies pour le compte
de l'empereur.

L'espace étroit dans lequel le Havre se
trouve renfermé, n'a pas permis d'y établir
es manufactures ni des rafineries.

Dans les dehors de la ville on a élevé à la
vérité quelques fayanceries. Les fayances qui
en proviennent sont belles, et s'expédient

pour les colonies. Dans les atteliers des fau
bourgs, on fabrique toute la grosse quincail
lerie et les instrumens de fer nécessaire
pour la culture des terres aux colonies. L
consommation en est considérable. Les en
trepreneurs y ont fait une brillante fortune
Dans ce même fauxbourg on a, depuis quel
que temps, établi une rafinerie de sucr
qui a bien réussi. Enfin on voit, près le Havre
une tuilerie qui fournit à tout le pays de
briques pour la bâtisse ; on en expédie mêm
pour les colonies.

Le petit cabotage se distingue en deu
branches ; la première est la navigation
qu'une douzaine de navires de ce port fon
à Bayonne, Bordeaux, Nantes, la Rochelle
Saint - Malo, Dunkerque, où ils portent et
d'où ils rapportent des marchandises ; la se
conde est la navigation que de très - petit
bâtimens font du Havre dans divers ports d
la province de Normandie, comme Rouen
Caen, Dieppe, Saint-Valery en Caux, Hon
fleur, etc. Ils y portent et en rapportent le
marchandises nécessaires à la vie.

Après avoir parcouru ces diverses branche
de l'exportation nationale, il est essentie
de considérer celles de l'importation. —J

e négligerai aucuns détails , parce qu'ils
ous feront connoitre quels articles nous
ourrons tirer par la suite, à meilleur compte,
es Etats-Unis.

Le commerce étranger se fait principale-
ent par les Anglois , les Hollandois, les
uédois, les Danois, les villes anséatiques,
eu de Prussiens , de Suisses , de Portugais,
t quelques Espagnols de Bilbao.

Angleterre, Ecosse, Irlande.

D'Angleterre , 90 à 110 vaisseaux de 60
nneaux, chargés de plomb en saumon, d'é-
in en bloc, de matières propres aux tein-
res, de bleds, de farine; 15 à 20 bâtimens
argés de charbon de terre, de meules à
illandiers , de couperose. Ils remportent
es vins, des eaux-de-vie, des batistes, toile-
es, modes, du plâtre, des rubans, bas de
ie; et les charbonniers, du café, du sucre
ur la Hollande ou les villes anséatiques.

15 à 20 vaisseaux écossois, apportant du
bac pour la ferme générale; 5 à 6 petits
timens apportant du saumon salé en barils,
remportant toujours vins, eaux-de-vie;
trefois, thé, toileries, etc.

F 5

Les Irlandois font un commerce plus con
tant et plus étendu en bœuf salé, lard, la
gues, beurre, suif, chandelles et saumo
pour les colonies et la Guinée, cuirs verd
cornes de bœuf, poil de bœuf ou vach
peaux de chèvre apprétées. Leurs retours
font en vins, eau-de-vie, thé, toileries d
Rouen, batistes de Beauvais, Cambrai, de
cercles pour relier leurs barils, etc.

La Hollande.

Les Hollandois apportoient ci-devant de
marchandises de toutes les parties de l'Eu
rope, du Nord, d'Italie, d'Espagne. Depuis
l'augmentation du droit de fret et de cabo
tage sur les navires étrangers, venant des port
de France dans la Méditerranée, dans ceu
du Ponent, ils ne font plus ce cabotage. C'es
peu de chose; c'est peut-être 15 ou 20 voyage
de moins. Ils se restreignent à l'importation
des denrées de leur crû : ils viennent mém
sur leur lest pour prendre nos sucres, no
cafés et marchandises de nos fabriques e
manufactures. Ils nous fournissent encor
des épiceries, drogueries, des guinées d
toute espèce pour le commerce d'Afrique, et

Les Hollandois ont perdu beaucoup; depuis que les nations voisines se sont éclairées sur leurs intérêts. Il n'y a pas plus de vingt ans qu'ils étoient encore les commissionnaires de toute l'Europe. On écrivoit à Amsterdam, de Pétersbourg, de Stockholm : Envoyez-nous une voiture de Paris, des modes de Paris; et la Suède même le faisoit pour du sel. Aujourd'hui nous les portons nous-mêmes; mais ceci n'empêche pas les Hollandois d'avoir encore bien des avantages sur nous.

La Suède.

8 ou 10 navires de 200 tonneaux, chargés de fer en barre, acier, fil de fer de laiton, un, brai, goudron et planches de sapin. Ils vont à Bordeaux charger des vins, à rouage du sel, des sucres et cafés, quelque eu de toiles cotonnières et étoffes de Rouen, yon, Tours, des vins de Bourgogne, de hampagne, des fruits, etc.

Danemarck.

45 à 50 navires, de 140 à 160 tonneaux, argés des mêmes marchandises que les édois; et de plus, du maquereau salé en

F 4

baril ; des avirons , du goudron, du brai gra
huile de poisson. Ils s'en retournent à vui
ou chargés comme les Suédois , avec ph
d'étoffes , parce qu'ils sont plus riches, et qu
les modes y ont plus cours qu'à Stockholm

Hambourg, Dantzik, Breme, Lubeck.

Hambourg fait un grand commerce ; s
navires apportent de l'alun en roche , br
gras, chanvre , cuivre et fourrure , fer
tôle, en l arre, laine , cire jaune , planch
de sapin , bazin d'Harlem, toiles , platil
pour le commerce de Guinée, azur commun
plomb en saumon, fer blanc et noir en ha
ril. Ils emportent les trois quarts des denré
américaines, en sucre, café et indigo.

Dantzik. Ses navires apportent des planches de sapin , qu'on nomme bois de bor
dage, pour faire les ponts des navires, quel
ques mâtures , beaucoup de bled. Ils em
portent sucre , café des colonies.

Breme et *Lubeck.* 3 ou 4 navires qui ap
portent les mêmes objets que Dantzik. Il
remportent les mêmes denrées. Breme, d
plus, emporte des sucres bruts pour des ra
fineries.

Les Prussiens viennent fort rarement, et ur cargaison est la même que celle des lles anséatiques.

Russie.

Ce commerce est plus intéressant. Mais s Russes fréquentent peu nos ports, et c'est le grande perte pour le commerce. Peut-re que le droit de fret, diminué de celui de ime-abord, les engagera à y venir plus sément, et franchir l'Océan, qu'ils comencent à connoître aussi bien que nous. apportent du goudron, brai, des mâtures, anches de sapin, crin, toile à voiles, pelteries, fine et commune, fer en barre, chane, suif, colle de poisson, cire jaune. Ils mportent beaucoup de marchandises des anufactures de Lyon, Paris, Rouen, de rgenterie, bijouterie, meubles de prix, hes et magnifiques, des voitures.

Portugais.

l arrive rarement des vaisseaux portugais us nos ports; et, depuis plus de neuf ans, n'en a vu que deux au Havre, soit à cause s droits de fret, auxquels ils sont assujettis,

soit parce que les vaisseaux françois, qui
font le commerce en Portugal, y chargent
meilleur compte. Leurs denrées nous vie
nent par nos vaisseaux, et nous leur porto
des objets des manufactures de Lyon et Rou
nos meubles, bijouteries et merceries

Il vient bien peu de navires espagnols t
Havre. Ils n'apportent presque que des lain
de Bilbao, et s'en retournent à vuide sur le
lest. Ceux qui s'affrètent, prennent, pour C
dix et Barcelone, des objets des manufactur
d'Amiens, de Nogent-le-Rotrou, d'Elbœu
Louviers, du Mans, Abbeville, Lille, Reim
Saint-Quentin, Sedan, en draps, pluche
pannes, callemandes, moquettes, velou
d'Utrecht, baracans, camelots, étamine
cires et bougies.

LETTRE III.

Voyage en mer.

Boston, 25 juillet 1788.

NFIN, nous voici dans le pays de l'indé-
ndance, après avoir erré pendant cin-
ante-un jours sur l'Océan. Asyle de l'ın-
pendance, je te salue . . . . Que
es - tu plus voisin de l'Europe ! tant d'a-
is de la liberté ·n'y gémiroient plus en
in.

Je m'embarquai le 3 juin, au soir, sur le
avire le *Cato*, de construction américaine,
ais appartenant à des Hollandois (*), et qui

_____

(*) Les maisons hollandoises qui commercent avec l'Amé-
ne libre, ont renoncé à se servir des bâtimens hollandois,
i, bien plus lourds que les navires américains, emploient
us de temps dans la traversée. J'ai appris depuis que ce
timent, qui a fait un autre voyage à Marseille, y a
té vendu à une maison françoise. Cette vente de bâtimens
e construction américaine, est une branche de commerce
ıi s'étendra un jour, et qui deviendra très-avantageuse aux
méricains.

alloit à Boston. Le capitaine *Stevens*, qu
commandoit, a la réputation d'un hab
marin ; il joint à ce mérite des qualités
téressantes, beaucoup d'honnêteté, et
caractère généreux. Cinq ou six passager
qui avoient inutilement espéré de s'emba
quer sur un paquebot du roi, ont profité
la même occasion.

Vous n'attendez pas, sans doute, de moi
mon cher ami, de ces longues descriptio
qu'on rencontre dans les anciens voyageur
Je veux être vrai ; je serai donc très-simp
et très-court.

Je fus à peine à bord, que je subis la lo
commune à presque toutes les personne
qui s'embarquent pour la première fois. J'a
vois cependant traversé plusieurs fois l
Manche. Mon indisposition dura penda
trente-six heures. Je ne mangeai rien, je n
bus rien ; je restai au lit, abandonnant à l
nature le soin de ma guérison. Le succès fu
tel que je l'avois prévu. Deux jours après, je
repris mon genre de vie accoutumée, ou plu
tôt je me conformai à celui que je trouva
établi à bord. Déjeûner avec du thé, café ou
chocolat ; à dîner, viande, légumes, vin e
bière, point de café, et rarement de la li

ueur; thé à cinq heures; à souper, des œufs
du riz, tel étoit notre genre de vie.

Vous aimez les détails dans les voyages,
on ami; les suivans, relatifs à notre ré-
ime, peuvent vous être utiles, si jamais
ous entreprenez un voyage de long cours.
ourquoi ne met-on pas davantage à profit,
r les vaisseaux françois, l'expérience des
nglois et des Américains sur ce régime?
ous ne perdrions pas tant de matelots tous
s ans par cette cruelle insouciance.

Les navires américains ont, en général,
e bonnes provisions, et en abondance. Leur
œuf salé vaut presque celui de l'Irlande.
ous mangeâmes des pommes de terre jus-
'au moment où nous arrivâmes à Boston.
e fait vous surprendra, sans doute; car on
ense généralement en France que, dès le
rintems, elles germent et deviennent mau-
aises. Ces pommes de terre avoient été re-
ueillies en Hollande. Les citrons, dont le
apitaine avoit emporté deux caisses, nous
urent d'un grand secours, pour faire et de
a limonade et du punch, dont les Améri-
ains font un grand usage. Nous tirâmes
ussi un bon parti des oignons qu'il avoit à
ord. Les Américains du nord les dédaignent

pour leur table, et ne les cultivent que pi
les vendre aux Américains du midi et
îles. On nous servoit tous les soirs une sou
à l'oignon. J'éprouvai que cette sorte
soupe facilitoit la digestion, et ôtoit à
bouche l'empâtement désagréable qu'
éprouve le matin.

Nos matelots étoient aussi bien nourr
A dîner ils avoient du bœuf salé, ou du por
ou du *stock-fish*, des pommes de terre;
déjeûner et à souper, du thé, du café,
biscuit, du beurre et du fromage; quelqu
fois on leur donnoit de l'eau-de-vie ou
rum, et ils buvoient constamment d'une p
tite bière aigre, à laquelle notre capitain
attribuoit leur bonne santé.

Ces matelots étoient fort religieux, ain
que les matelots américains avec lesque
j'ai voyagé depuis.

C'est un très-grand désavantage de part
du Havre-de-Grace pour se rendre en Am
rique; on est obligé de remonter au-de-là d
l'île de Wight, ce qui fait perdre souve
beaucoup de temps. Nous employâmes pl
de quatre jours à débouquer le canal. La m
étoit fort calme; mais, en entrant dans l'(
céan, nous la trouvâmes houleuse. Le rou

onsidérable, et nouveau pour moi, du vais-
eau, me fit retomber malade ; mais une
ète exacte me rétablit bientôt. Du courage,
l'exercice, des distractions, point d'im-
dence dans la manière de se nourrir
ilà les remèdes les plus efficaces contre ce
al singulier, dont on n'a pu encore fixer la
aie cause, et qui offre des symptômes si
riés.

Nous rencontrâmes, le 15 juin, un vaisseau
glois, qui venoit de la pêche de la baleine,
les côtes du Brésil. Il y avoit onze mois
il étoit parti de Londres. Sa pêche avoit
malheureuse (1); il n'avoit pas plus de

*) Ce malheur, qui arrive souvent aux vaisseaux anglo
tinés pour la pêche de la baleine, les en dégoûtera sans
te; il leur sera toujours impossible de soutenir à cet égard
oncurrence avec les Américains, que tout favorise, et
vendront long-temps l'huile de baleine et le poisson, à
illeur marché que les Européens. Le judicieux Smith l'a
ervé il y a long-temps. La pêche de la baleine, dit-il,
guit dans la Grande-Bretagne, malgré les gratifications
gouvernement ; gratifications si excessives, selon quel-
s-uns, dont je ne garantis pas cependant les calculs, qu'elles
nt la plus grande partie du produit brut. Voyez Smith
la Richesse des Nations, l. 4. chap. 8.
l paroît que les Anglois veulent s'ouvrir une nouvelle pê-

dix tonnes d'huile, ce qui, à raison de ci
quante louis la tonne, montoit à 12,000 l
La moitié appartient à l'armateur, l'autre
l'équipage, composé du capitaine et de trei
hommes. Les frais n'étoient pas couver
Ce bâtiment avoit peu de vivres ; nous l
en donnâmes. Il prit nos lettres pour l'E
rope. Combien ces rencontres sont cons
lantes, au milieu de l'effrayante solitude
l'Océan !

Après avoir quitté ce vaisseau, la mer
vint grosse. Le mal cruel me reprit. Je g
dai deux jours le lit ; j'observai la mê
diète. J'avois une grande soif ; la limona
cuite étoit ma seule boisson ; j'étois dégoû
du thé. Heureusement je n'eus point de m
de tête ; mais elle étoit foible ; je n'avois p
le courage de lire, et encore moins de m'o
cuper d'idées sérieuses. Cet affaissement d
l'esprit, suite de l'épuisement du corps, e
insupportable. C'est alors qu'on se repe
de s'être embarqué trop légèrement, qu'o

---

cherie dans la mer du sud, au nord-ouest de l'Amérique
nord, près de Nootka-Sound. On vante l'huile qu'ils en o
déjà retirée, comme bien supérieure à celle des autres p
cheries.

promet de ne plus s'exposer à ce cruel ef‹
de la mer ; promesse bientôt oubliée,
and la santé revient avec le beau temps.
l'éprouvai en recouvrant insensiblement
:s forces et ma vivacité. A l'aide de beau-
ıp d'exercice, les fonctions de mon esto-
.c, interrompues pendant mon indisposi-
n, reprirent leur cours ordinaire.
Du 15 au 26 nous fîmes peu de chemin;
ıt ou contraire ou calme, telle fut notre
ıation constante. Il falloit se résigner. Je
livrai à la lecture, à la méditation, et à
le ré´exions sur les plans que j'avois à
:cuter. Bier convaincu que je ne pouvois
ɔsir dans mes projets, qu'en parlant et écri-
ıt avec facilité la langue angloise, je ré-
ıs de consacrer plusieurs heures à l'étude
mécanisme de cette langue, dans les bons
eurs, et à acquérir l'habitude de la pro-
ciation, en conversant avec les Améri-
ıs qui étoient à bord ; et je ne tardai pas
'appercevoir de mes progrès.
our tromper les heures qui s'écouloient
ement pour les autres, je fis ce que je
is à la Bastille ; je partageai mon temps
e différentes occupations, lecture de li-
françois, étude de l'anglois, médita-
ome I.   G

tions , etc. Je m'instruisis , et je ne m'
nuyai point.

L'ouvrage de *Blair*, sur la rhétorique et
les langues , me tomba sous la main. Il
fort estimé des Anglois. En l'étudiant a
attention , je vis que son style se rapproch
beaucoup de celui de nos auteurs franço
j'en conclus que ma tâche , pour me p.
fectionner dans la langue angloise , en ser
moins difficile.

Il me vint alors une idée que je ne dois p
perdre , parce que je pourrai la dévelop
un jour. Certainement un des grands o
tacles au rapprochement des hommes, et
leur réunion en une seule famille , est la
versité des langues ; car les hommes ne d
vroient user de la parole que pour s'ente
dre , puisque s'entendre est le moyen de se
timer et de s'aimer. Il en résulte que, ch
des peuples qui voudroient se rapprocher l
uns des autres, et dont la langue ne sero
pas entièrement étrangère l'une à l'autre, lo
de tendre à multiplier les mots et les tou
nures étrangères , ils devroient au contrai
adopter , chacun dans leur langue , les te
mes et la phraséologie des autres. Cette m
thode abrégeroit beaucoup l'étude de c

ngues. En les envisageant sous ce point de
ue, c'est être ennemi du genre humain et
e la paix que de s'attacher, comme le font
ertains écrivains, à préserver ce qu'ils apellent le génie de chaque langue.

Je portai cette idée plus loin, et je me dis :
s Américains doivent détester les Anglois ;
doivent, s'ils le peuvent, chercher à ef-
cer leur origine, à en ôter toute trace.
ais puisque leur langue les démentira tou-
urs, ils doivent faire, dans leur langue,
s innovations qu'ils ont tentées dans leur
nstitution ; et le même principe doit les
ider, c'est-à-dire un principe philantro-
que. L'Amérique doit être l'asyle de tous les
mmes ; les Américains doivent être en rap-
rt avec tous les habitans de la terre ; ils
ivent chercher à se faire entendre de tous,
e rapprocher de tous, et sur-tout de ceux
ec lesquels ils ont plus de communica-
n, tels que les François. —Qui les empê-
eroit donc d'adopter les tournures particu-
res à la langue françoise ? Pourquoi ridi-
liseroient-ils, comme on le fait en Angle
re, le François qui fait des gallicismes en
glois ? Il y a double avantage dans la mé-
ode de naturalisation universelle que je

propose : les Américains se rapprochent
autres peuples, et ils s'éloignent des
glois ; ils fabriquent une langue qui leur
propre, et alors il y aura une langue am
caine.

Une autre idée, dans une autre mati
me frappa vivement ; ce fut le *contre nat*
de la vie marine. En la considérant sous tou
ses faces, il me parut que l'homme n'é
pas fait pour la mer, quoique son génie
tant brillé, pour dompter cet élément. Il y
seul, séparé de sa femme et de ses enfa
et conséquemment il perd sa tendresse p
l'une, qu'entretient sans cesse la vie dom
tique ; il ne peut élever les autres ; il ne p
en être chéri. Seule, que peut faire une fe
me ? Seule, et pendant des mois entiers, e
il étonnant qu'elle tombe dans la débauch
Fidelle, elle sera malheureuse, parce qu'e
sera toujours rongée par les inquiétudes.
vie marine est une loterie ; on peut y gag
et y perdre beaucoup. Or, l'habitude d'u
pareille vie, mène à des dépenses extraor
naires, exclut l'ordre et l économie, entra
la dissipation, quand on a beaucoup gag
et l'amour du vol et du pillage, quand o
perdu. Le marin est accoutumé, sur son bo

commander impérieusement , et il trans-
rte ce ton dans son domestique et dans la
iété. Accoutumé aux dangers , aux fati-
es les plus excessives, il perd *le sens de
compassion ;* les maux d'autrui n'excitent
s aucune sensation dans son ame. Les
irritures fortes, les liqueurs violentes, ten-
t encore plus à aigrir son caractère et à
flammer son sang. Enfin la malpropreté,
vitable sur les vaisseaux, est un dernier
actère contraire à la vie domestique, et
conséquent au bonheur.

e ces observations il résulte qu'un état
ublicain, qui tend à entretenir la paix dans
sein, et qui met la morale avant tout ,
doit pas encourager la vie marine, ou au
ins les voyages de très-long cours, et dans
pays étrangers ; car le cabotage n'est pas
contraire à la vie domestique, puisqu'il
sse aux matelots des intervalles plus longs ,
écoulés au sein de leur famille. Aussi re-
rque-t-on une grande différence entre ces
rniers et les autres ; ils sont moins portés
x liqueurs spiritueuses, moins durs, et plus
ligieux.

Depuis le 26 juin jusqu'au 5 juillet, nous
rouvâmes constamment des calmes et des

D 5

vents contraires. Le vent étoit presque tou
jours au sud-ouest, et même à l'ouest. C'e
la sorte de vent qui règne ordinairement dan
ces mers, sur-tout dans cette saison. I
capitaine me dit qu'on les éprouvoit moi
en mars et avril. On peut faire alors la tra
versée en 3o ou 36 jours.

Nous rencontrâmes beaucoup de bâtimen
et cela nous consoloit. On demandoit à to
leur estime : nous trouvâmes rarement d
ressemblances dans ces estimes.

Les trois quarts de ces bâtimens étoie
anglois. On s'appercevoit, à l'aigreur ou
dédain de leurs réponses, qu'ils n'avoient p
encore pardonné aux Américains le succ
de leur insurrection. Parmi ces navires,
s'en trouva un appartenant à la compagn
des Indes orientales, et venant du Bengal
La première question que nous fit le cap
taine, concernoit le procès de M. Hasting
Il nous demanda si nous avions des papier
anglois ; on lui répondit que oui. Il nous pri
assez lestement de les lui envoyer par notr
chaloupe ; on lui répondit, plus lestemen
encore, que, s'il les desiroit, il pouvoit lui
même mettre en mer sa chaloupe. Il entend
ce langage, envoya son second, avec un

ce de nankin pour le capitaine. Je vous
porte ce trait, parce qu'il peint les An-
is. Ils se croient réellement les domina
rs des mers ; idée qui s'éteindra insensi-
ment par l'effet des lumières et de la fra-
nité universelle à laquelle les Anglois, à
ise de leur constitution, doivent être déjà
parés.

Un balcinier de Dunkerque, que nous ren-
ntrâmes ensuite, fut plus poli. Le capitaine
it un quaker de Nantucket ; mais tout
uipage étoit françois. Sa pêche avoit été
ireuse ; il avoit tué dix-huit baleines.

Les vaisseaux destinés à la pêche de la baie, ont deux chaloupes toujours prêtes à
e lancées à la mer. C'est une fort bonne
itude, et j'ai toujours été étonné qu'on
la suivît pas sur les autres bâtimens. Quel-
un peut tomber à la mer, et se noyer ; car
nt qu'on puisse tirer la chaloupe de sa pri-
, pour l'aller secourir, il s'écoule plus d'un
rt-d'heure.

Nous vîmes un grand nombre de ces énormes
ssons qui font une si riche branche du com-
rce des Américains. Nous vîmes sur-tout
ucoup de souffleurs, de ces marsouins,
emarquables par la célérité et la prestesse

de leurs mouvemens, des dauphins, si fr.
pans par la variété de leurs couleurs. No
en harponâmes un dont la chair nous par
très-bonne.

Depuis le 3 juillet jusqu'au 7, nous errâm
entre le 51ᵉ et le 66ᵉ degré de longitude, et
42ᵉ au 44ᵉ degré de latitude, presque toujou
au milieu des brouillards ou de la pluie. No
n'entendîmes qu'une fois le tonnerre.

Nous ne passâmes pas fort loin de cet
île de Sable, l'effroi des voyageurs, et où ta
de vaisseaux se sont perdus, et se perdent to
les ans. Elle est très-peu élevée au-dessus d
niveau de la mer; et comme elle est presque
toujours couverte de brouillards, il est difficile de l'appercevoir. Cette île n'est habité
que par une seule famille, et par des chevaux
sauvages, que le gouvernement d'Angleterre
y a fait transporter pour le secours des voyageurs, que l'infortune jette sur cette terre sté-
rile. Les Anglois, et sur-tout les autres Européens, s'y perdent plus fréquemment que
les Américains, qui, la connoissant bien,
l'évitent. Le gouvernement anglois y entretient un phare.

Etant près du banc Saint-Georges, nou
rencontrâmes un pêcheur américain de Terre

uve. Il nous donna quelques morues fraî-
es, et ce fut une grande consolation pour
us; car, aux volailles près, la viande fraî-
e étoit épuisée, et nous étions las de vian-
salée et de porc : une salade de pommes
terre me tenoit lieu de tout. Le capitaine
nna en échange, au bon pêcheur, du bœuf,
du porc. Cet échange me fit un vrai plai-
; il me rappeloit l'état primitif, dont l'i-
e se lie toujours avec plus de pureté et de
nheur. C'étoit le second voyage que fai-
it ce bâtiment de Terre-Neuve. Il rappor-
it 400 quintaux de morue; on les estimoit
r le pied de 20 à 24 livres le quintal. Il avoit
uf hommes d'équipage , et il avoit passé
pt semaines sur le banc. Le capitaine se
oposoit, suivant l'usage, de revenir pour
troisième voyage. *Marblehead,* près de
ston, est la principale résidence de ces
cheurs, qui, comme on voit, gagnent beau -
up d'argent. Ils reviennent assez souvent
quinze à vingt jours du banc à Boston. Il
mble qu'alors ceux qui pêchent pour le mi-
de la France ou pour l'Espagne , gagne-
ient beaucoup à aller directement vendre
ur poisson dans ces royaumes; ils n'em-
loieroient pas plus de temps, et ils gagne-

roient d'autant plus, qu'ils pourroient y porter de la morue verte, bien préférable et plus
estimée que la morue salée : c'est un moyen
efficace propre à leur donner la supériorité sur
les Anglois qui fournissent en grande partie
les marchés d'Espagne (1); de même ils donneroient du poisson meilleur, plus frais et
meilleur marché.

Je ne dois pas oublier une circonstance
singulière de mon voyage. Je passois en Amérique pour fuir la tyrannie de l'Europe. Il se
trouva que le bâtiment sur lequel j'étois, avec
un équipage en partie composé de matelots
hollandois, tous partisans du Stathouder. Le
capitaine, en bon Américain, étoit du parti
patriote ; en sorte que nous n'épargnions pas,
dans nos conversations ; les sarcasmes au
Stathouder et à ses honnêtes partisans. Nos
plaisanteries déplurent à un Allemand qui

(1) L'auteur d'un nouveau Voyage d'Espagne porte à
millions de piastres la quantité de morue fournie tous les
ans par l'Angleterre à l'Espagne. C'est une erreur. Ce peut
être le montant de toute la morue étrangère consommée par
l'Espagne ; mais l'Angleterre ne la fournit pas seule. Voyez,
à cet égard, Smith, au passage que j'ai cité, et les *observa-*
tions du lord Sheffield.

dolâtroit, et qui se mettoit sérieusement
à colère, lorsque nous blasphémions (c'étoit
un expression) son idole. Il avoit beaucoup
de peine à calmer son courroux, en fumant
deux ou trois pipes. J'observai que cet Allemand, qui avoit tant de tendresse pour le
despotisme, et qui, suivant l'usage de son
pays, ne cessoit de fumer, ne fut jamais
malade.

Ce n'étoit pas l'individu le plus original que
nous eûmes à bord; il y avoit le jeune Sau-
ge, de la tribu des Oneidas, que vous avez
voir chez M. de la Fayette. Ce brave Fran-
-Américain l'avoit amené en France, pour
donner une éducation qui pût le mettre
portée de civiliser ses compatriotes. Il n'a-
it pas réussi, soit faute d'aptitude dans le
ne homme, ou peut-être par d'autres cir-
nstances. Ce Sauvage étoit d'ailleurs bien
llé, très-leste, dansant bien, jouant mé-
ocrement de la flûte traversière, parlant
cilement l'anglois et le françois; mais il n'a-
it aucune idée. C'étoit un grand enfant
i ne connoissoit point de lendemain. Ce
it caractéristique des Sauvages, il ne l'a-
it pas perdu, après trois ans de séjour à Pa.

Je ne prétends pas cependant conclure.

de ce fait, que les Sauvages soient insusce
tibles d'éducation et de civilisation. Avant (
croire à ce résultat, il faudra d'autres exp
riences que celles qui ont été faites jusqu'
présent (1).

Nous arrivâmes à Boston le 24 juillet, apré
51 jours de traversée ; mais ce ne fut pas san
dangers. Cédant à l'impatience des voya
geurs, le capitaine entra dans la baie, malgré un brouillard considérable, et fit rou
toute la nuit. A 4 heures du matin, ne connoissant pas trop bien sa position, et s
croyant près du phare, il tira plusieurs coups
de canon, mais inutilement. Sur les hui

---

(1) Ce sauvage, en arrivant à Boston, y excita autan
de surprise qu'à Paris ; car on n'y voit jamais de sauvags,
et il y a si long-temps qu'ils sont élo gnés de cet état, qu'on
n'en conserve plus aucun souvenir. Cet Oneida fut donc bien
traité par-tout, même par le gouverneur. Un autre hasal
heureux le favorisa à New-York. Le gouverneur partoit
pour conclure précisément avec les Oneidas un marché pou
des terres. Il se fit accompagner de ce jeune sauvage, qui
accueillit fort bien. Mais à peine ce dernier fut-il arrivé
eut-il revu ses anciens compatriotes, que le goût de la vi
sauvage le reprit. Il vendit tous ses effets, en employa l
prix à boire de l'eau-de-vie, se maria avec une *Squah* (non
des femmes sauvages), et oublia complétement ... 'n

eures du matin, le brouillard étant très-épais, ous nous trouvâmes, à portée du pistolet, rès d'un banc de rochers. Heureusement le ent n'étoit pas fort, et la manœuvre pour irer fut faite très-rapidement. Quelques seondes plus tard, le bâtiment étoit brisé. ous ne fûmes pas ensuite plus éclaircis sur otre sort. Un bâtiment pêcheur parut ; nous vitâmes le pêcheur à monter. Il résista eaucoup ; il ne savoit où il étoit, disoit-il, t il ne vouloit pas être responsable de la erte du bâtiment. Ce discours n'étoit pas ropre à nous rassurer. Le pêcheur consentit nfin à nous guider. Mais malgré ses connoisances locales, nous nous trouvâmes de noueau au milieu de rochers et d'îles, que le rouillard ne nous permettoit pas de distinuer. Le ciel vint encore à notre aide ; le rouillard disparut, et le vent nous favoriant, nous gagnâmes la rade de Boston par e canal le plus étroit. Cette ville, bâtie en mphithéâtre, offre un aspect très-agréable. on port étoit rempli de bâtimens de presque utes les nations de l'Europe ; et nous n'eûes point, comme chez toutes ces mêmes ations, à essuyer les vexations, plus humiantes encore que fatiguantes, des commis ela douane.

LETTRE IV

Boston, 30 juillet 1788.

Avec quelle joie, mon bon ami, j'ai sau
sur cette terre de liberté ! J'étois las de
mer, et la vue des bois, des villes, des hom
mes même, repose alors délicieusement le
yeux, fatigués du désert de l'océan. Je
fuyois le despotisme, et j'allois jouir enfin d
spectacle de la liberté, de la vue d'un peuple
chez lequel la nature, l'éducation, l'habitude
avoient gravé l'égalité des droits, traitée de
chimère par-tout ailleurs. Avec quel plaisir
je contemplois cette ville qui, la première,
a secoué le joug des Anglois, qui, pendant
si long-temps, a résisté à toutes les séduc
tions, à toutes les menaces, à toutes le
horreurs de la guerre civile ! comme j'aimoi
à errer dans cette longue rue, dont les mai
sons simples, en bois, bordent le magnifiqu
canal de Boston, au milieu de ces magasin
qui m'offroient toutes les productions d
continent que je quittois ! comme je jouisso

e l'activité des commerçans, des artisans,
es matelots ! Ce n'étoit point le tourbillon
commode et bruyant de Paris ; ce n'étoit
oint l'air inquiet, affairé, avide de jouis
nces, qui caractérise mes compatriotes ;
e n'étoit point l'air profondément orgueil-
ux des Anglois ; c'étoit l'air simple, bon,
ais plein de dignité d'hommes qui ont la
onscience de leur liberté, mais qui ne voient,
ans tous les hommes, que des frères, que
urs égaux. Tout portoit, dans cette rue,
caractère d'une ville encore à son berceau,
ais qui, à son berceau même, jouit d'une
ande prospérité. Je croyois être dans cette
lente, dont le pinceau sensible de Féne-
n nous a laissé une image séduisante. Mais
prospérité de cette nouvelle Salente n'é-
it point l'ouvrage d'un homme seul, d'un
i ou d'un ministre ; c'étoit le fruit de la li-
rté, cette mère de l'industrie. Tout est
pide, tout est grand, tout est durable avec
le. Une prospérité royale ou ministérielle,
a, comme le ministre ou le roi, que la du-
e de quelques minutes. Boston renaît à
eine des horreurs de la guerre civile, et son
ommerce est florissant ; il n'a pas un siècle
'existence, et son enceinte offre, dans les

arts, les manufactures, les productions, le
'sciences, une foule d'observations curieus
et intéressantes. Je vais vous communiqu
celles que j'ai pu recueillir; dans le séjo
que j'y ai fait, lors de mon arrivée, et à u
second voyage.

Les mœurs ne sont pas tout-à-fait, à Bo
ton, telles que vous les voyez décrites da
l'ouvrage, plein de sensibilité, du *Cultivate
américain.* Vous ne reconnoîtriez plus ce f
rouche presbytéranisme, qui condamnoit tou
les plaisirs, même celui de la promenad
qui défendoit de voyager les dimanches; q
persécutoit ceux qui contrarioient ses op
nions. Les Bostoniens unissent maintenant
la simplicité des mœurs, l'aménité françoise,
et cette délicatesse dans les manières, qui
rend la vertu que plus aimable. Prévenan
envers les étrangers, obligeans envers leu
amis, ils sont tendres époux, pères aiman
et presqu'idolâtres, et doux envers leurs do
mestiques. La musique, que leurs docteur
proscrivoient autrefois comme un art diabo
lique, commence à faire partie de leur édu
tion. On entend, dans quelques maisons r
ches, le forte-piano. Cet art, il est bien vrai
n'y est encore qu'au berceau; mais les jeune
novice

ovices qui l'exercent sont si douces, si omplaisantes et si modestes, que le savoir rgueilleux ne donne pas un plaisir égal à elui qu'elles procurent. Fasse le Ciel que s Bostoniennes n'aient pas, comme nos rançoises, la maladie de la perfection dans musique ! On ne l'acquiert jamais qu'aux épens des vertus domestiques.

Les jeunes filles jouissent ici de la liberté qu'elles ont en Angleterre, qu'elles avoient Genève, lorsqu'on y avoit des mœurs, lorsque la république existoit ; elles n'en abusent pas davantage. Leur ame sensible et franche a point à se défier de la perfidie des hommes corrompus de l'ancien continent, et les emples de cette perfidie sont très-rares.

croit à un serment prononcé par l'amour, l'amour le respecte toujours, ou la honte iriroit à jamais le coupable. Vous voyez e jeune fille partir avec son amant dans un briolet léger, et le soupçon injurieux ne ent point inquiéter les plaisirs purs de cette rtie de campagne.

Mères, les Bostoniennes deviennent réseres ; leur air est toujours cependant ouvert, n, communicatif. Livrées en entier à leur énage, elles ne s'occupent qu'à rendre leurs maris heureux, qu'à former leurs enfan[...]

La loi a prononcé des peines afflictiv[...]
contre l'adultère, telles que le pilori, le re[...]
fermement limité; la loi a été peu invoqué[...]
c'est que presque tous les ménages y so[...]
heureux, (1) et ils sont purs, parce qu'ils so[...]
heureux.

La propreté, sans luxe, est un des cara[...]
tères physionomiques de cette pureté moral[...]
et cette propreté se retrouve par-tout à B[...]
ton, dans l'habillement, dans les maison[...]
dans les églises. Rien de plus charmant q[...]
le coup-d'œil d'une église ou d'un *meeting* (2[...]

---

(1) Sur la fin de l'année 1788, un événement fâch[...]
scandalisa cette ville. Une jeune personne se donna la m[...]
elle étoit enceinte. Le bruit public accusa son beau-fr[...]
homme marié, qui, par ses rigueurs, l'avoit, dit-on réd[...]
à ce coup de désespoir. Cette aventure fit grand bruit; [...]
lettres furent produites, imprimées; des partis se form[...]
dans les familles. Cependant le beau-frère fut justifié [...]
deux hommes respectables, MM. John Adams et Baudou[...]
qui examinèrent à fonds cette affaire. Il faut jetter un v[...]
sur ce mystère. L'affliction que cet événement causa à p[...]
que tous les citoyens de cette ville, prouve combien [...]
mœurs y sont pures.

(2) *Meeting* ou *miting*, signifie une assemblée. L'égli[...]
en Amérique, n'est qu'un rendez-vous de frères qui vienn[...]
se serrer les mains, penser et prier ensemble.

jour du dimanche. Le bon habit de drap y
ouvre les hommes ; la toile des Indes ou
l'Angleterre y pare les femmes et les enfans,
sans être gâtée par ces colifichets ou ces ornemens que l'ennui, la fantaisie et le mauvais goût y ajoutent chez nos femmes. La
poudre ni les pommades n'y souillent point
la chevelure de l'enfance ou de l'adolescen-
ce ; on les voit avec peine employées pour
la coeffure des hommes qui invoquent l'art
du perruquier, car cet art a déjà malheureusement franchi les mers.

Je ne me rappellerai jamais sans émotion
le plaisir que je ressentis, en entendant un
jour le respectable ministre Clarke, qui a
succédé à ce célèbre docteur Cooper (1),
auquel tout bon François et tout ami de la
liberté doivent un hommage de reconnoissance, pour l'amour qu'il a porté aux Fran-
çais, et le zèle avec lequel il a défendu et
prêché l'indépendance américaine. Son auditoire, assez nombreux, y annonçoit à l'ex-

(1) Voyez l'éloge de ce ministre dans les *Voyage de Cha-*
lux, tome I, page 216. — M. Clarke a fait un éloge de
ce digne pasteur, qui a dû faire verser bien des larmes à son
auditoire.

H 2

térieur cette aisance générale dont je vous
parlé, ce recueillement que donne l habitu
de la gravité, quand on est en présence
l'éternel, cette décence religieuse, égal
ment éloignée de l'idolâtrie superstitieuse
rampante, et des airs impudens et légers
ces Européens, qui ne vont à l'église,
comme au spectacle.

Spectatum veniunt, veniunt spectentur ut ipsæ.

Et ce qui mettoit le comble à mon b
heur, je n'y vis aucun de ces êtres livid
déguenillés, qui, sollicitant, en Euro
votre compassion aux pieds des autels, se
blent déposer contre la providence, no
humanité, ou le désordre de la société. Le
cours, la prière, le culte, tout avoit la me
simplicité. La meilleure morale respiroit
le sermon, et on l'écoutoit avec attention

L'excellence de cette morale caracté
presque tous les sermons, dans toutes
sectes de ce continent. Les ministres par
rarement de dogmes : la tolérance, née a
l'indépendance améraine, a banni la pré
cation du dogme, qui entraîne toujours
discussions et des querelles. On n'admet
la morale, la même dans toutes les secte

seule prédication qui convienne à une ande société de frères.

Cette tolérance brille à Boston, dans cette lle, témoin jadis de persécutions si sanglantes, sur tout contre les quakers. Il existe des mis, à la vérité en petit nombre, sur cette ace, où plusieurs de leurs prédécesseurs ont ayé de leur vie leur persévérance dans leurs pinions religieuses. —Juste ciel! comment est-il trouvé des hommes croyant sincèrement en Dieu, et cependant assez barbares our faire périr une femme, l'intrépide Dyer, arce qu'elle tutoyoit Dieu et les hommes, rce qu'elle ne croyoit pas à la mission des êtres, parce qu'elle vouloit suivre l'évanle à la lettre (1)? Mais tirons le rideau sur

(1) Voyez l'ouvrage intitulé : *Piety promoted*, ou *la Piété. mue ou avancée*, contenant un recueil des dernières heures ceux qu'on appele Quakers. Londres, veuve Hinde 84.

« Parnel, l'un de ces Quakers, lit-on dans cet ouvrage, sputoit avec des Puritains. Furieux de se voir réduit au ence, l'un de ces derniers lui donna un grand coup de bâ-. en lui disant : prends cela pour l'amour du Christ. Parnel répond tranquillement : ami, je le reçois pour l'amour du rist. Les juges le font arrêter ; on l'emprisonne ; on lui erdit la visite de ses amis ; on le force à coucher sur des

H 3

ces scènes d'horreurs ; elles ne souilleron
plus, sans doute, ce nouveau continent
destiné, par le Ciel, à être l'asyle de la liberté et de l'humanité. Chacun maintenan
adore, à Boston, Dieu à sa manière ; ana
baptistes, méthodistes, quakers, et même
catholiques, tous y professent ouvertemen
leurs opinions. Il n'y a point encore de cha
pelle catholique ; mais il va s'en élever une
elle sera bâtie par un ministre protestant
converti, depuis quelque temps, au catho
licisme. Le révérend docteur *Thayer*, fi
d'un habitant de cette ville, a voyagé
France, en Italie. La vie et les miracles
ce bienheureux *Labre*, qui, pour l'amou
de Dieu, se laissoit ronger de vermine, l
ont ouvert, dit-il, les yeux à la lumière,
il va la répandre dans le nouveau continent
Il s'y est fait précéder par des chasubles
des calices, et tous les autres ornemens d
culte catholique. Cette mission ne fait qu

---

pierres, d'où l'eau découloit dans les temps humides ; on l'en
ferme dans un trou qui pouvoit à peine le contenir ; on l'e
ténue par la faim ; on l'accable de mauvais traitemens.
souffre tout patiemment, et meurt en s'écriant : je meu
innocent : je vais rejoindre mon Dieu ».

piquer la curiosité : il y a vingt ans, el
roit excité une persécution. Les pu
s'amuseront peut-être, dans les papie
blics, aux dépens de l'ex-ministre con
et des prodiges de son salut ; mais, '
sûr, ils ne le persécuteront pas (1).

Les ministres des différentes sectes
dans une si grande harmonie entr'eux,
se suppléent, se remplacent les uns
autres, quand des affaires particuliè
rachent à leur chaire.

Cette indifférence pour les querelle
gieuses, est le résultat d'une guerre,
méricains se sont mêlés avec des ho
de tous les pays, et, par cette comm
tion, ont brisé toutes leurs habitudes e
vieux préjugés. En voyant ces homme
er si différemment sur les matière
gieuses, et cependant avoir des vertu

_____

(1) Cette prédiction s'est vérifiée. M. Thayer
depuis la messe à Boston, avec l'appareil le plus p
Les protestans y ont assisté, comme au spectacle :
monies les amusoient. La curiosité a été si grande
ceveur a mis un impôt sur elle ; et on alloit à l
comme à la comédie, par billets ; spéculation asse
dans un pays où il n'y a pas de comédie.

en ont conclu qu'on pouvoit, tout à la fois,
être honnête homme et croire ou ne pas
croire à la transubstantiation et au verbe; ils
en ont conclu qu'il falloit se tolérer les uns
les autres, que c'étoit là le culte le plus
agréable à Dieu.

Avant que cette opinion fut répandue parmi eux, une autre y dominoit; c'étoit la nécessité de réduire le culte divin à la plus
grande simplicité, de le dégager de toutes les
cérémonies superstitieuses, qui lui donnèrent
autrefois l'apparence de l'idolâtrie, et sur-
tout de se garder de salarier des prêtres pour
vivre dans le luxe et la fainéantise; en un
mot, de ramener parmi eux la simplicité
évangélique. Ils y ont réussi. Dans les campagnes, l'église a un domaine. Ici, les ministres ne vivent que des collectes qu'on fait
pour eux chaque dimanche, et de la rétribution que les fidèles paient pour les bancs
qu'ils occupent à l'église. C'est un usage excellent, pour forcer les ministres à acquérir des
connoissances et bien remplir leurs fonctions; car on donne la préférence à celui
dont les discours plaisent davantage (1), et

_____

(1) La vérité de cette remarque m'a frappé à Boston

la fois…
ne pa…
erbe; i…
les un…
le piu…

due pa…
)it la n…
i la piu…
outes …
)nnére…
, et su…
res pe…
; en u…
mplici…
les cal…
, les m…
u'on fa…
la rétri…
es banc…
ge exce…
uérir de…
irs fonc…
à celu…
(1), e…
à Boston…

…on salaire est plus considérable ; tandi…
…hez nous, l'ignorant et le savant, le d…
…hé comme le vertueux, sont toujours…
…e leurs honoraires. Il résulte encore d…
…sage, qu'on n'impose pas celui qui ne…
…pas. Eh ! n'est-ce pas une tyrannie q…
…faire payer des hommes pour l'entretien…
…culte qu'ils rejettent ?

…Les Bostoniens sont devenus si philos…
…ur l'article de la religion, qu'ils ont der…
…ent institué un ministre, au refus de celu…
…evoit l'ordonner. Les partisans de la s…
…aquelle il appartenoit, l'ont installé dan…

…ans la partie des États-Unis que j'ai été à portée
…oître. Presque tous les ministres y sont des hommes à
…u au moins très-instruits. Avec leurs honoraires
…aires, les ministres de Boston trouvent cependant
…moyen, non-seulement de vivre décemment, mais
…se marier et d'élever des familles assez nombreu
…qui confirme les judicieuses remarques publiées par i
…ère, sur la facilité de marier avantageusement les p
…ême lorsqu'ils n'ont que des honoraires médiocre
…liance est recherchée par les pères, qui veulent de
…urs filles des maris éclairés et de bonnes mœurs. La
…hose arrivera en France, quand les prêtres s'y mai
…s ne doivent donc pas redouter le mariage avec leu
…iocres salaires. *Voyez le Courier de Provence*, n°. 15

église, et lui ont donné le pouvoir de les prê-
cher et enseigner; et il prêche et enseigne,
et il n'est pas un des moins habiles; car le
peuple se trompe rarement dans son choix.

Cette institution canonique, qui n'a d'exemple que dans la primitive église, a été cen-
surée par ceux qui croient encore à la tradi-
tion des ordres par les seuls descendans des
apôtres. Mais les Bostoniens sont si près de
croire que chacun peut être son prêtre, que
la doctrine apostolique n'a pas trouvé des
partisans trop chauds. On en sera bientôt
en Amérique, au point où M. d'Alembert
plaçoit les ministres de Genève.

Puisque l'ancienne austérité puritaine dis-
paroît insensiblement, on ne doit pas être
surpris de voir le jeu de cartes introduit parmi ces bons presbytériens. La ferveur évangélique des enthousiastes et des persécutés
ne connoît point de momens d'ennui; on les
trompe, en se repaissant sans cesse de ses
haines et de ses malheurs. Mais quand on est
tranquille, quand on jouit de l'aisance, on a
des momens de loisir; et pour un peuple qui
n'a point encore de spectacles, le jeu les
remplit naturellement. On doit le rechercher sur-tout dans ces pays, où les hommes

ir de les pré　　　ne font pas la cour aux femmes, o
et enseigne,　　　peu de livres et cultivent encore
biles ; car l　　　sciences. Ce goût des cartes est
1s son choi.,　　　ment très-fâcheux dans un état ré
ui n'a d'exem　　　l'habitude en retrécit l'esprit. Heu
e, a été cen　　　le jeu n'est pas considérable, et l'
re à la tradi　　　point des pères de famille y ris
scendans de,　　　leur fortune.
nt si près de
1 prêtre, que　　　Il y a plusieurs clubs à Boston
s trouvé de　　　cellux (1) parle d'un club particu
sera bientôt.　　　tient une fois la semaine, et où il
. d'Alember　　　J'y ai été plusieurs fois, et j'ai t
.　　　infiniment satisfait de l'honnête
　　　membres envers les étrangers, e
puritaine dis　　　noissances qu'ils déploient dans
doit pas être　　　versations. Ce club ne consiste qu
ntroduit par　　　onnes. Il faut avoir l'unanimité
erveur évan	　dmis. Chaque membre peut amen
s persécutés	　ter. L'assemblée se tient, à tour de
ennui ; on les　　　chaque membre. Les clubs ne se tie
cesse de ses.　　　maintenant à la taverne, et c'es
quand on est	　on boit moins, on boit à meilleur
lisance, on a
n peuple qui
, le jeu les　　　(1) Tome II. page 219.
t le recher-　　　(2) Le madère vaut environ 4 schellings
les hommes　　　la bouteille chez le marchand. Il en coûte

on dépense moins. La nécessité d'économi[ser]
l'argent comptant, qui s'est fait sentir à [la]
fin de la guerre, a été probablement la ca[use]
de cet usage. Les mœurs s'en trouvent mie[ux.]

Il n'y a point de cafés dans cette ville, [ni]
à New-Yorck et Philadelphie. Une se[ule]
maison, qu'on appelle de ce nom, y ser[t de]
rendez-vous et de bourse aux négocians.

Un des principaux plaisirs des habitans [de]
ces villes, consiste dans les parties faites à [la]
campagne avec leur famille ou quelques am[is.]
Le thé en fait sur-tout, dans les après-din [er]
les principaux frais. En cela, comme da[ns]
toute la manière de vivre, les Bostonien[s]
et en général les Américains ressemble[nt]
beaucoup aux Anglois. Le punch chaud [et]
froid avant le dîner ; d'excellent bœuf o[u]
mouton, du poisson et des légumes de tout[es]
les espèces, des vins de Madère ou d'Espagne, le Bordeaux, dans l'été, couvrent leu[rs]
tables, toujours solidement et abondamm[ent]
servies. Le spruce beer, et d'excellent cid[re]
du pays, y précèdent le vin. Le *porter* anglo[is]
y paroissoit jadis exclusivement ; il est maintenant remplacé par d'excellent, porter fabriqué près de Philadelphie, et tellem[ent]
égal à l'anglois, que des palais anglois m[ême]

ont été trompés. Cette découverte est u
rai service rendu à l'Amérique (1). Par-l
elle est déchargée d'un tribut qu'elle payoi
l'industrie angloise. — Elle va bientôt cesse
de lui en payer un autre, par le perfection
nement de sa fabrique de fromage. J'en
goûté de délicieux, et qui peut rivaliser l
Chester d'Angleterre et le Rocquefort d
France. On accorde cette qualité à ceux fait
eymouth, petite île appartenante au res
ectable ex-président M. Beaudouin. Il y e
etenoit autrefois un nombreux bétail, qu
it entièrement détruit ou enlevé par les An
lois, dans la guerre dernière. — Il commenc
réparer cette perte. Son *Weymouth* fer
ientôt oublier le fromage anglois, auqu
habitude des hommes riches tient encore
malgré l'impôt énorme que l'Etat met sur c
romage, au profit de l'industrie indigène.

Après avoir forcé les Anglois à renoncer
eur domination, les Américains veulent d
enir leurs rivaux dans tous les genres;
et esprit d'émulation se montre par-tou

(1) Le porter anglois, avant la guerre, ne coûtoit qu'u
cheling (de Boston) la bouteille. On l'a prohibé; cepe
ant on en trouve encore. La contrebande, très-facile
aire, le fournit; il coûte deux schelings.

C'est cet esprit qui élève à Boston une superbe verrerie, appartenante à M. Break e
différens autres particuliers ; une des plu
utiles manufactures dans un pays où l'aisance
met les boissons recherchées à la portée d
tous les citoyens, nécessite des vases nombreux, multiplie, dans les maisons même d
campagne, les jours et les vitrages avec u
luxe surprenant. Un Allemand dirigeoit l
bâtisse de cette rotonde utile de M. Break
et ses connoissances chymiques lui avoie
procuré la découverte d'un sable propre
donner de meilleures bouteilles que les bo-
teilles européennes.

C'est cet esprit d'émulation qui ouvre tan
de canaux au commerce extérieur des Bo-
roniens, qui les porte vers les parties de l
terre les plus éloignées de ce continent. Deu
vaisseaux ont déjà fait le voyage des Inde
orientales avec un grand succès. Ils ont port
du bœuf salé (1), des planches et autres provisions au Cap de Bonne-Espérance et à l'il

(1) Les Bostoniens ont beaucoup perfectionné cette part
de leur commerce ; ils espèrent bientôt égaler le bœuf sa
d'Irlande. Les épreuves qu'ils ont faites leur présagent le suc
cès. On a vu du bœuf salé de Boston voyager à Bordeaux, de

ston une su de Bourbon ; on les a payées en pi
M. Break   en café.

une des plu   Voulez-vous connoître, par un tr
rs où l'aisanc té de leur commerce de circuit
à la portée   ces vaisseaux est revenu avec 3oo
es vases nou   de café, qu'il a payé 6 s. la livr
sons même   vendu 15o en Amérique, en a po
rages avec   Gotthemburg, y a pris des thés ,
d dirigeoit   vendre à Constantinople. Observe
de M. Break   mers, ces pays étoient inconnus a
es lui avoie   cains. Leur navigation étoit ci-dev
able propre   rée dans un cercle étroit.
s que les bo

Nil mortalibus arduum est ;
Audax Japeti genus.
Rien d'impénétrable aux mortels,
A la race audacieuse de Japet.

qui ouvre tan   Si ces vers peuvent s'appliquer
rieur des Bo   euple, c'est bien aux América
s parties de l ucun danger , aucune distanc
ntinent. Deu   bstacle ne les arrête. Qu'ont-i
age des Inde   re ? Tous les peuples sont leurs
Ils ont por   eulent la paix avec tous.
et autres pro
rance et à l'il

---

tionné cette par   aux Indes orientales, de-là aux Antilles,
galer le bœuf   n, et après tous ces voyages, il s'est trou
r présagent le su   On a fait des essais de ce bœuf salé à Ma
er à Bordeaux,   autres parties de la navigation françoise : il
te estimé. Étant bien moins cher que celu
aura sans doute la préférence.

Les premiers voyages faits à Canton o*
tellement enthousiasmé les Bostoniens, qu*
ont voulu en perpétuer le souvenir, et qu*
ont frappé une médaille en l'honneur *
deux capitaines qui les ont faits.

C'est cet esprit d'émulation qui multip*
et perfectionne tant de belles corderies da*
cette ville, qui y a élevé des filatures *
chanvre (1) et de lin, propres à occup*
jeunesse, sans l'assujettir à un rassemblem*
funeste au physique et au moral, prop*
sur-tout à occuper cette partie du sexe, *
les voyages des maris matelots, ou d'au*
accidens, réduisent à l'inoccupation.

C'est encore à cet esprit d'émulation qu*
doit les salines qui s'élèvent (2), les fabriqu*

---

(1) On m'a assuré que celle de Boston occupoit 150 *
sonnes, tant femmes qu'enfans, dont partie chez eux, *
partie à la manufacture.

(2) Il y a à Yarmouth, ville peu éloignée du cap Co*
une fabrique de sel, qui se fait par la simple évaporat*
et où les machines suppléent les bras. On se propose *
faire des additions qui mettront à portée d'en vendre le *
à meilleur compte que celui d'Europe. Celui que j'ai vu *
beau, et très-salant; cependant il est difficile de croire q*
soit de long-temps à aussi bas prix que celui de France et *
Portugal.

papiers peints, de clous, les moulins à
pier multipliés dans cet état, et sur-tout à
ater-Town, tant de distilleries pour le rum
ossier, qui étoit ci-devant destiné pour le
mmerce de Guinée. Depuis la suppression
cette dernière branche de commerce; de-
is que les Méthodistes et les Quakers ont
êché avec ferveur contre l'usage du rum
ns les campagnes, on en consomme moins,
s distilleries déclinent, et diminuent vi-
blement aux environs de Boston. C'est un
en pour l'espèce humaine; et l'industrie
néricaine saura bientôt réparer la petite
rte, qu'occasionne dans son commerce la
ûte de cette fabrique de poisons.

Deux maladies travaillent maintenant les
éricains, celle des émigrations à l'ouest,
it je parlerai ailleurs, et celle des manu-
tures. Le Massasuchett veut rivaliser sur
dernier point le Connecticut et la Pen-
lvanie : il a, comme ce dernier état, élevé
e société, pour favoriser et encourager les
anufactures et l'industrie.

Ces sociétés sont, en général, composées
négocians, de cultivateurs, et des prin
paux agens de gouvernement. Chacun y
ntribue de ses connoissances et d'une petite

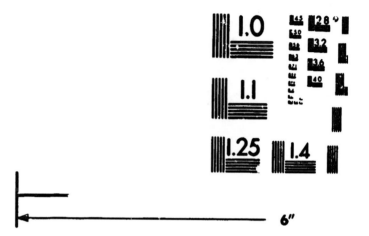

Photographic
Sciences
Corporation

23
W

somme. On ne court pas après l'esprit d
ces sociétés ; on cherche à être utile ,
en tirer un profit réel.

S'il est un monument qui dépose, en fav
des grands et rapides développemens de l
dustrie des habitans de cet état , ce so
sans contredit , les trois ponts qui ont
exécutés en peu de temps , sur les la
rivières de Charles, de Malden, et d'Essex

- Boston a eu la gloire de donner le prem
collège, la première université à l'Amériq
L'édifice où se réunissent écoliers et prof
seurs , est situé dans une superbe plaine
à quatre milles de Boston , dans un lieu
pellé *Cambridge*. L'origine de cette utile i
titution date de 1636 (2).

_____

(1) Le pont de Charleston a 2684 pieds de long, et la
de 30 pieds ; l'ouverture, pour laisser passer les vaisseau
est de 30 pieds de large. Elle se fait au moyen d'une n
chine très-ingénieuse , et si facile à manœuvrer , que d
enfans de dix ans peuvent la faire aller. — Cell d'Esse
encore supérieure pour la simplicité. Le pont de Charles
est très-bien éclairé pendant la nuit.

(2) A cette époque , l'assemblée générale donna
somme de 6000 liv. environ , qui fut ensuite augment
par une donation considérable, faite par M. Harvard
Charleston , dont le collège porte le nom. L'état acco

, l'imagination vouloit tracer un lieu qui
semblât toutes les conditions essentielles
en faire le siège d'une grande éduca-
, elle ne pourroit choisir une place plus
venable. — Cette université est assez loin
Boston, pour que le tumulte des affaires
terrompe point les études. On peut s'y
er à cette méditation , que la solitude
le permet. Elle est encore assez éloignée,
que l'affluence des étrangers, et l'espèce
licence qu'entraîne cette ville commer-
te, même dans un état libre, n'influent
nt sur les mœurs des écoliers. D'un autre
, Cambridge est environné de maisons
campagne délicieuses , où viennent se
oser les négocians de Boston , et de-là
ltent une communication et des sociétés
ables. Les nouvelles d'Europe, qui y arri-
t presqu'aussi-tôt qu'à Boston , en rendent
oisinage utile.

'air y est infiniment pur; les environs en
t charmans, et offrent le plus vaste es-
e aux exercices des jeunes gens.

re, pour l'entretien de ce collège , un droit sur le pro-
du bac, qui étoit entre Boston et Charleston, avant que
nt actuel fut construit.

I 2

L'édifice y est divisé en plusieurs corp
bâtimens , très-bien distribués. Comme
étudians, qui arrivent de tous les Étas-U
sont assez nombreux , et que leur nom
augmente tous les jours, on doit y faire
additions.

Deux choses frappantes y attirent les
gards dans l'intérieur , la bibliothèque e
cabinet de physique. La première , y a
presque en entier consumée par le feu
Il a fallu réparer cette perte , et, graces a
bienfaits d'une foule de généreux Anglois
Américains , on commence à l'oublier.
cœur d'un François palpite en retrouvant R
cine , Montesquieu , l'Encyclopédie , da
un endroit où fumoit , il y a 150 ans,
calumet des sauvages.

Le régime des études y est presque l
même que dans l'université d'Oxford. Il e
impossible que la dernière révolution n
amène pas une grande réforme. Des homm
libres doivent rapidement se dépou.ller
leurs préjugés, et appercevoit qu'avant tou

---

(1) Ce malheur arriva la nuit du 24 janvier 1764. O
perdit 5000 volumes environs. On y compte mainten
12 à 13,000 volumes.

faut être homme et citoyen , et que l'étude
s langues mortes , et d'une philosophie et
ne théologie fastidieuse , doit occuper peu
momens d'une vie , qui peuvent être utile-
nt employés à des études plus convenables
a grande famille du genre humain (1).
Cette révolution dans les études est d'au-
t plus probable , que Boston renferme
s son sein une académie , composée de
ans respectables , d'hommes qui cultivent
a fois toutes les sciences , et qui , dé-
és de certains préjugés religieux , trace-
t sans doute bientôt à l'éducation , la
te la plus courte et la plus sûre , pour
mer des bons citoyens et des philosophes.
ette académie de Cambridge est présidée
un homme , dont les connoissances sont
verselles , par *M. Baudouin* , qui , aux
noissances profondes d'un savant (2), joint

1) On peut même dire qu'à Boston on exige des études
longues pour admettre des jeunes gens à l'exercice de
édecine. On ne peut la pratiquer qu'après 8 à 9 ans.
bon cependant d'assujettir ceux qui s'y destinent , aux
ens examens qui ont lieu.

) M. Baudouin a composé plusieurs mémoires de phy-
et d'astronomie , insérés dans le premier volume des

les talens et les vertus d'un administra
et les principes de la plus saine politique.
homme respe table est le fils d'un de
François, que la persécution religieuse
d'émigrer dans le dernier siècle. Sa cond
avant et pendant la guerre, ses prin
sur la liberté, lui ont tellement con
l'estime des concitoyens, qu'il a réuni
sieurs fois leur suffrage, soit pour la p
dence de l'état de Massasuchett, soit p
la députation au congrès, soit pour d'au
places honorables. Jamais il n'a trompé
confiance du peuple; jamais il n'a existé
soupçon sur lui, quoiqu'un cri univer
d'anathéme se soit élevé pendant et dep
la guerre, contre M. Temple, son gend
Ce cri a été causé par l'obliquité de la co
duite de ce dernier, par sa versatilité penda
la guerre d'Amérique, et ensuite par son
vouement ouvert à la cause des Anglois,
l' n ont récompensé, en lui donnant le c
sulat général d'Amérique. On a toujo

transactions de l'académie de Boston. On lui doit d'
ouvrages sur la théorie du commerce et sur la politi
où sa modestie lui a fait taire son nom.

tingué le beau-père du citoyen ; et sa
me , son unique soutien pendant cette
erre malheureuse , a partagé l'estime pu-
que. M. Baudouin a exercé la présidence
s une des crises les plus difficiles , et il
. est tiré avec adresse et succès , malgré
arti considérable qu'il avoit en tête. Mais
us reviendrons sur ce fait, en parlant de
range révolte qui a troublé , pendant
:lques mois , le Massasuchett.
etournons à l'université de Cambridge.
   Baudouin est bien secondé par les aca-
ciens , les professeurs habiles qui diri-
les études , et parmi lesquels on distin-
; M. Willard , le docteur Wiglesworth ,
e docteur Dexter, professeur de physique,
chymie et de médecine , homme qui joint
   modestie , de grandes connoissances. Il
ipprit , et ce fait me causa une vive
isfaction , qu'il répétoit les expériences
. notre école chymique. L'excellent ou-
ge de mon respectable maître , le docteur
urcroy, étoit dans ses mains. Il lui avoit
t connoître les pas rapides que cette
ence avoit faits depuis quelque-temps en
rope.
Dans un pays libre , tout doit porter

l'empreinte du patriotisme , tout doit y
mener ; aussi le patriotisme, qui s'est si
montré dans la fondation, la dotation,
couragement de cette université , paro
tous les ans , dans une fête solemnelle
se célèbre en l'honneur des sciences , le
sième mercredi de juillet , dans la plaine
Cambridge. Cette fête, qui a lieu dans tous
collèges de l'Amérique, mais à des jours
férens , est appellée le *Commencement.*
a quelque rapport aux exercices et aux d
tributions des prix de nos collèges. C'est
jour de joie pour Boston : presque tous
habitans, avec tous les officiers du gour
nement, se rendent dans la belle plaine
Cambridge. Les étudians les plus distingu
y développent leurs talens en présence d
public, y reçoivent des prix ; et ces exe
cices académiques , dont des sujets patrio
ques forment le principal fonds , sont te
minés par une fête en plein air , où règne
la gaîté la plus franche , et la fraternité
plus touchante.

On a remarqué que, dans les pays liv
principalement au commerce , les scien
ne s'élevoient jamais à un très-haut de

tte remarque pourroit s'appliquer à Boston.
université de Cambrigde renferme certaine-
ent des savans estimables ; mais la science
est point répandue parmi les habitans de
ston. Le commerce y entraîne toutes les
ées , y tourne toutes les têtes , y absorbe
utes les spéculations : aussi trouve-t-on
u de grands ouvrages , peu d'auteurs. Les
ais du premier volume des mémoires de
cadémie de cette ville , ne sont pas encore
verts par les souscripteurs , et il y a
ux ans qu'il a paru.

On a publié, depuis quelque temps, l'his-
ire des derniers troubles du Massasuchett ;
e est très-bien faite, et j'y reviendrai. L'au-
ur a eu quelque peine à s'indemniser des
ais d'impression. Jamais l'histoire précieuse
Massasuchett, par Winthrop, n'a pu être
primée en entier , à cause du défaut d'en-
uragement.

Les poëtes, par la même raison, doivent
être encore plus rares que les autres écri-
ins. On cite cependant un poëte original,
ais paresseux , M. *Allen.* Ce n'est pas le
ême que celui qui a fait l'ouvrage des *Ora-*
es de la raison, ouvrage qui a fait grande
nsation ici. On dit les vers d'Allen pleins

de chaleur et de force. On cite sur-tout
poëme manuscrit, sur le fameux comba
Bunkerhill ; mais il ne veut pas l'imprim
Il a, sur sa réputation et sur l'argent, l
souciance de la Fontaine.

Il n'y a pas bien long temps qu'il existe
un *magasine* ou journal, tandisque le nom
des gazettes y est très-considérable, et tan
que Philadelphie , par exemple, a deux
cellens journaux, qui prouvent qu'on y ai
davantage les sciences, *l'american Musœu*
et le *columbian Magasine.* La multiplic
des gazettes annonce l'activité du commerc
et le goût de la politique et des nouvelles;
bonté et la multiplicité des journaux litt
raires et politiques sont un signe de la cultu
des sciences (1).

_____

(1) On imprime à Boston un almanach pour cet é
intitulé : *Fleets almanack* , qui est très-bien fait ; il con
tous les renseignemens politiques, civils , commerçiau
littéraires, qu'un habitant et qu'un étranger. peuvent dési
Il est dans le genre du *London Calendar*, et supérieu
notre almanach royal. Un pareil livre n'étonne point d
un pays civilisé depuis long-temps ; mais qu'on en ait
dans un pays neuf, et qu'il soit recherché, c'est une pre
de l'intérêt général que chacun prend aux affaires j
bliques.

Vous devez juger, d'après ces détails, que
s arts, autres que ceux qui ont la naviga-
on pour objet, n'y reçoivent pas beaucoup
'encouragement. L'histoire du planétaire
e M. *Pope* le prouve. M. Pope est un ar-
ste très-ingénieux, occupé de l'horlogerie.
a machine qu'il a construite pour expli-
uer le mouvement des cieux, étonne, sur-
ut quand on considère qu'il n'a eu aucun
cours d'Europe et très-peu celui des livres.
se doit tout à lui-même. Il est, comme le
eintre *Trumbull* , l'enfant de la nature
t de la méditation. Dix ans de sa vie ont été
ccupés à perfectionner ce planétaire. Il
voit ouvert une souscription pour se dé-
ommager de ses peines ; la souscription
'étoit pas considérable ; elle n'a jamais été
emplie.

Cet artiste découragé, me dit un jour qu'il
lloit passer en Europe , pour y vendre sa
achine et en construire d'autres. Ce pays ci
st trop pauvre, ajouta-t-il ; il ne peut en-
ourager les arts. Ces mots : *ce pays est
op pauvre* , me frappèrent. Je réfléchis
ue , s'ils étoient prononcés en Europe , ils
ourroient conduire à de fausses idées sur
'Amérique ; car l'idée de pauvreté offre

l'image des haillons , de la faim , et
pays plus éloigné que celui-ci de ce tr
état.

Quand les richesses sont concentrées d:
un petit nombre d'individus, ces derniers (
un grand superflu, et ce superflu, ils p
vent l'appliquer à leurs plaisirs, comm
favoriser les progrès des, arts frivoles
agréables. Quand les richesses sont à-pe
près également réparties dans toutes |
mains, il y a peu de superflus, et par co
séquent peu de moyens d'encourager |
inventions agréables. — Maintenant, de c
deux pays, quel est le pays riche, quel e
le pays pauvre ? — Dans les idées européenn
et dans le sens qu'y donne M. Pope, |
vrai riche est le premier ; — mais, à coup
sûr, il ne l'est pas aux yeux de la raison, e
il n'est pas le plus heureux ; — d'où résult
que la faculté d'encourager les arts de com
modité ou d'agrément, est un symptôme d
calamité nationale.

Ne blâmons point les Bostoniens ; ils so
gent à l'utile, avant de se procurer ! agré:
ble ; ils n'ont pas de brillans monumens (1)

_____

(1) J'ai vu cependant , dans une des églises , un mon

is ils ont des églises jolies et commodes
bonnes maisons; mais ils ont de superbes
nts, des voiliers excellens; mais leurs rues
t éclairées la nuit, lorsqu'il est beaucoup
villes anciennes de l'Europe, où l'on n'a pas
core songé à prévenir les effets funestes
l'obscurité de la nuit.

e vous ai dit qu'ils avoient fondé des so-
tés d'agricultures et de manufactures; ils
ont instituée une autre, sous le titre de
mane society, la société humaine. Son
et est de rendre les noyés à la vie ou
tôt de les arracher à la mort, causée par
norance. Cette société, fondée à l'instar
celle de Londres, qui l'a été elle-même
près celle de Paris, possède et met en prati-
e tous les procédés connus en Europe; elle a
du des secours importans; car vous pensez
n que, dans un port de mer, les accidens
vent être fréquens.

ette société compte environ 153 membres,
contribuent de leur bourse à ses dépenses.
e adjuge des prix à ceux qui, par leurs

---

nt en l'honneur d'un anglois nommé *Vassal*, qui prit le
ti des républicains en 1640, y perdit sa fortune, passa
s le Massasuchett, y fit beaucoup de bien.

efforts, ont sauvé la vie à quelques person
en danger de se noyer , ou qui se hâtent d
donner avis à la société. Elle a fait élever
bâtimens dans trois endroits de la côte, pl
exposés aux naufrages , où l'on adminis
les secours à ceux que la tempête y rejette

La *société médicale* n'est pas moins ut
que celle pour les noyés. Elle entretient d
correspondances dans toutes les campagn
et les villes , afin de connoître les malad
qui s'y déclarent , d'en examiner les sym
tômes et les meilleurs remèdes, et d'en pr
venir leurs concitoyens.

Un autre établissement utile, est celui qu'i
appellent *Alms house*, ou maison d'aumô
Elle est destinée aux pauvres hors d'état d
gagner leur vie , soit à cause de leurs in
firmités , soit à cause de leur âge. On m'
dit qu'elle renfermoit 150 personnes, femme
enfans et vieillards.

La maison de correction ou de travail
workhouse , n'est pas si peuplée , comm
vous le jugez bien. Dans un pays naissant
dans un port aussi actif , où les denrées son
à si bon marché, dans une ville enfin où le
bonnes mœurs règnent, le nombre des mau
vais sujets et des voleurs doit être rare. C'es

vermine qui s'attache à la misère, au
ut de travail, et il n'y a point ici de mi-
, et il y a plus d'emploi que de mains.

e commerce sur tout, et les pêcheries,
entraînent tant d'arts mécaniques à leur
e, y emploient un grand nombre de
s. Il s'élève à une telle prospérité, malles pertes anciennes, malgré les entraves
lui met la jalousie angloise, et malgré
les mensonges des gazetiers anglois,
le change y est au pair avec la Grande-
agne et la France, tandis qu'à New-Yorck,
que je l'app.ends, le change sur Lon-
est à 5 pour 100 de perte pour la pre-
e ville, et qu'elle n'en a point d'ouvert
la France.

pourrois vous présenter ici les tableaux
exportations de cet état industrieux, qui
s prouveroient, combien de branches nou-
es de commerce ses actifs habitans ont
ertes depuis la paix. Mais je les renvoie
ableau général, que je me propose de vous
e, du commerce des Etats-Unis.

n des emplois, qui malheureusement est
ez lucratif dans cet état, est celui d'homme
loi. On y a conservé les formes dispen-
uses de la procédure angloise, ces formes

que le bon sens et l'amour de l'ordre ſe

sans doute supprimer. Elles rendent les

cats nécessaires ; et ils ont aussi empr

de leurs pères, les Anglois, l'habitude (

faire payer très-chèrement leurs honora

Ce n'est pas là le seul mal que les gen

loi causent à cet état · ils se glissent (

toutes les chambres de législature et (

l'administration ; ils y portent leur es

disputeur et tracassier.

Les places du gouvernement et de légi

ture se recherchent, dans les villes, parce (

les gages, qui sont assez considérables, y p

curent de l'argent comptant; dans les cam

gnes, parce qu'elles donnent en outre de

considération.

On se plaint que ces gages sont bien p

forts que ceux qui étoient donnés par le go

vernement anglois. On ne voit pas que

gouvernement et ses créatures savoient b

s'en dédommager par des abus détruits.

Le gouvernement de Massasuchett a u

pounds (1). Celui de Newhampshire n'e

_____

(1) C'est environ 22,000 liv. de notre monnoie pou

chef suprême du pouvoir exécutif dans l'état de Massa

chett, qui compte plus de 500,000 habitans, et qui offre

grande étendue de terrein.

200. Ce dernier état ne dépense pas., pour
liste civile, plus de 2000 pounds.

Cependant malgré les abus de la procédure
des lois, on se plaint peu des hommes de
de cet état. Ceux que j'ai connus m'ont
ru jouir d'une grande réputation d'inté-
té (1), tels que MM. Sumner, Vendell,
ys, Sullivan.

Il se sont sur-tout honorés lors du *tender*
; cet acte, qui autorisoit les débiteurs
ffrir en paiement légitime à leurs créan-
rs un papier décrié. Les juges ont em-
yé tous les moyens, pour éluder cette loi
honorante, et qu'on croyoit nécessitée
les circonstances.

'est en partie à leur philantropie éclairée
n doit cet acte du 26 mars 1788, qui
damne à des peines pécuniaires, toute
sonne qui importera ou exportera des es-
es, ou qui sera intéressée dans ce com-
ce infâme.

---

(1) Il est une circonstance qui a prouvé combien la cor-
ion étoit éloignée des assemblées législatives de ce
. Le Sheriff d'un comté, je ne me rappele plus lequel,
reenleef fut accusé et poursuivi devant la chambre des
aunes, jugé, cassé et puni, quoiqu'il fût très-proche
t du gouverneur actuel.

Tome I.   K

Enfin ils ont eu la plus grande part
succès de la révolution , soit par leurs écr
soit par leurs exhortations, soit en dirige
les affaires au congrès, ou dans les amb
sades.

Rappeler cette époque mémorable , c'
rappeler un des membres les plus fame
de barreau américain , le célèbre Adam
qui , de l'humble poste de maître d'écol
s'est élevé aux premières dignités , dont
nom est aussi respecté en Europe que dans
patrie, qu'il a si bien servie dans les amb
sades épineuses dont il a été chargé. Il
enfin rentré dans ses foyers, au milieu d
applaudissemens de ses concitoyens. Je l
vu près de ses pénates champêtres , retir
à *Brantries* , occupé à cultiver sa ferme, t
oubliant ce qu'il avoit été , quand il foulo
à ses pieds l'orgueil de son roi, qui avoit m
sa tête à prix , et qui étoit forcé de le rec
voir , comme ambassadeur d'un pays libr
Tels étoient , sans doute, les généraux et l
ambassadeurs des beaux âges de Rome et
la Grèce; tels étoient Epaminondas, Cinci
natus , Fabius (1).

_____

(1) Depuis que cette lettre a été écrite , les Etats-U

Il étoit impossible de voir M. Adams,
i connoît si bien les constitutions euro-
ennes, sans parler de celle qui paroît se
parer en France. Je ne sais s'il a mauvaise
nion de notre caractère, ou de notre cons-
ce, ou de nos lumières ; mais il ne croit
qu'elle puisse nous rendre une liberté,
e semblable à celle dont jouissent les
lois (1) ; il ne croit pas même que nous
ns le droit, d'après nos anciens états-
éraux, d'exiger qu'aucun impôt ne soit
li, sans le consentement du peuple. Je
pas eu de peine à le combattre, même
des autorités, indépendamment du pacte
al, contre lequel aucun temps, aucune
cession ne prescrivent.

ubliant et les livres et les cours, M. Adams
vroit alors aux détails de la culture.
mé je lui marquois ma surprise de voir
u de prairies artificielles, et sur-tout
e point retrouver cette luserne, dont la
e et quadruple récolte seconde si bien

érique ont récompensé les travaux et les succès de
dams, en l'élevant à la seconde place de ces républiques,
de vice-président du congrès.

' L'événement a prouvé combien il se trompoit.

K 2

la multiplication de nos bestiaux , il me
pondit qu'il avoit tenté bien des expérier
depuis 25 ans pour la naturaliser , et c
n'avoit pu y réussir. Il attribuoit son
faut de succès aux froids violens de ce
mat; d'autres obstacles y combattent d'au
cultures. il est une espèce de bois infinim
utile pour les vaisseaux et les ameubleme
le locuste ; les vers le détruiso:ent à cen
âge , et on ne pouvoit en élever.

M. Adams se plaignoit , de ce que tou
la fois les terres étoient chères dans les
virons de Boston , et de ce qu'elles ne re
doient pas un profit proportionné. Il por
ce produit à 3 pour 100 , et trouvoit q
valoit mieux placer ses capitaux dans
fonds publics, qui rendoient 6 pour 100.

Il est aisé d'expliquer ce dernier fait. L
terres rapportent peu à celui qui ne les e
ploite pas , et qui les fait exploiter dans
pays , où la main-d'œuvre est chère , et
conséquent où les hommes sont rares. M
les terres produisent bien au-delà de 6 p
100, pour qui les exploite soi-même.

J'étois bien surpris d'apprendre que les ter
coûtassent si cher , lorsque je savois qu'
en avoit tant à vendre, à cause des deux so

'émigrations qui dévastent cet état ; car ,
dépendamment de celle vers l'ouest , on
a assuré que la province du Maine , plus
nord, se peuple aux dépens du Massasu-
ett. On croit même que le moment n'est
s loin, où, plus peuplée , elle se séparera
cet état, pour en former un séparé.
Si l'on émigre hors de cet état , ce n'est
urtant pas faute de terrein à défricher. Les
ux tiers du Massasuchett appelent en vain
s bras ; et , si vous exceptez le Connec-
ut, c'est le sort de presque tous les états.
jettant les yeux sur la grande carte de la
)uvelle-Angleterre, par Evans, vous voyez
e immense étendue de terrein au nord du
assasuchett, entre le New-Hamsphire , et
nouvel état de Vermont; elle est divisée par
arrés numérotés. On y a même marqué la
sition des villes futures (1). Quand seront-
es élevées ? On l'ignore ; on a même lieu
croire que ces vastes pays ne seront ja-
ais habités , malgré les appâts des loteries

(1) J'ai vu avec plaisir, sur une de ces villes, le nom de ce
dlow, qui a joué un si grand rôle dans la révolution
ngleterre de 1640 ; cet homme si digne d'être républi-
par ses vertus et ses lumières.

K 3

qui se renouvellent tous les ans, pour y ati
des habitans.

Je reviens à M. Adams, qui jouissoit dan
ferme, de ces plaisirs purs, que peint Hor
dans sa belle ode : *Beatus ille qui pro*
negotiis, ect. Il n'étoit pas le seul des homm
distingués dans cette grande révolution, q
se livrât à l'obscurité des travaux cha
pêtres. Le général *Heath* étoit un de c
dignes imitateurs du Cincinnatus Romain; q
il n'aime pas les Cincinnati Américains. L
aigle lui paroissoit un hochet qui ne con
noit qu'à des enfans. En me montrant u
lettre de l'immortel Washington, qu'il ch
rissoit comme son père, qu'il révéroit comm
un ange : Voilà, me dit-il, une lettre qu
à mes yeux, vaut les plus beaux cordons
toutes les aigles de l'univers. C'étoit une lett
où ce général le félicitoit sur une missi
qu'il avoit bien remplie.... Avec quelle jou
sance cet homme respectable me montr
toutes les parties de sa ferme ! Comme
paroissoit heureux d'y vivre ! C'étoit un v
fermier. Sa maison n'étoit pourtant pas t
à fait aussi simple que celle de Caton,
qelle, dit Plutarque, n'étoit ni blanchie,
crépie. Un papier simple l'ornoit. Un ve

e son cidre qu'il me présenta, avec cette
anchise, cette bonhommie peinte sur sa phy-
onomie , me parut supérieur aux vins les
us exquis. Je me rappelai ce mot de Curius :
e l'or n'étoit point nécessaire à celui qui
voit se contenter d'un pareil dîner. Avec
tte simplicité , on est digne de la liberté ;
est sûr de la conserver long-temps.

Cette simplicité caractérise presque tous
shommes de cet état, qui ont joué un grand
le dans cette révolution ; tels, entr'autres ;
muel Adams, et M. *Hancock*, le gouver-
ur actuel. Si jamais homme a été sincè-
ment idolâtre du républicanisme , c'est
m. Adams, et jamais on ne réunit plus de
rtus, pour faire respecter son opinion. Il a
cès des vertus républicaines , la probité
acte, la simplicité , la modestie , (1) et
-tout la sévérité ; il ne veut point de ca-
tulation avec les abus ; il craint autant le

(1) Quand je compare nos législateurs modernes avec
r air d'importance , toujours inquiets de ne pas faire
ez de bruit, de n'être pas appréciés assez haut ; quand
les compare à ces modestes républicains, je me défie ,
l'avoue, du succès de la révolution. L'homme vain no
jamais paru loin de la servitude.

despotisme de la vertu et des talens, qu
despotisme du vice. Chérissant, respect
Washington, il votoit pour lui faire ôte
commandement au bout d'un certain ter
Il se rappeloit que César n'étoit parv
à renverser la république, qu'en se fais
prolonger dans le commandement de
armée. L'événement a prouvé que l'ap
cation étoit faüsse, mais c'étoit par
miracle, et il ne faut jamais risquer le sa
de la patrie sur la foi d'un miracle....

Sam. Adams est un des meilleurs souti
du parti qu'a, dans cet état, le gouverne
Hancock. Vous savez les sacrifices prodigie
qu'a faits ce dernier dans la révolution a
tuelle, le courage avec lequel il s'est décla
au commencement de l'insurrection. I
même esprit de patriotisme l'anime encor
une grande générosité, jointe à une va
ambition, voilà son caractère. Il a les ver
et l'adresse du popularisme ; c'est-à-dir
que sans effort, il se montre l'égal et l'a
de tous. J'ai soupé chez lui avec un cha
lier, qui me paroissoit bien avant dans sa far
liarité. M. Hancock est poli, aimable, qua
il le veut ; mais on lui reproche de ne pa
vouloir toujours : alors il a une gou

finiroient point. En général, j'ai retro
par-tout cette hospitalité, cette affabil
cette amitié pour les François, que M. (
tellux a tant exaltées. Je les ai retrouv
sur-tout chez MM. Break, Russell, Go
Barrett, etc. etc.

Vous pensez bien qu'au milieu de ces
moignages d'amitié, j'ai su trouver quelq
momens, pour faire des excursions dans
environs de Boston. Ils sont charmans et b
cultivés; ils offrent les maisons les plus joli
et les plus agréablement situées. Parmi
collines qui environnent cette ville, on d
tingue celle de Bunkerhill. Ce nom vous ra
pele, sans doute, celui d'un des premie
martyrs de la liberté américaine, *Warren*.
devois un hommage à ses mânes généreuse
je m'empressai de le leur rendre. On arri
à Bunkerhill par le superbe pont dont
vous ai parlé. Il communique à Charlesto
ville qui paroît plutôt faire partie de Bosto
que d'être une ville séparée. Elle a été ent
rement brûlée par les Anglois, lors de l'
taque de Bunkerhill, et elle est aujourd'h
presqu'entièrement rebâtie en jolies ma
sons de bois. Vous y voyez le magasin
M. Gorham, qui a été président du congr

Bunkerhill, qui domine cetteville , offre un
es monumens les plus étonnans de la valeur
iéricaine. On ne peut concevoir que 7 à 800
ommes , mal armés , fatigués , qui vencient
e construire , à la hâte , de misérables re-
anchemens , qui n'avoient point ou peu
abitude des armes , aient pu , pendant si
ng temps , résister à l'attaque de milliers
Anglois , frais , disciplinés , qui se succé-
ient. — Cependant telle fut la vigoureuse
sistance des Américains , qu'avant de s'en
ndre maîtres , les Anglois perdirent, en bles-
s ou tués , plus de 1200 hommes ; et obser-
z qu'ils avoient deux frégates qui , croisant
ur feu sur Charleston , empêchoient les
cours d'aborder. Cependant il est très-
obable que les Anglois auroient été obligés
se retirer , si les Américains n'eussent pas
anqué de munitions.

L'ami de la liberté ne peut voir cette scène,
' sont encore des restes de fortification ,
ns donner une larme à la mémoire de
arren , sans partager l'enthousiasme qui
nimoit pour la liberté.

Ces émotions renaissent encore à la vue
u touchant et expressif tableau de la mort
ce guerrier , peint par M. Trumbull, dont.

les talens égaleront peut-être un jour c
des plus fameux maîtres.

Il faut finir cette longue et trop lon
lettre. Combien d'objets sur lesquels j'a
encore à vous entretenir ! La constitutio
cet état, ses impôts, sa dette, ses taxes,
Mais je renvoie ces objets au tableau gén
que j'en ferai pour tous les états.

On porte à plus de ʳoɾ,ɾoo le nombre
têtes p yant l'impôt ; à plus de 200,000
nombre des arpens de terres labourable
340,000 en pâturages ; plus de deux millio
encore en friche. La marine marchande
Boston monte à plus de 60,000 tonneaux.

LETTRE V.

oyage de Boston à New-Yorck, par terre.

9 août 1788.

A distance qui sépare ces deux villes
t d'environ 260 milles (1). Plusieurs per-
nnes se sont réunies, pour établir une es-
ce de diligence ou voiture publique, propre
ransporter régulièrement les voyageurs de
ne à l'autre ville. On change plusieurs fois
voitures dans cette route. Le voyage dure
atre jours en été ; mais les voyageurs sont
)ligés de partir à quatre heures du matin :
naque journée est de 60 à 66 milles. On paye
ar mille 3 sous (2), monnoie de Massasu-
hett ; le bagage paye également 3 sous par
ille au-delà de quatorze livres pesant,
li sont *gratis*.

---

(1) C'est le mille anglois.

(2) Voyez la table des monnoies américaines, à la suite
l'introduction. Le sou de Massasuchett vaut environ
liards de France. — Le schelling ne vaut pas tout-à-
it notre pièce de 24 sous. Il faut 6 schellings 8 sous à
'écu de 6 liv.

Nous partîmes de Boston à quatre heu
du matin, dans une voiture à six plac
suspendue sur des ressorts.

Nous passâmes par la jolie ville de Ca
bridge, dont je vous ai parlé. Le pays no
parut bien cultivé, jusqu'à Weston, où no
déjeûnâmes : de-là nous allâmes dîner à W
chester, à 48 milles de Boston. — Cette vil
est jolie et bien peuplée : l'imprimeur, *Isaï*
Thomas, l'a rendue célèbre dans tout le cor
tinent américain. — Il imprime la plupar
des ouvrages qui paroissent ; et l'on doi
avouer que ses éditions sont correctes et bie
soignées. Thomas est le *Didot* des Etats-Unis

L'auberge où nous eûmes un bon dîner (1)
à l'américaine, est une maison en bois, char
mante, et joliment ornée. Elle est tenue par
M. *Pease,* un des entrepreneurs des dili
gences de Boston. On lui doit des éloges pou
son activité et son industrie ; mais il fau
espérer qu'il changera le plan de ses voitures
en ce qui concerne ses chevaux. Ils sont e

---

(1) Si je cite quelquefois les dîners et les déjeûners,
n'est pas un souvenir de gourmand ; mais c'est po
peindre, d'un côté, la manière de vivre du pays, et
l'autre, pour donner le prix des denrées, tant exagéré p
M. Chatellux.

dés par la longueur et la difficulté des
urses, ce qui les ruine en très-peu de
mps ; et, par une suite nécessaire, la
urse devient plus longue, les voyageurs
rivent plus tard. Il a adopté une mé-
ode infaillible pour tuer ses chevaux ; ses
itures sont tirées par quatre. Au bout de
milles, on change les deux chevaux de
it (1) ; on laisse à la voiture les deux au-
s, qu'on se contente de raffraîchir, et
i, étant obligés de faire encore 15 milles
c deux nouveaux compagnons, frais et ar-
ns, sont nécessairement forcés par eux (2).
Il faut que la communication entre Boston
New-Yorck ne soit pas considérable enre, ou qu'on ne trouve pas un grand avan-
e à y établir des diligences ; car, pour finir

---

1) Je demandai au cocher combien il payoit pour la
sion de ses deux chevaux, qu'il laissoit à la garde du
priétaire d'une maison située au milieu des bois. Il me
qu'il payoit un piastre par semaine pour les deux, ce
est environ 7 s. par jour pour chacun.

2) Je m'apperçus de l'effet de ce mauvais régime, sur ces
vaux, dans un second voyage que je fis à Boston, deux
is après. Ces chevaux, qui, dans le premier voyage,
ient vigoureux et pleins d'embonpoint, me parurent,
i du second, foibles et presque ruinés.

la chaine des diligences jusqu'à New-Yo
M. Pease a été obligé d'établir une voi
depuis Fairfield jusqu'à New-Yorck.

Cet ordre de choses subsistera, aussi l
temps que l'intérieur de Massasuchet n
défrichera pas. Ces défrichemens am
roient l'établissement des communicat
intérieures, et de bons chemins. — Qua
présent, les terres à quelque distance d
mer étant seules défrichées, les denrées
vont au dehors, s'exportent par la mer, e
route n'est ouverte que pour les. voyage
qui préfèrent la voie de terre.

Nous couchâmes la première nuit à Spe
ser : c'est un village naissant, au milieu d
bois. On n'y voit encore que trois ou qua
maisons ; l'auberge n'étoit qu'à moitie bâti
mais tout ce qui étoit fini avoit cet air (
propreté qui plaît, parce qu'il annonce l'i
sance, et ces habitudes morales et délica
qu'on ne soupçonne pas même dans nos v
lages. Les chambres étoient propres, les l
bons, les draps blancs, le souper étoit p
sable; cidre, thé, punch, tout cela pour
schelling et demi, ou 2 sch. par tête : no
étions quatre.

Maintenant, comparez, mon ami, cet or

choses avec ce que vous avez cent fois
rouvé dans nos auberges françoises ; cham-
es sales et hideuses, lits infectés de punai-
s, ces insectes que Sterne appeloit des ha-
tans légitimes des auberges, si toutefois,
t-il, une longue possession est un droit ;
aps mal reblanchis, et exhalant une odeur
tide, mauvaises couvertures, vin presque
ujours frelaté, et tout au poids de l'or ;
mestiques avides, qui ne sont complaisans
'en raison de l'espoir que leur fait naître
tre équipage, rampans envers le voyageur
che, insolens envers celui qu'ils soupçon-
nt dans la médiocrité : voilà le tourment
ernel des voyageurs en France. Joignez-y
crainte d'être volé ; les précautions qu'il
ut prendre chaque nuit pour prévenir le
l ; tandis que, dans tous les Etats-Unis,
us voyagez, sans craintes comme sans
mes (1), et que vous reposez tranquille-
ent au milieu des bois, dans des chambres

---

(1) Je voyageois avec un François qui, croyant avoir
aucoup à craindre dans un pays sauvage, s'étoit muni
pistolets. Les bons Américains sourirent à sa précaution,
lui conseillèrent de les renfermer dans sa malle. Il eut le
n esprit de les croire.

Tome I.

ouvertes ou des maisons fermées sans
rures. Et jugez maintenant quel est le
qui mérite le nom de civilisé, et qui
le plus l'aspect du bonheur général.

La propreté, vous le savez, mon ami
le signe de la propriété, de l'aisance,
l'ordre, et par conséquent du bonheur.
voilà pourquoi vous la trouvez par-tout c
les Américains, jusques dans les plus pet
choses. Avez-vous observé, dans nos cam
gnes, l'endroit où hommes et femmes v
satisfaire leurs besoins ? C'est le plus souv
un trou creusé dans un jardin en plein a
décence et organe de l'odorat, tout y
blessé. Avez-vous observé ce même endr
chez nos délicats Parisiens, chez les gran
seigneurs même, qui s'imaginent suppléer
la propreté par le luxe ? Je frissonne enco
en pensant à tous ces usages dégoûtans. I
bien, comparez-les avec ceux des Américai
même des forêts ; il n'est pas de maison is
lée au milieu des bois, où vous ne voyie
au milieu ou dans un coin du jardin, à
ou 40 pas de la maison, une cabane tr
propre, souvent même ornée, destinée à cet
opération. On y trouve, dans toutes,
siège plus bas pour les enfans ; attenti

aternelle, qui prouve combien on s'occupe
; des plus petits détails d'éducation. Nos
élicats souriront dédaigneusement à cet
rticle; mais vous êtes philosophe, mon ami,
_ vous vous rappelerez ce politique qui ju-
eoit, et la bonté d'un gouvernement, et le
alheur du peuple, par les excrémens qui
fectoient les rues.

Nous quittâmes Spenser à 4 heures du
atin : nouvelle voiture, nouvel entrepre-
eur. C'étoit une voiture sans ressort, une
pèce de chariot; le propriétaire nous con-
uisoit lui-même. Un François qui voyageoit
ec moi, commença, dès la première secousse
'il ressentit, à maudire la voiture, le con-
ucteur, le pays. Attendons, lui dis-je, pour
ger; chez un peuple barbare, et à plus
rte raison, chez un peuple civilisé, chaque
age doit avoir sa cause. Il y a, sans doute
e raison pour laquelle on préfère un cha-
ot à une voiture suspendue. Je n'avois pas
rt. Qnand nous eûmes parcouru 30 milles
u milieu des rocs, nous fûmes convaincus
u'une voiture à ressorts y auroit été bien
romptement versée et brisée (1). J'admirai

(1) J'en vis la preuve dans un second voyage que je fis.
ne voiture, qui nous suivoit, cassa.

L 2

l'adresse de notre conducteur, et mêm
chevaux ; ils retiennent parfaitement dan
descentes les plus rapides. En considé
la hauteur de la première, j'imaginai q
enrayeroit ; mais on n'enraya point, (
n'ai point trouvé cette coutume en Améri
Encore une fois, chaque usage a sa ca
Ici elle me parut sensible. Les descentes
plus rapides, comme celle de *Horse-ne*
dont je parlerai ci-après, sont entre coup
de rochers, et couvertes de pierres qui a
tent les voitures, et suppléent l'enrayeme

Il est une observation générale à faire ;
le chemin qui conduit de Boston à Ne
Yorck, et en général sur les chemins de co
munication entre les différens états. Ils date
presque tous de la paix de 1783. Le ministé
anglois, pour écarter leur correspondanc
qui lui donnoit de l'ombrage, avoit soin (
rendre difficile la communication entr'eu
et ne donnoit en conséquence aucune atte
tion aux chemins. Il portoit encore plus lo
cette infernale politique ; il semoit des jalo
sies et des divisions entr'eux, nourrissc
leurs préjugés réciproques, et encourage(
les haines par des dénominations de mépi
on des sobriquets, comme celui de *Yanke*

onné aux habitans de la nouvelle Angle-
erre.

On doit donc excuser le chemin pierreux
, rocailleux de Boston à New-Yorck, quand
n réfléchit que c'est l'ouvrage de quelques
nnées ; et il est réellement étonnant, qu'au
ilieu de tant d'occupations qui appelent
es habitans de Massasuchett; qu'au milieu
e la disette d'hommes et du numéraire, on
it, en si peu de temps, pu pratiquer le che-
in, tel qu'il est. On parcourt environ 60 à
o milles entre des rocs qui , pour être pra-
icables, ont dû offrir des difficultés incroya-
les. On m'assura qu'un citoyen fort riche
offert de le rendre, moyennant 50,000
iastres ou 250,000 liv., entièrement prati-
able, bon et presque uni par-tout, ce qu'on
ppele en Angleterre *turnpike road*, ou *che-
in à barrières*. Cette somme me paroît lé-
ère en la comparant à l'ouvrage à faire.
ependant je ne doute point que quelque jour
e projet, ou une autre, ne s'exécute : la na-
ure du terrein en favorisera l'entreprise :
'est par-tout, ou sable , ou gravier, ou roc.

Les voyageurs sont bien dédommagés de la
fatigne de cette route, par la variété des sites
romanesques , par la beauté des vues qu'elle

L 3

offre à chaque pas, parle contraste perpé
de la nature sauvage et de l'art qui lutte co
elle. Ces vastes étangs qui se perdent au
lieu des bois ; ces ruisseaux qui arrosent
prairies nouvellement arrachées à la nat
inculte ; ces jolies maisons éparses au mil
des forêts, et renfermant des essaims d'enf
joyeux, bien portan bien vêtus ; ces cham
couverts de troncs dont on confie la d
truction au temps , et qui se cachent
milieu des épis de bled d'Inde ; ces mo
ceaux énormes d'arbres renversés par le ven
à moitié pourris, de branches enfumées ; c
chênes qui conservent encore l'image de le
vigueur ancienne , mais qui , sciés par
pied, n'élèvent plus au ciel que des rameau
nuds et desséchés, et que le premier cou
de vent doit porter à terre : tous ces ot
jets , si nouveaux pour un Européen , l
frappent, l'absorbent, le plongent dans un
rêverie agréable. La profondeur des fe
rêts , l'épaisseur et la hauteur prodigieu
des arbres , lui rappelent le temps où c
pays n'avoient d'autres habitans que les sa
vages.—Cet arbre antique en a vu sans doute
ils remplissoient ces forêts. Il n'en exis
pas un seul ; ils ont fait place à une aut

nération. Maintenant le cultivateur ne
aint plus leur vengeance ; son fusil, dont
trefois il s'armoit en labourant, reste
iintenant suspendu dans sa maison. Seul,
milieu de ces vastes forêts, n'ayant au-
ur de lui que sa femme et ses enfans, il
rt, il travaille en paix; il est heureux. Si
bonheur doit habiter quelque part, c'est
en dans ces solitudes, où l'orgueil de
omme n'étant stimulé par rien, il ne peut
ncevoir de vues ambitieuses : son bonheur
pend de lui seul et de ce qui l'entoure.
Telles étoient les idées qui m'occupèrent
ndant la plus grande partie de mon voyage.
les furent remplacées par d'autres, d'un
nre bien différent, que fit naître la vue de
s maisons solitaires, qu'on trouve de deux
illes en deux milles, dans les forêts silencieu-
s du Massasuchett. La propreté les embellis-
it toutes. Toutes divisées, comme les mains d'Angleterre, ayant un étage et souvent
s greniers, étoient parfaitement éclairées;
papier en ornoit les murs. Le thé et le
fé paroissoient sur la table. La toile des
des paroit la fille de la nature ; et ce qui
e ravissoit sur-tout, les visages portoient
empreinte de l'honnêteté, de la franchise,

L 4

de la décence ; vertus qui suivent touj
l'aisance. Presque toutes ces maisons étc
habitées par des hommes tout à la fois la
reurs, artisans, et marchands. Ici, c'éto
cordonnier ; là, un tanneur ; ailleurs, un
gasin de marchandises d'Europe et des In
Les boutiques sont toujours, dans les can
gnes, séparées des maisons. Cette distinc
prouve le goût de la propreté, le res
qu'on porte à la vie domestique, et aux f
mes ; car les hommes qui ont besoin
l'ouvrier, n'ont, par cette distribution,
rapports qu'avec lui.

Les boutiques, encore plus dans les ca
pagnes que dans les villes, sont assorties
toute espèce de marchandises. Vous y trou
à la fois des chapeaux, du fer, des cloux,
liqueurs, etc. Cet ordre de choses est néc
saire dans des établissemens qui comm
cent ; et il est à desirer que ce comme
de détail ne se divise pas. La division, d
les villes, prouveroit qu'elles se peuple
qu'il y a assez de consommateurs pour
cuper chaque profession, chaque négo
et ce seroit un mal ; car le commerce de
tail, si utile quand il s'associe avec les
vaux de la terre, et qu'il n'en dispense

e commerce devient dangereux, si ceux
ui l'exercent, vivent uniquement sur leurs
énéfices, aux dépens de la culture; l'amour
u gain les conduit à la mauvaise foi, le gain
la multiplication des jouissances, l'oisi-
eté à des goûts dangereux; en un mot,
eur morale s'altère, et ils altèrent la morale
énérale qui accompagne la culture; et dans
n pays, où il y a tant encore à défricher, il
aut se garder d'affoiblir le goût de la cul-
ure.

On ne croit pas que le tiers du Massasu-
hett soit encore défriché. Eh! quand le
era-t-il entièrement? Il est difficile d'en
révoir le moment, en considérant les émi-
rations dont j'ai déjà parlé. — Si tout ce
rrein n'est pas défriché, il est au moins
visé, et les propriétaires ont soin de ren-
rmer leurs propriétés par des barrières ou
nces, qui entourent même les forêts. Il y
a de différentes sortes, et la nature de
s barrières annonce le degré de culture
u pays.

Il y en a qui sont construits avec des bran-
ıages: ceux-là sont les moins solides; d'au-
es, avec des arbres entiers, couchés les
s sur les autres; une troisième espèce

consiste en quatre morceaux de bois,
de douze pieds environ , s'appuyant les
sur les autres , en faisant angle à leur
trémités ; une quatrième espèce est co
sée de morceaux de bois bien travaillés
emboités dans des tenons. Les barrières
défendent les jardins, sont semblables à c
des campagnes d'Angleterre. Enfin , la
nière espèce est en pierres entassées
hauteur d'un ou deux pieds. — Cette
nière barrière est plus durable et moins c
teuse : on la trouve sur-tout dans le M
sasuchet.

La gradation de la bonté de ces divers
barrières , est un signe du prix du terre
Quand il a une valeur , on cherche à le défe
dre mieux des invasions, non des homme
mais des animaux ; et quoiqu'il ne produi
pas encore, on fait, pour le garantir, des d
penses stériles pour le moment , mais c
doivent produire un jour.

A juger , par la bonté de ces barrières,
prix des terres, on voit que celles de la Pe
sylvanie, par exemple, ont une valeur su
rieure à celles du Massasuchett.

Je continue mon voyage.

De Spenser à Brookfields , on compte

les ou environ; nous y arrêtâmes pour
jeûner. Le chemin est bon jusqu'à cette
rnière ville.

Une ville, comme vous le savez, mon
·, désigne, dans l'intérieur de l'Amé-
ue, un espace de terrein de 8 à 10 milles,
sont éparses 5o, 100, 200 maisons. Cette
ision en villes est nécessaire pour pouvoir
sembler, lors des élections, les habitans
séminés sur un vaste terrein. Si elle n'exis
t pas, ils iroient tantôt à une assemblée,
tôt à une autre; ce qui entraîneroit un
nd désordre, et l'impossibilité sur-tout de
r la population d'un canton, qu'on doit
arder comme l'unique et vraie base de la
ision : aussi la division exacte des terreins
it-elle être une suite nécessaire d'une cons-
ution libre. Aucun peuple n'a porté sur ce
int autant d'attention que les Américains.
La situation de Brookfields est pittoresque.
attendant le déjeûner, je lus la gazette et
journaux. Ces gazettes y sont apportées
r les diligences qui vont et viennent. C'est
canal qui distribue sur la route toutes les
nrées des ports.

Le déjeûner consistoit en thé, café, vian-
s grillées, rôties, etc., et coûta dix sous,

monnoie de Massasuchett, à chaque voy.

Le chemin qui sépare *Brookfields* de *lebraham plains*, est entièrement au des rocs, et environné de bois.

Nous arrêtâmes à une maison qui se, presque seule au milieu des bois : n changeâmes de diligence. Une voiture pée et bien suspendue, attelée unique de deux chevaux, parut, et remplaça lourd chariot. Malheureusement nous é c'nq, et je ne concevois pas comment pourrions tous loger dans cette voiture sienne. Nous insistâmes pour en avoir autre. Le conducteur nous répondit qu'i en avoit point, que nous serions très-b et que nous irions rapidement avec chevaux. Il fallut se soumettre. Nous fû donc entassés ; le postillon partit comm éclair, et, après deux ou trois cens pa se tourna de notre côté, en ricanant, e nous demandant s'il n'avoit pas eu ra Effectivement le chemin étoit uni et rou quoique toujours au milieu des bois. Il conduisit, en moins de cinq quarts-d'he à *Springfield*, qui est à 10 milles de là. (route nous parut véritablement enchai il me sembloit voyager dans cette belle

palais-Royal, qui n'existe plus que dans
re souvenir.

e recherchai pourquoi cet homme ne
loit avoir qu'une voiture si génante ,
l me l'expliqua. — Beaucoup de voya-
s, qui viennent de New-Yorck , s'arré-
à *Newhaven*, ou dans d'autres endroits
onnecticut. Cet homme calculoit qu'en
etenant une voiture à quatre chevaux,
ent elle ne seroit pas remplie ; qu'il·
n coûteroit davantage, et qu'il en tire-
moins de profit. J'ai peu vu d'hommes
si alertes , aussi vifs, aussi industrieux,
ependant il étoit patient. Dans les deux
ages que j'ai faits dans cette partie du
sasuchett, j'ai entendu des voyageurs lui
des choses très-dures ; il ne répondoit
t, ou répondoit en donnant de bonnes
ns. J'ai vu la plupart des hommes de la
e profession , tenir, en pareil cas, la
e conduite, tandis qu'une seule de ces
res eût, en Europe, occasionné des que-
es sanglantes. Ce fait me prouve que,
un pays libre, la raison étend son em-
dans toutes les classes.

ringfield, où nous dînâmes, est une ville
que à l'européenne , c'est-à-dire que les

maisons sont très-rapprochées les un
autres. Il y a, sur la colline qui domine
ville, des magasins à poudre, de muniti
d'armes, appartenant à l'état de Massasu
Ce sont les magasins dont le rebelle S
voulut s'emparer, et qui furent heureuse
défendus par le général *Shepard* (1).

Nous partîmes après dîner pour Hart
Nous passâmes, dans un bac, la rivière
arrose les environs de Springfield.

La forme des bacs n'est pas toujou
même sur toutes les rivières d'Améri
Ceux de Pensylvanie sont, en général,

. (1) On jugeoit, lors du second voyage que je fis
ces quartiers, à la cour de justice, qui se tenoit dans
ville, un procès qui avoit rapport à cette insurrectio
Un habitant avoit été blessé en attaquant les insurg
il poursuivoit celui qui l'avoit blessé, pour le faire
damner en des dommages-intérêts. — La cour géné
avoit, il étoit vrai, accordé un acte d'amnistie à tou
insurgens ; mais le blessé soutenoit que cet acte ne
prenoit point son droit, son action. Je n'ai pu savoir
a été le jugement de la cour. Comme je m'arrêtai un
tant dans la salle ; un des juges, M. Sumner, dont j'ai
cité le nom, m'offrit très-poliment de monter à un b
destiné, je crois, pour les avocats. Je refusai, ne po
m'arrêter, cette politesse que les juges font, en gén
aux étrangers.

ges bateaux, qui peuvent aisément con-
ir une voiture à quatre chevaux. Ils vont
ames, quelquefois à voiles.

ur la rivière de Stamford, le bac est un
eau à fond rond, qui ne peut contenir
 voiture. Pour la transporter, on en
ache les chevaux, on la roule sur deux
nches mises en travers du bateau, on
rête sur ces planches avec des pierres
es sous les roues; elle est alors en équi-
e : mais le moindre coup de vent ou un
re accident, peut la renverser dans la
ère. Les hommes et les chevaux passent
s un autre bateau. Je ne doute point
 ce bac incommode, qui fait perdre
ucoup de temps, qui expose les voitu-
, qui force à employer deux bateaux et
tre hommes, ne soit bientôt remplacé
un autre plus simple, plus sûr et moins
teux.

e demandai pourquoi on se servoit de
te sorte de bateau. On me dit qu'autre-
on avoit un bac plat; que dans un
p de vent, il fut renversé, et que plu-
rs personnes périrent. L'assemblée de
at ordonna que, dorénavant, il seroit à
d rond : malheureusement on ne l'a pas

fait assez grand pour contenir des voi
On m'assure qu'à la session prochain
se propose de solliciter une loi pour
un bac plus commode.

J'ai vu, sur la rivière de Merrimak,
le Newhamsphire, une autre manié
transporter les cabriolets. On les fait a
par la poupe; les brancards sont dans
teau, les roues sont dans l'eau.

C'est en considérant les inconvéniei
ces bacs, qu'on sent l'utilité des ponts
On paye moins pour le passage; o
perd pas de momens; on passe en
temps, en toute saison; on n'est pas o
de descendre de voiture, et de s'expos
la pluie, au froid ou à la chaleur du sol
car c'est nne autre observation que je
faire; les voyageurs prudens descenden
voiture pour passer les bacs, et ils
raison : s'il arrive un accident, on a, l
de la voiture, certainement plus de chanc
pour se sauver.

Dans la route de Boston à New-Yo
on est obligé de passer quatre ou cinq b
les passagers sont forcés de payer, quoi
la voiture soit abonnée. C'est une vexa
que les entrepreneurs devroient épar

ux voyageurs, qui sont toujours prêts à
upçonner qu'ils sont trompés, et qui font
ɔs difficultés. — Rien de ce qui peut rendre
s voyages et les communications faciles,
e doit être négligé.

J'ai passé deux fois à Hartford, et toujours
ns la nuit; en sorte que je ne puis en faire
e description exacte. Cette ville m'a paru
nsidérable : c'est une ville *rurale*; car la
ɯpart des habitans en sont agriculteurs ·
ssi l'aisance y règne-t-elle par-tout. On la
ʒarde comme une des plus agréables du
nnecticut, pour la société. C'est la patrie
ın des hommes les plus respectables des
ats-Unis, du colonel *Wadsworth*. Il y
ɯit d'une fortune considérable (1), qu'il
it entièrement à ses travaux, à son indus-
·e. Parfaitement versé dans la culture,
ns la connoissance des bestiaux, dans le
mmerce des Indes orientales, ayant rendu
ɔ plus grands services aux armées améri-
ines et françoises dans la dernière guerre,
ein de qualités et de vertus, généralement
mé et estimé, il les couronne toutes par une

---

1) On apprécie cette fortune entre 60 et 80 mille livres
lings.

Tome I.   **M**

modestie singulière. Son abord est franc
physionomie ouverte et son discours simp
aussi ne peut-on s'empêcher de l'aime
quand on le voit, et sur-tout quand on p
le connoître à fond. Je rends ici l'impress
qu'il m'a faite.

M. Chatellux, en faisant l'éloge de
respectable Américain, est tombé dans u
erreur que je dois relever. Il dit (1) qu
a fait plusieurs voyages à la côte de G
née. Il est incroyable que cet écrivain
persisté à imprimer ce fait, malgré la prié
que lui avoit faite le colonel Wadswor
de le supprimer. — « Avancer que j'ai fa
le commerce de Guinée, c'est faire ente
dre, me disoit-il, que j'ai fait la traite de
noirs : or, j'ai toujours eu la plus grand
horreur pour ce commerce infâme. J'avoi
prié, m'ajoutoit-il, M. Chatellux de sup
primer, dans l'édition de ses voyages qu'il
publiés en France, ce fait, ainsi que d'autr
erreurs qui m'avoient frappées dans son éd
tion américaine de cet ouvrage; et je ne pu
concevoir pourquoi il n'a rien rectifié ».

_____

(1) Voyages dans l'Amérique septentrionale , par
Chatellux, tom. 1 , p. 25.

Les environs de Hartford offrent la cam-
agne la mieux cultivée ; des maisons jolies,
légantes ; de vastes prairies, couvertes de
roupeaux de vaches et de bœufs, qui sont
'une grosseur énorme, et qui fournissent
s marchés de New-Yorck et de Philadel-
hie même. On y voit des moutons sembla-
les aux nôtres, mais qui ne sont pas, comme
s nôtres, surveillés par un berger, ou tour-
entés par des chiens. On y voit des truies
une grosseur prodigieuse, toujours entou-
es d'une nombreuse famille de cochons,
ant au cou des triangles de bois, inventés
)ur les empêcher de passer au travers des
rrières qui entourent les champs cultivés.
es dindons, les oies sur-tout y abondent,
nsi que les pommes de terre et les autres
gumes : aussi les denrées de tout genre y
nt-elles excellentes et à bon marché. Les
uits seuls n'y partagent pas cette bonté
niverselle, parce qu'ils sont moins soignés :
s pêches y sont en abondance, mais détes-
bles. Les pommes servent à faire le cidre,
t on en exporte une grande quantité.

Peindre les environs de Hartford, c'est
eindre le Connecticut, c'est peindre les en-
irons de Middletown, de Newhaven. La

M 2

nature et l'art y déploient tous leurs tré
c'est véritablement le paradis des États-l
M. Crevecœur, auquel on a tant repr
de l'exagération, est même au-dessous (
vérité, dans sa description de ce pays.
lisez son charmant tableau et cette lec
suppléera ce qu'il scroit inutile de rép
ici.

Cet état doit tous ses avantages à sa si
tion. C'est une plaine fertile, encaissée (
deux montagnes, qui rendent, par terre
communication difficile avec les états
sins, qui, par conséquent, éloignent
craintes et les dangers. Il est arrosé par
superbe rivière du Connecticut, qui se
charge dans la mer, et dont la navigation
par-tout sûre et facile. L'agriculture étant
base des richesses de cet état, elles sont p
également réparties; il y a plus d'égali
peu de misère, plus de simplicité, plus
vertus, plus de ce qui constitue le répu
canisme.

Le Connecticut semble une ville co
nuelle. En quittant Hartford, nous entrâ
dans Weatherfields, ville qui n'est pas m
jolie, très-longue, et couverte de mais
bien bâties. On me dit qu'elle avoit vu na

e fameux *Silas Deane*, un des premiers
oteurs de la révolution américaine. De
aitre d'école dans cette place, élevé au rang
'envoyé du congrès en Europe, il a depuis
té accusé d'avoir trahi cette cause glorieuse.
st-ce à tort ou avec raison? Il est difficile
e se décider; mais cet Américain a été long-
emps malheureux à Londres; et c'est peindre
a bonté d'ame des Américains, que de ra-
onter que ses meilleurs amis et ses bienfai-
eurs sont encore des anciens whigs améri-
ains (1).

On me montra, à Weatherfields, la maison
'un cordonnier, lequel, il y a quelques an-
ées, tua sa femme, son enfant, et se tua
ui-même. On le trouva couché sur leurs
orps. Cet homme avoit fait des pertes, croyoit
e pouvoir les réparer. Résolu de périr, et
e voulant pas laisser sa femme et son enfant
ans la misère, il partagea la mort avec eux.
et exemple de suicide est unique dans ce
pays, car l'aisance y règne; il n'a pu être
donné que par un homme d'un tempérament
mélancolique et sombre.

Pendant mon séjour en Amérique, j'enten-

---

(1) Il y est mort depuis dans la misère.

M 3

dis parler d'un autre suicide à Boston,
mis par une jeune personne, que des cir
tances malheureuses avoient réduite à
entre le déshonneur et la mort. L'impres
que cet événement fit sur tous les esprits
discours qu'il occasionna , me prouvé
combien peu l'on étoit accoutumé à ces
loureux accidens, qui , presque toujo
déposent plus contre l'organisation des
ciétés, que contre le bon sens des victim

Weatherfields est remarquable par
champs immenses , uniquement couv
d'oignons, dont on exporte une prodigiei
quantité aux Indes orientales , et par s
élégante *meetinghouse*, ou église. On dit q
le dimanche, elle offre un spectacle encha
teur, par le nombre de jeunes et jolies p
sonnes qui s'y rassemblent, et par la musiq
agréable dont on y entre-mêle le service divi

New haven ne le cède point à Weatherfie
pour la beauté du sexe. Aux bals qui y o
lieu pendant l'hiver, en dépit de la rigid
puritaine (1) , il n'est pas rare d'y voir u

_____

(1) Les personnes qui ont voyagé et résidé dans le C
nectîcut avant la révolution, trouvent aujourd'hui un gr
changement dans les mœurs. Il y a bien plus de sociab

entaine de filles charmantes, ornées de ces
rillantes couleurs qu'on rencontre peu, lors-
u'on avance vers le midi, et habillées avec
ne élégante simplicité.

La beauté du sang est aussi frappante dans
'état de Connecticut, que sa population nom-
reuse. Vous ne descendez point dans une
iverne, sans y rencontrer par-tout la pro-
reté, la décence et la dignité. Les tables y
ont souvent servies par une jeune fille dé-
ente et jolie, par une mère aimable, dont
âge n'a point effacé l'agrément des traits,
t qui conserve encore sa fraîcheur ; par des
ommes qui ont cet air de dignité que donne
idée de l'égalité, et qui ne sont pas ignobles
+ bas, comme la plupart de nos aubergistes.

Sur la route, vous rencontrez souvent de
es belles filles du Connecticut, ou condui
ant un cabriolet, ou seules, à cheval, galo-
ant hardiment, avec un chapeau élégant
ur la tête, le tablier blanc, et la robe de
oile peinte ; usages qui prouvent tout à la
ois la précocité de leur raison, puisque, si
eunes encore, on les confie à elles-mêmes,

---

de gaieté ; cependant on craint encore d'y voyager le
manche.

M 4

la sûreté des chemins , et l'innocence
rale. Vous les rencontrez , se hasardant
et sans protecteurs dans les voitures
ques. — J'ai tort de dire se *hasardant*
pourroit les offenser? Elles sont ici s
protection des mœurs publiques et de
innocence; c'est la conscience de cett
nocence , qui les rend si complaisant
si bonnes ; car un étranger leur pre
main , la serre, rit avec elles , sans qu'
s'en offensent.

S'il est encore d'autres preuves de la p
périté du Connecticut, c'est le nombre
maisons nouvelles qu'on bâtit; vous en t
vez peu , mais bien peu en décadence ; c
encore la quantité de manufactures rura
qu'on y élève de tous les côtés , et dont
parlerai ailleurs.

Cependant, dans cet état même , il
beaucoup de terres à vendre. Quelle en
la raison ? Une des principales est le g
pour l'émigration à l'ouest. Le desir de tr
ver mieux a empoisonné les jouissar
même des habitans du Connecticut. Peut-
ce goût vient-il encore de l'espoir d'écha
aux taxes, qui, quoique légères et pres
nulles en comparaison des taxes de l'Euro
paroissent très-lourdes : peut-être vien

nfin de la cherté des terres : je dis cherté,
n en comparant le prix à celui des terres
ouvelles ; et il ne doit point paroître éton
ant que les hommes se multipliant rapide-
ent, beaucoup d'entr'eux émigrent d'un
ays où ils se trouvent déjà trop resserrés.

C'est dans cet état du Connecticut que je
encontrai, dans mon second voyage, plu-
ieurs familles venant du New-Hampshire,
ui s en alloient lestement au Kentucket.
'avant-garde étoit composé de deux jeunes
emmes à cheval, et d'un jeune homme qui
es accompagnoit ; elles étoient fraîches et
igoureuses, décemment habillées ; elles
lloient en avant pour préparer les logis. Une
eure après, parut le corps d'armée ; il con-
istoit en deux charriots, remplis d'enfans,
ui jouoient sur des matelas, environnés
'ustensiles de ménage. Ils étoient surveillés
ar une vieille femme. A côté des voitures,
marchoient de jeunes femmes et des enfans
plus grands. Où allez-vous, leur demandai-
je? Sur l'Ohio, nous répondoient-ils gaiement.
Nous leur souhaitâmes, de bon cœur, un heureux voyage. Ils avoient à parcourir 1100
milles avant d'arriver au port desiré.

On sent que tout doit favoriser le goût pour

l'émigration , dans un pays tel que les
Unis. Les émigrans sont sûrs de trouv
tout des frères , des amis qui parlen
langue, qui admirent leur courage. Il
'sûrs de trouver au pays qu'ils cherc
des hommes qui les accueilleront , les
'ront. Les vivres sont d'ailleurs à bon c
sur toute la route ; ils n'ont à crain
visites , ni péages , ni droits , ni vexe
des officiers de maréchaussées , ni vol
ni assassins. Ici l'homme est libre co
l'air qu'il respire. Le goût , pour l'ém
tion , est tous les jours augmenté par
nonce répétée dans tous les papiers de
verses familles émigrantes , et du bas
'des denrées dans le territoire de l'ou
L'homme est moutonnier par-tout. Il se
Un tel a réussi ; pourquoi ne réussirai-je
Je suis peu ici , je serai plus sur l'Ohio
travaille beaucoup ici ; je travaillerai m
là-bas. Nous demandâmes à ces bonnes
la raison de leur émigration. Ah ! messie
nous dirent-ils , il fait si froid dans le N
Hampshire , nous ne pouvons nourrir nos
tiaux dans l'hiver. Ils avoient raison pou
froid , ils avoient tort d'un autre côté.
aura des vivres pour les bestiaux , quan

donnera de la peine pour en avoir , pour
ltiplier les prairies artifi⌣ielles , les ra-
es (1) ; mais l'Américain ne veut pas se
ner tant de peine.

ϱ reprends mon voyage. Avant d'arriver à
dletown , où nous déjeûnâmes , nous
étâmes sur la montagne qui domine cette
e , et l'immense vallée où elle est bâtie.
st un des plus beaux, des plus riches points
ue que j'aie été à portée d'admirer en Amé-
e. Je ne pouvois me rassasier de la va-
é des scènes que ce paysage m'offroit.
ldletown est bâti comme Hartford ; rues
es, arbres des deux côtés, maisons jolies.
ous changeâmes de chevaux et de voi-
e à Durham ; et après avoir admiré une
le de sites pittoresq⌣es , nous vînmes di-
à Newhaven. Son université jouit d'une
nde célébrité dans ce continent. Son port
est très-fréquenté ; la société y est , dit-
, infiniment agréable. Newhaven a pro-
t un poëte célèbre , *Trumbull* , auteur
l'immortel poëme de *Macfingal* , qui ri-
se, s'il ne surpasse pas en fine plaisan-

1) J'ai vu, par exemple, dans un jardin du New-Hamp-
e, des racines de disette qui pesoient de 8 à 10 livres.

terie, le fameux *Hudibras*. — Le
Humphreys, dont M. Chatellux a tra
poëme estimé en Amérique, est au
dans cette ville. Le collége est présidé
savant respectable, M. *Stiles*.

Il fallut quitter cette charmante vil
arriver au gîte du soir, qui nous étoit
à Fairfield. Nous passâmes ce bac i
mode de Stratford, dont j'ai déjà
Assaillis ensuite par un orage violent,
en fûmes assez bien garantis dans la vo
par un double rideau de cuir qui s'att.
endehors : le cocher ne voulut point ar
et, quoique percé par la pluie, il con
sa route par la nuit la plus obscure. L
nous préserva d'accident, et j'en fus ét

Nous passâmes la nuit à Fairfield,
malheureusement célèbre dans la der
révolution. Elle éprouva toute la rage
Anglois, qui la brûlèrent. On voit encor
vestiges de cette fureur infernale. La
part des maisons sont rebâties ; mais
qui l'ont vue avant la guerre, regretter
ancien état, l'air d'aisance et même c
lence qui la distinguoit. On me montra
du plus riche habitant, où étoient acc
tous les gens en place, tous les voya

distinction , où avoit été plusieurs fois
l'infâme *Tryon* qui commandoit cette
édition de Cannibales. Oubliant toute
onnoissance , tout sentiment d'honnêteté
d'humanité , il traita avec la dernière ri-
ur la maîtresse de cette maison, qui l'avoit
ı comme un ami; et après lui avoir donné
arole de respecter sa maison , il y fit
tre le feu.

Fairfield finit l'agrément de notre voyage.
uis cette ville jusqu'à Rye , pendant 33
les , nous eûmes à lutter contre les ro-
rs , les précipices. Je ne savois lequel
irer le plus , ou de la hardiesse du con-
teur, ou de son adresse ; je ne conçois
comment vingt fois il ne brisa pas la
ture , comment ses chevaux pouvoient se
enir , en descendant *des escaliers de ro-*
rs ; je dis *escaliers ,* et le mot n'est point
géré. Il est un de ces rochers ou précipice
arquable , qu'on appelle *Horseneck* , et
offre une chaîne de rocs en pente : si les
vaux glissoient , la voiture culbuteroit
s une vallée de 2 à 300 pieds de profon-
r.

e précipice effrayant a été témoin d'un
e d'intrépidité du général le plus hardi

qu'ait produit l'Amérique ; je parle du
néral *Putnam*. Pour le bien concevoir
faut se faire une idée du terrein. Imagi
un plateau., à l'extrémité duquel est
église, qui domine sur une vallée presq
pic. Pour la commodité des gens de pie
venant de la vallée à l'église , on avoit p
tiqué , dans l'endroit le plus rapide de
pente , une centaine de marches en pien.
Mais pour arriver de la vallée à ce platea
les chevaux et les voitures étoient obli
de suivre une spirale, longuement prolon
autour de la montagne. Putnam étant a
une centaine de chevaux , fut surpris à p
de distance de *Horseneck*, par le gouverne
Tryon , qui le poursuivoit vigoureusemen
à la tête de 1500 hommes. Arrivé à l'ex
mité du plateau, il vit que, s'il suivoit le ch
min ordinaire , il seroit infailliblement a
teint par les Anglois. Résolu de périr ou
se sauver, il prit sur le champ son parti;
se précipita avec son cheval du côté de l'é
calier de pierre. Soit bonheur , soit l'habitu
qu'ont les chevaux américains de franchir
montagnes , il arriva sans accident : ou d
vine bien que les Anglois n'osèrent pas imit
cette intrépidité ; ils firent le grand tour,
Putnam leur échappa.

n rapporte encore, en Amérique, avec
nnement, l'intrépidité avec laquelle il tua
a louve, d'une grosseur monstrueuse, qui
it été l'effroi de tout le Connecticut,
qui s'étoit réfugiée dans une caverne
énétrable. Il eut le courage de s'y faire
cendre avec une corde, liée autour de son
ps, une torche d'une main, un fusil de
tre; et il eut le bonheur de tuer cette
e féroce, au moment où elle se lançoit sur

e ne puis vous citer le nom de Putnam,
élèbre dans les fastes américains, sans
tenté de vous raconter de lui quelques
cdotes peu connues en Europe, et qui
s donneront une haute idée de son intré-
té; car c'est-là le caractère distinctif de
ameux guerrier.

il avoit l'intrépidité d'un Spartiate, il en
it le laconisme énergique. Un jour on
ta, dans son camp, comme espion, un
mé Palmer, Tory, et lieutenant dans les
velles levées. Le gouverneur Tryon, qui
mandoit ces levées, le réclama comme
ifficier anglois, et lui représenta combien
roit criminel de pendre un homme qui
it un brevet de sa majesté, et à quelle

terrible vengeance il s'exposeroit. Putnam
répondit ces mots :

« Nathan Palmer, lieutenant au ser
» de *votre* roi, a été pris dans mon ca
» comme *espion*. Il a été condamné cor
» *espion ;* et vous pouvez être sûr qu'il
» pendu comme *espion*.

> » *Signé*, ISRAEL PUTNAM

Post-script. — Après midi.

« Il est pendu ».

Mais le trait d'intrépidité qui surpasser
les autres, est celui d'avoir osé francl
dans un bateau, les terribles chûtes d
riviére de Hudson : c'étoit au temps de
fameuse guerre de 1756, temps où Putn
se battoit contre les François et les Sauva;
leurs alliés. Il étoit, par hasard, avec
bateau et cinq hommes sur la rive orien
du fleuve, près des chûtes ; les hommes q
avoit de l'autre côté de la rivière lui fr
entendre, par leurs signaux, qu'un co
considérable de sauvages s'avançoit pc
l'envelopper, et qu'il n'avoit pas un mom
à perdre. Il avoit trois partis à prendre : r
ter, combattre et être sacrifié ; essayer
passer à l'autre bord, et s'exposer à é

> fusil

illé , ou bien se hasarder à franchir les
ûtes , avec la certitude presqu'entière d'y
e englouti. Telle étoit l'alternative où il se
uvoit. Il ne balança pas , il s'élance dans
bateau, et si bien lui en prit , qu'un de
compagnons, qui s'étoit un peu écarté ,
ut pas le temps de le rejoindre, et fut la
time de la barbarie des sauvages. Ils arri-
ent encore assez à temps pour faire feu
le bateau , avant qu'il pût s'éloigner ;
is à peine fut-il mis hors la portée du
il, par la rapidité du courant, que la mort
e Putnam avoit évitée, se présenta à lui
us des formes plus terribles. — Des rochers
t la pointe s'élevoit au-dessus des eaux ;
masses d'arbres engloutis, des goufres
orbans, des descentes rapides, pendant un
rt de mille, ne lui laissoient pas l'espoir
happer sans miracle. Cependant Putnam,
fiant à l'appui de la Providence, dont il
it si souvent éprouvé la protection, se place
quillement au gouvernail , et le dirige
c le plus grand calme. Ses compagnons le
oient avec admiration , terreur, étonne-
nt, éviter, avec la plus grande adresse,
rochers , les vagues menaçantes , qui
bloient devoir l'engloutir à chaque ins-

tant; ils le voyoient tantôt disparoissa
tantôt surmontant les flots, et se frayant
route au travers du seul passage qui exist.
jusqu'à ce qu'enfin il eût gagné la surfa
unie de la rivière qui couloit au bas de
chûte. Les sauvages n'étoient pas moins su
pris. Ce miracle les étonna presque auta
que la vue des premiers Européens qui abe
dèrent ces rivages. Ils regardèrent Putna
comme invulnérable, puisqu'il avoit su fra
chir un torrent violent, que jamais auc
d'eux n'avoit impunément hasardé. Ils cr
rent qu'ils outrageroient le GRAND ESPRI
s'ils attentoient aux jours d'un homm, qu
protégeoit si visiblement (1).

Vous me pardonnerez sans doute cet
excursion sur un homme cher aux Amé
cains, qui jouissent encore de sa présenc
Je reprends ma route.

Le plateau de Horseneck peut dédomm
ger de leurs fatigues les amateurs des pa
sages et de la nature, par la vue la pl

(1) Ces détails sont tirés d'un *Essai sur la vie de Putna*
par le colonel David Humphrey, imprimé à Hartford
1788, et dédié à la société des Cincinnati. Ces mémoi
renferment d'autres anecdotes aussi intéressantes; ils sero
probablement traduits un jour.

ndue et la plus magnifique. La nature y
loie des beautés et des horreurs. Au mi-
de ces sites affreux , vous découvrez
ore des maisons , des figures humaines ;
is elles n'offrent pas l'air d'aisance et de
heur qui règne dans le Connecticut.
endant à *Horseneck* même, nous dînâmes
sablement ; bonne viande, bons légumes ,
nes gens sur-tout, et famille nombreuse ,
ui m'étonna ; mais ces Américains peu-
it par-tout.

n quittant cette place, nous passâmes à
ouvelle-Rochelle, colonie fondée , dans
ernier siècle , par des émigrans françois ,
s qui ne paroît pas avoir prospéré. Peut-
est-ce le résultat de la derniere guerre ;
cette partie a cruellement souffert du
sinage des Anglois , dont le quartier-gé-
al étoit à New-Yorck. Peut-être est-ce à
se du site pierreux, rocailleux , infertile ;
peut être encore est-ce la suite de que-
es religieuses qui en divisèrent les habi-
s , même au berceau de la colonie. Les
dateurs de cette colonie avoient bien mal
isi leur terrain , sous un autre point de
. La mer se glisse au travers de ces ro-
rs , et laisse souvent à sec un fond ma-

récageux, qui exhale un air infect. D
viennent, sans doute, les fièvres qui, (
quefois, y font des ravages parmi les |
tans (1).

Cependant ce pays, presque désert
à jamais célèbre, pour avoir donné |
sance à l'un des hommes qui s'est le plu
gnalé dans la dernière révolution ; répu
cain remarquable par sa fermeté et |
sang froid; écrivain distingué par son g
pur et sa logique serrée (2) ; à M. *Ja*, |
jourd'hui ministre des affaires étrangères;

L'anecdote suivante donnera une idée
la fermeté de ce républicain. Lorsqu'on v
lut poser les bases de la paix de 1783, M. V
gennes, stimulé par des vues secrettes, v
lut engager les ambassadeurs du Congrè

---

(1) A mon second voyage, en octobre, j'y trouvai d
malheureux, grelotans et rongés par la fièvre, *fever and*

(2) Le talent de M. Jay a brillé sur-tout dans la con
tion de l'état de New-Yorck ; convention où l'on exam
si l'on accepteroit le nouveau plan fédéral. Le gouvern
Clinton, à la tête des anti-fédéralistes, avoit une gr
majorité; mais il ne put résister, ni à la logique de M. J
ni à l'éloquence de son collègue, M. Hamilton.

(3) Depuis que cette lettre a été écrite, M. Jay a
nommé chef de la cour suprême des Etats-Unis.

borner à leurs pêcheries , et à renoncer
territoire de l'ouest , c'est-à-dire , au vaste
fertile terrein qui est au-delà des Alleghe-
. Ce ministre exigeoit sur-tout que l'indé-
dance de l'Amérique ne fût pas une des
es du traité de paix , mais simplement
elle fût conditionnelle. Pour réussir dans
projet , il falloit gagner MM. Jay et
ams. M. Jay dit nettement à M. Vergennes
'il aimeroit mieux perdre la vie que de
ner un pareil traité ; que les Américains
báttoient pour leur indépendance , et qu'ils
poseroient pas les armes qu'elle ne fût
éinement consacrée ; que la cour de France
voit elle-même reconnue , et qu'il y auroit
la contradiction dans sa conduite à s'en
arter. Il ne fut pas difficile à M. Jay d'en-
íner M. Adams dans son parti ; et jamais
. Vergennes ne put vaincre sa fermeté.
Admirons ici l'étrange enchaînement des
faires de ce monde. Le ministre américain ,
í forçoit le ministre françois de ployer ,
imposoit des loix au ministre anglois , est
petit-fils d'un François réfugié , dans le
rnier siècle , à la Nouvelle-Rochelle. Ainsi
fils d'un de ces hommes que Louis XIV
ersécutoit avec un acharnement imbécile ,

faisoit respecter ses décisions dans le pa[l]
même de ce souverain; cent ans aprè[s]
bannissement de son ayeul.

M. Jay fut également inébranlable à t[c]
ce que put lui dire le ministre de l'Angleter[re]
que M. Vergennes avoit su gagner. Il [s]
prouva qu'il étoit de l'intérêt des An[gl]
même que les Américains fussent indé[pen]
dans, et non dans un état qui les ren[d]é[pen]
pendans de leur allié. Il le convertit, et le
porta; car ce raisonnement détermina le c[on]
seil de Saint-James. Quand M. Jay pass[a]
Angleterre pour revenir en Amérique,
lord Shelburne desira le voir. Accusé pa[r]
nation d'avoir plus accordé qu'on ne lui [de]
mandoit dans le traité de paix qu'il a[voit]
conclu, il desiroit savoir si, dans le cas [où]
il eût persisté à ne pas céder aux Améric[ains]
le territoire de l'ouest, ils eussent contin[ué]
la guerre. M. Jay lui répondit qu'il le croy[oit]
et qu'il le leur auroit conseillé. Ainsi le s[ort]
de l'Amérique actuelle a dépendu d'un s[eul]
homme.

On compte 31 milles depuis Rye jusq[u'à]
New-Yorck. Le chemin est bon, uni, s[ur]
un sol graveleux. On arrête dans une d[es]
meilleures auberges que j'aie trouvées

érique. Elle est tenue par madame *Ave-
d.* Nous eûmes un excellent dîner, et il
toit pas cher. Deux autres agrémens nous
urent encore plus précieux, et nous firent
*r*ir la maison. La maîtresse avoit un air
niment gracièux et prévenant, et elle
it une fille charmante, bien faite, bien
*r*ée, touchant très-bien le *forte-piano.*
vant que d'arriver à New-York, nous pas-
es au travers de ces lieux, que les Anglois
ient si bien fortifiés, lorsqu'ils en étoient
maîtres. On voit encore les redoutes et
différentes fortifications qu'ils avoient
struites, et qui attestent à l'œil de l'ob-
vateur, la démence de cette guerre *fratri-
e.*

IETTRE VI.

Voyage de Boston à New-Yorck, par p
vidence (1).

JE partis le 12 octobre, par une voiture à qu
tre chevaux. On compte 45 milles de Bost
à Providence. Le propriétaire de la voitur
sans excéder ses chevaux, nous rendit à s
heures du soir, et nous étions partis à sep
heures et demie : elle me coûta 15 schelling
monnoie de Massasuchett. La route est g
néralement bonne; sol pierreux et gravelew
quelquefois du sable, annoncé par des bo
quets de pin. Les campagnes qui bordent
route, ne me parurent ni fertiles ni bien p
plées. J'y vis des masures, des enfans co

(1) Quoique ce voyage ait été fait après l'époqu
laquelle ont été écrites les lettres qui suivent, j'ai cru de
l'insérer ici, parce qu'il peut servir de pendant à la desc
tion du voyage par terre, et qu'étant ainsi rapprod
on pourra les comparer plus aisément.

rts de guenilles, cependant ayant de l'em-
npoint et des couleurs.

Le silence qui règne, pendant le dimanche,
ns toutes les villes de l'Amérique, régnoit
core le lundi à Providence. Tout y annon-
it le déclin des affaires. Peu de vaisseaux
montroient dans son port. On y bâtissoit
pendant deux distilleries, comme si les
anufactures de ce poison n'étoient pas
jà assez nombreuses dans les États-Unis.
it prévention, soit réalité, je crus voir
r-tout le silence de la mort, l'effet du
pier-monnoie. Je crus voir sur les visages,
t air qu'on prête aux Juifs, et qui est le
sultat de l'habitude de tout commerce
ndé sur la friponnerie, ou au moins sur
finesse. Je crus voir aussi par-tout les
fets du mépris qu'avoient les autres
ats pour cet état, et de la conscience
'avoient les habitans, qu'ils méritoient
mépris.

Le papier-monnoie étoit, à cette époque,
ns le plus grand discrédit. Une piastre
argent valoit dix piastres de papier. — Je
'informai du prix des denrées ; le beurre
loit 6 à 7 sols la livre ; le bœuf, mou-
n, etc., 2 à 3 sols ; le bois de chêne, de

8 à 10 livres la corde. Il y avoit deux p
comme vous le devinez bien; on stipuloi
mode de paiement.

Je partis de Providence le mardi à o
heures du matin, par le paquebot de Ne
Yorck. Je perdis le lundi, parce que le ca
taine n'avoit pas completté son chargeme
Ce n'est pas un des moindres inconvénie
de cette manière de voyager, que de dépe
dre de la fantaisie et de l'intérêt d'un ca
taine. On peut aller de Providence à Ne
Port par terre. — Je préférai le paquebt
Nous arrivâmes à six heures et demie
soir, et pendant deux heures, nous eûme
vent contraire. On compte 30 milles d'un
ville à l'autre. On ne perd jamais la te
de vue; mais elle ne m'offrit rien de pitte
resque ou de curieux dans les sites. Peud
maisons, quelques arbres, un fond de sable
une terre maigre, voilà ce qu'on apperçoi

L'état de Rhode-Island est regardé, da
les États-Unis, comme possédant les mei
leurs ports. En effet, Newport semble de
tiné, par la nature, à être un port consid
rable; le fonds y est bon, et capable de rec
voir les plus grands vaisseaux.

Cette ville joua un rôle assez considérab

ns la dernière guerre ; elle étoit florissante
rc. Le séjour successif des armées amé-
aine , angloise (1) et françoise , y jeta
argent considérable.

Tout a changé depuis la paix (2). La so-
de qui y règne , et qui n'est interrompue
e par des grouppes d'hommes oisifs , pas-
t les jours entiers les bras croisés au coin
rues ; le délabrement de la plupart des
sons ; l'appareil misérable des boutiques,
ne présentent que des étoffes grossières,
s paquets d'allumettes et des paniers de
mmes ou d'autres marchandises de peu
valeur ; l'herbe qui croît dans la place ,
-à-vis la cour de justice ; les rues mal
vées et boueuses ; les guenilles suspendues
x fenêtres, ou bien qui couvrent ou des fem-
s hideuses , ou des enfans étiques , ou des
mmes pâles, haves, dont les yeux enfoncés
les regards équivoques , mettent mal aise
bservateur ; tout annonce la misère , le

___

) Les anglois y détruisirent tous les arbres fruitiers et
autres arbres ; ils se plaisoient à tout dévaster.
(2) Cette ville a dû encore une partie de sa prospérité à la
ite des noirs , qui s'y faisoit avec succès , et qui y est
intenant éteinte.

règne de la mauvaise foi, et l'influence
mauvais gouvernement.

Je visitai le marché. Grand Dieu ! q.
différence à ceux de Boston ou de Phil
phie ! Quelques morceaux de viande mé
cre attendoient des acheteurs qui ne veno
point. J'en demandai la raison à un Am
cain , qui étoit parfaitement instruit de
situation de ce pays. — Il me dit, que la p
part des habitans vivoient de poisson qu
alloient pécher eux-mêmes, de pommes
terres et de quelques autres végétaux, qu
arrachoient à peine de leur jardin. — P
mangeoient de la viande. Les laboureurs n
voyoient plus de bœufs ni de moutons
marché. Le papier-monnoie, ou plutô
mauvaise foi , étoit la principale cause
cette misère. Newport me paroissoit resse
bler à un tombeau, où des squelettes viva
se disputoient quelques herbes. Il me rapp
la peinture faite de l'Egypte, par M. Voln
Il sembloit voir une ville dont la peste e
feu avoient dévoré les habitans et les maiso

Vous en aurez vous-même une im
exacte, en vous rappelant, mon ami, l'
pression que fit sur nous la vue de Li
Rappelez-vous cette foule de mendians,

succédoient sur la route pour nous im-
rtuner ; cet amas irrégulier de maisons
thiques, enfumées, délabrées, ayant des
létres sans vîtres, des toits à moitié dé-
uverts. Rappelez vous les figures, ayant à
ine le caractère de l'humanité, montrant
haque porte une peau jaune, perçant au
vers d'une couche de noir, occasionnée
le charbon de terre ; une foule d'enfans
guenilles ; les ponts et les maisons tapissés
haillons ; enfin, représentez-vous l'asyle
la faim, de la coquinerie, de l'effronterie
'inspire la misère générale, et vous vous
ppe'erez Liège, et vous aurez une image
Newport ; et cependant ces deux places
nt dans une situation heureuse pour le
mmerce, et dans un terrein qui n'est pas
ertile. Mais à Liège, les productions du
ys servent à contenter les fantaisies d'une
quantaine de fainéans ecclésiastiques,
i, profitant des antiques préjugés religieux,
vautrent dans les plaisirs, au milieu de
alheureux qui meurent de faim (1). A New-

_____

(1) Lorsque j'écrivois ces lignes, j'étois loin de prévoir
révolution de Liège. La liberté y déploye ses drapeaux.
se le Ciel qu'elle triomphe et achève son ouvrage !

port, le peuple, trompé par deux ou fripons, a lui-même causé sa misère détruit les bienfaits dont la nature l'a gratifié. Il a lui-même sanctifié la mauv foi, et cet acte l'a rendu odieux à tous voisins, a éloigné de son enceinte le c merce, les affaires; a détruit, par-là mê les canaux qui servoient à l'écoulement ses productions et à l'importation de ce méraire, dont l'abondance rendoit ce p si florissant.

Relisez maintenant, mon ami, la descri tion séduisante que M. de Crevecœur a do née de cette ville et de cet état; il n'a po exagéré : tous les Américains à qui j'en parlé, m'ont vanté sa splendeur ancienne ses avantages naturels, soit pour la cu ture, soit pour le commerce, soit pour l'i dustrie, soit enfin pour toutes les jouissan de la vie. *Je n'ai fait que passer, elle n'ét déjà plus.* A deux milles de Newport, j vu les débris d'une magnifique maison, q avoit appartenu à un quaker, et que le f avoit détruite. De vastes fragmens avoie résisté aux flammes; le jardin en exist encore, et attestoit, malgré son délab ment, les travaux anciens, les soins, enses du maître, et la fertilité du terrein.

oilà le tableau en abrégé de tout cet état.

papier-monnoie y a causé les mêmes

ages que le feu dans la maison du quaker.

étouffé le commerce externe, l'industrie

e travail. On ne vend rien, on ne travaille

nt, de peur de s'exposer à recevoir son

ou son salaire dans cette monnoie discré-

e. Le trafic de détail résiste seul, et se

ne encore, parce qu'il ne se fait qu'ar-

t comptant. Le marchand échappe à la

, en ne livrant sa marchandise que contre

numéraire; mais l'ouvrier, qui n'est ja-

is salarié qu'après le travail, refuse de

ailler, parce qu'il craint d'être payé en

ier-monnoie.

e remarquai que les marchandises qui se

doient argent comptant, étoient plus

res et bien inférieures à celles du Massa-

hett; c'étoit un effet naturel. Dans un

s où règnent la misère et la mauvaise foi,

détaillant du pays fait payer cher son

ue, et le marchand du dehors envoie

qualités inférieures; parce que le com-

çant suppose qu'un peuple misérable et

auvaise foi, fait moins d'attention à la

té des étoffes.

L'origine de ce papier-monnoie, pr[
combien des hommes pervers et déliés)
vent aisément tromper un peuple ignor[

Deux habitans de cet état, fort accré[
parmi le peuple, avoient, pendant la)
nière guerre, acheté une grande quar[
de terres. A la paix, les profits diminuèr[
et avec eux, la possibilité de payer le]
de ces terres. Ne voulant pas cepend[
s'en laisser dépouiller, ils imaginèrent[
solliciter une loi qui établissoit le pap[
monnoie. Ayant une grande influence pa[
le peuple, et par conséquent dans l'asse[
blée législative, ils firent passer la loi[
obtinrent ensuite du gouvernement u[
grande quantité de ce papier-monnoie,]
donnant pour sûreté les contrats de te[
qu'ils avoient. Ils profitèrent aussi de la mê[
voie, pour rassembler, dans la campagn[
une grande quantité de bétail, le payèr[
en papier, l'envoyèrent aux Indes occid[
tales, furent payés en sucre, en mêlas[
qu'ils donnèrent encore en paiement à le[
créanciers, en les leur vendant à un]
énorme. La mauvaise foi la plus insigne]
valut à cette époque dans cet état. On[
vit plus que des procès, où l'on offroit
chiff[

iffons de papier, pour se délivrer des obli-
tions les plus sacrées.

Le commerçans payèrent de même et les
ttes étrangères, et le commerce étranger;
l'on ne permit pas au commerce étranger
payer les habitans de Rhole-Island avec
même papier. Car des citoyens du Massa-
chett, qui devoient à cet état, ayant acheté
ce papier, et voulant payer ainsi leurs
tes, les fripons, qui gouvernoient l'état de
ode-Island, s'apperçurent que, si l'on to-
oit ces représailles, leur manœuvre tour-
roit au profit de leurs voisins; et en con-
quence, ils firent passer une loi, qui dé-
ndit aux étrangers de payer les habitans
Rhode-Island en papier-monnoie. Que
ulta-t-il de cette friponnerie, sanctionnée
la loi? Une indignation générale contre
état, le cri universel du commerce; et
portation cessa. On y transportoit ci-de-
t des bois des états de l'est; ce transport
ssa; le commerce fut même interrompu
tre les habitans. La défiance s'empara de
us les esprits; la mauvaise foi étant un
oyen général, chacun s'en servit et le crai-
it; les honnêtes gens fermèrent leur porte.
lle étoit la cause de cette solitude et de

cette misère que j'avois apperçues. L'a
ne circuloit point, et tout étoit mor
fripons eux-mêmes, qui avoient provo
loi, sembloient en demander la révoca
pour jouir en sûreté du fruit de leu
ponneries.

D'autres causes se joignirent encor
papier-monnoie, ou plutôt d'autres effe
résultèrent, pour agraver la calamité
blique. Il n'y avoit point d'écoles publi
point d'instruction publique par les gaze
et presque point de culte public. Les m
tres n'avoient point de salaire qui pû
mettre à portée de subsister, ou ils éto
payés en papier-monnoie.

Eh ! peut-il exister un culte public, qu
on bannit généralement la bonne foi ? P
on s'occuper d'établissemens d'éducati
quand on foule aux pieds la morale ? S'il
a plus de morale parmi les hommes,
devient la vertu des femmes ? que devien
patriotisme ? Peut-on donc parler de pat
tisme dans Rhode-Island ? La patrie supp
des frères, un intérêt commun ; la mauv
foi fait d'une société, une horde d'enne

Le peuple avoit d'ailleurs trop d'influe
sur le gouvernement et sur les magistrats.

mbres de l'assemblée étoient choisis tous
six mois, et cette rotation fréquente for-
t les candidats à caresser sans cesse le
ple. Il élisoit de même les juges tous les
, et souvent choisissoit des hommes
orans ou pervers, qui rendoient les juge-
s les plus absurdes et les plus injustes.
juges étant dans la dépendance ou du
ple ou de ceux qui le dirigeoient, étoient
gés, pour être continués, de chercher
ur plaire ; aussi la justice étoit-elle ou
ale ou partiale. Il en résultoit que le
ple avoit le plus grand mépris pour les
es, qu'il n'avoit aucun respect pour la
, qu'il la bravoit. On n'appercevoit au-
e subordination, aucune marque de
)ect : l'homme le plus vil insultoit souvent
inistre de la loi. On voyoit des procureurs
rier grossierement et avec impunité les
es.

e ne concevois pas, d'après ce tableau,
ment on pouvoit vivre tranquille à New-
t ; car il n'y avoit aucun frein, point de
gion, point de morale, point de loi, point
magistrats respectés, point de milice.

e feu prit à une maison ; j'y allai pour
dier le peuple : on couroit, on s'agitoit.

Dans le désordre , les enfans sautoient
plaisir : cependant on travailloit avec ard
les pompes arrivèrent, et quoique sans
cun ordre , on parvint à éteindre le
Je remarquai avec plaisir cet empressem
et ce zèle : ce spectacle me consola ; je p
sai que toute vertu n'étoit pas éteinte d
les habitans de cet état.

L'état de Rhode-Island ne se relevera, q
ôtant de la circulation le papier-monn
qu'en réformant son gouvernement. Il
que ses magistrats soient hors de la dé
dance du peuple , et que les membres
l'assemblée ne soient pas si souvent

Il est inconcevable que tant d'honn
gens qui gémissent sous l'anarchie actuel
que tant de quakers qui composent le fon
de la population de cet état , ne se so
pas encore ligués, pour amener cette
forme (1).

Je ne doute point que, si cette réfor
ne s'exécute promptement , cet état ne

(1) Elle n'est pas éloignée. L'état de Rhode-Island
de prendre une résolution, pour accéder au nouveau sy
fédéral. Ce fait prouve que les bons principes prédomi
enfin , et que les abus particuliers vont disparoître.

dépeuple. La plupart des colons du Muskin-gum, près de l'Ohio, sont sortis de son sein. Le colonel *Varnum* étoit à leur tête. Des familles nombreuses se disposent encore à cette émigration. Presque tous les honnêtes gens, dégoûtés de l'anarchie où croupit cet état, quitteroient Newport, s'ils pouvoient vendre leurs propriétés.

Je ne doute point encore que l'exemple de Rhode - Island ne prouve, aux yeux de bien des gens, que le gouvernement républicain est un gouvernement désastreux. On auroit tort de le croire ; cet exemple prouve seulement qu'il ne doit point y avoir de rotations trop fréquentes dans le pouvoir législatif ; qu'il ne doit point y avoir d'instabilité dans le pouvoir exécutif ; qu'il y a autant de danger à mettre les magistrats dans une trop grande dépendance du peuple, qu'à trop affoiblir cette dépendance ; il prouve, en un mot, contre la démocratie *pure*, et non contre une démocratie *représentée* ; car une représentation de six mois n'est que le gouvernement du peuple même. La représentation n'est alors qu'une ombre qui passe trop vîte, pour exister et créer par elle-même. Par conséquent cet exemple ne

prouve point contre le systéme sage d'u[...]
représentation plus durable, plus indép[...]
dante, qui constitue le vrai gouvernem[...]
républicain , tel que celui des autres Éta[...]
Unis.

Cependant, au milieu de ces désordre[...]
n'entend point parler ici de vols, ni de me[...]
tres , et pas même de mendicité ; car l'Am[...]
ricain pauvre, ne se dégrade pas jusque[...]
jusqu'à abjurer toute équité, toute hon[...]
et c'est le trait qui met encore une d[...]
rence entre Newport et Liège, que je r[...]
peignois tout-à l'heure. L'Américain ne m[...]
die pas, ne vole pas; c'est que l'ancien s[...]
américain coule encore dans les veines d[...]
habitans de Rhode-Island ; c'est que les h[...]
mes de la campagne n'éprouvent pas la m[...]
misère, n'ont pas la même mauvaise foi q[...]
ceux des villes.

Condamné, par les vents contraires, à [...]
journer pendant six jours à Newport, [...]
aurois péri d'ennui , si je n'avois eu [...]
vres, plume et encre. La taverne où je [...]
geois, étoit remplie de voyageurs, de mar[...]
leur conversation, que je pris plaisir à su[...]
d'abord, me devint ensuite très-fatiguan[...]
et je me trouvai très-heureux d'obtenir [...]

...it cabinet, où je pouvois méditer et écrire, ...s être interrompu.

...'eus le temps de réfléchir sur les inconvéniens des voyages par mer, et de me convaincre qu'il valoit bien mieux prendre les diligences. Leur départ est certain, les vents sont incertains. A terre, vous avez presque la certitude de n'être point malade; vous pouvez l'être sur mer, sur-tout si le temps est gros : à terre, vous reposez chaque nuit dans de bonnes ou médiocres auberges ; sur mer, vous êtes balotté souvent dans une mauvaise cabane : à terre, vous avez la chance de trouver autant de bons que de mauvais dîners ou soupés ; sur mer, vous n'avez souvent que de mauvaise viande et un capitaine bourru. Il est d'ailleurs très-désagréable d'être jour et nuit en compagnie de personnes qu'on ne connoît point, de pouvoir difficilement changer de linge, écrire ou lire. — Cette manière de voyager est sur-tout incommode pour les femmes ; aussi ne leur conseillerai-je jamais de venir par mer à New-Yorck ; la route de terre, quoique rude et souvent désagréable, leur offrira moins d'inconvéniens. Les paquebots ne peuvent être utiles que pour transporter les gros bagages, ou convenables

O 4

que pour les hommes, que l'habitude n
au-dessus des inconvéniens.

Newport a d'ailleurs un désavantage co
sidérable, pour ceux qui veulent aller à Ne
Yorck; on ne peut en sortir par les ve
d'ouest et de sud-ouest, et ils sont fréque
On ne peut ensuite en sortir dans l'apr
dîner ou le soir, parce qu'à 3o ou 4o mil
sont des îles, qui peuvent être dangere
en cas de tempête.

Je vis à Newport, un nègre de vingt mo
qui répétoit tout ce qu'on lui disoit, ent
doit bien, obéissoit, contrefaisoit le sin
dansoit, etc. Il donnoit des marques d
intelligence extraordinaire. On s'amuso
le faire obéir au premier mouvement, et s
tout à lui faire décomposer ses traits. (
amusement me parut cruel et inconséque
Il résulte du mépris qu'on conserve enco
pour les nègres, et que les Américains, p
que les autres, doivent abjurer, s'ils veul
être conséquens. Il accoutume les enfan
trop de servilité, et des Américains doi
bannir, même de leurs jeux, l'image de c
servilité.

J'eus occasion, à Newport, d'entendre
docteur *Murray*, célèbre en Amérique p

doctrine sur le salut universel (1). Cette doctrine l'a fait excommunier par toutes les autres sectes, en sorte qu'à présent, il n'a point d'église, et qu'il fait le métier de prédicateur ambulant. A Newport, il prêcha dans la salle, où s'assemble la cour de justice. L'auditoire étoit nombreux. J'y vis des femmes jolies, avec de vastes chapeaux à la mode, et bien mises; ce qui m'étonna, car jusqu'alors je n'avois vu que des figures hideuses et des guenilles. La plupart des hommes qui assistoient à ce sermon, avoient cependant l'air misérable. Le docteur débuta, en priant les auditeurs de n'être point étonnés de la singularité du lieu, où il les rassembloit, pour adorer l'Eternel, parce qu'il pouvoit être adoré par tout, étant par-tout. Il lui adressa une prière très-longue, que chacun entendit

____

(1) M. Châtellux parle, dans ses voyages, à l'article de Portsmouth, dans le New-Hampshire, d'un particulier, appelé, je crois, dit-il, *André*, qui étoit célèbre par ses prédications sur la même doctrine. Je n'ai jamais entendu parler le nom de cet André, et je serois d'autant plus porté à croire que ce voyageur s'est trompé de nouveau, que Murray étoit alors ministre au Cap-Anne, et très-connu dans le New-Hampshire.

Voyez les voyages de M. Châtellux, tome 1er, pag. 183.

debout ; ce qui me paroissoit fort génant,
n'ai jamais bien conçu pourquoi les réf
mateurs de l'église , qui ont tant refor
d'abus , ont gardé celui de se tenir debe
par respect.

Après quelques chants, le docteur entam
sa doctrine sur le salut, sur le purgatoire, e
Il prétendit prouver que Dieu aimoit te
le monde , et qu'il vouloit sauver tout
monde , au moins ceux qui étoient dro
de cœur. Mais quand il vint à la questio
s'il sauveroit ceux qui ne croyoient pa
Christ , il s'enveloppa dans des distinctio
que je ne pus comprendre , et il me par
qu'il excluoit du salut, ceux qui ne croyoie
pas à la Bible. Cependant, pour les conso
il promit à ces incrédules , qu'ils ne seroie
point dans un enfer éternel , mais dans
purgatoire.

Ce qui distinguoit ce docteur des autr
ministres, n'étoit pas seulement sa doctrin
mais sa manière de déclamer ; il faisoit bea
coup de gestes ; il avoit des inflexions thé
trales. — Il avoit tantôt un style trivial
comique , et tantôt un style empoulé ; il e
tremeloit sa doctrine d'historiettes, qui m
parurent plaire au peuple. Au surplus, il n

demandoit aucune rétribution, et prêchoit gratis, ce qui peut-être plaisoit davantage. Les vents de sud-ouest soufflant constamment, je fus retenu, jusqu'au samedi 18, à Newport. Enfin, nous mîmes à la voile sur le minuit. Le capitaine ne voulut pas partir plutôt, parce qu'il craignoit de toucher, dans l'obscurité, sur *Block-Island*. Le vent et la marée nous faisant faire 9 à 10 milles par heure, nous marchions rapidement, et je croyois arriver dans la nuit suivante à New-Yorck; je le désirois d'ailleurs, car le mouvement trop rapide du vaisseau m'avoit rendu malade; mais le capitaine ne voulut pas satisfaire mon impatience. Il craignoit spèce de gouffre, appellé *hell's gates* ou *portes d'enfer*, qui est à 8 milles de New-Yorck, et en conséquence, à huit heures du soir il jetta l'ancre. A six heures du matin on la leva, et nous arrivâmes à ces terribles portes d'enfer. C'est une espèce de passage très-étroit, pratiqué par le rapprochement des terres de New-Yorck et de Long-Island, embarrassé par des rocs qui sont cachés par la haute-mer. Le tournoiement de ce gouffre est peu sensible, lorsque la marée est basse; mais il n'est pas surprenant que des vaisseaux

qui ne connoissent pas cette route, s'y per
dent à marée haute. On m'a cité une frégate
angloise de 40 canons, qui, dans la dernière
guerre, y avoit péri. On voit que ces ports
d'enfer sont un nouvel obstacle à la naviga
tion de ce détroit. Du reste, il n'est pas
rare de parcourir, en été, en moins de vingt
heures, ces 200 milles, quand on est favorisé
par la marée et par le vent ; mais on a tou
jours une plus grande chance, en venant à
New-Yorck, qu'en y allant.

Quand on approche de cette ville, les
côtes de cet état et celles de Long-Island se
rapprochent, et présentent le spectacle le
plus agréable. Elles sont ornées de jolies
maisons, bien champêtres. Long-Island est
célèbre, comme on sait, par sa culture.

Le prix du passage, quand on vient de
Providence et qu'on est nourri, est de 6 pias
tres et demie, ou 34 livres 2 sols 6 deniers.

Je dois dire un mot des paquebots de cette
partie de l'Amérique, et des facilités qu'ils
offrent.

Quoique, dans mon opinion, il soit plus
avantageux et souvent moins dispendieux de
préférer la voie de terre, cependant je dois
des éloges à la propreté et à l'ordre qui rè

ent dans ces paquebots. Celui qui m'amena, contenoit, dans la cabane, quatorze lits en deux rangs, l'un sur l'autre : chacun avoit sa petite fenêtre. La chambre étoit très-bien aérée, en sorte qu'on ne respiroit point cet air nauséaboud, qui infecte les paquebots de la Manche. Elle étoit bien vernissée ; on avoit pratiqué à la poupe deux enfoncemens très-commodes, pour servir de lieux privés. Le capitaine, deux hommes, et un nègre cuisinier, formoient tout l'équipage. Les vivres y étoient bons. Je n'eus à me plaindre que des lenteurs ordinaires aux marins.

Il n'est pas de petite ville sur toute cette côte, qui n'ait des paquebots semblables, allant à New-Yorck, comme Newhaven, New-London, et tous ont la même propreté, les mêmes embellissemens, offrent les mêmes commodités aux voyageurs. On peut assurer qu'il n'y a rien de semblable dans l'ancien continent.

J'arrivai à temps à New-Yorck. Une tempête violente, qui dura vingt-quatre heures, se déclara deux heures après. Un Européen s'imagine, la première fois qu'il est témoin de ces terribles ouragans, que la maison de bois qui le renferme, ne pourra résister à leurs fureurs.

LETTRE VII.

Sur New - Yorck.

Acût 1788.

JE relis, mon cher ami, la description donnée par M. Crevecœur, de cette partie des Etats-Unis; et après en avoir comparé tous les articles avec ce que j'ai vu, je dois vous avouer, que tous les traits de son tableau sont fidèles.

Rien de plus magnifique que la situation de cette ville, entre les deux majestueuses rivières du nord et de l'est. La première la sépare des Jerseys. Elle est si profonde, que les vaisseaux de ligne y mouillent. J'ai, dans ce moment, sous mes yeux, un navire françois de 1200 tonneaux, destiné au commerce des Indes orientales, qui vient s'y réparer. Deux inconvéniens s'y font cependant éprouver: la dérive des glaces dans l'hiver, et les vents violens de nord-ouest. Les bâtimens remontent, à l'aide de la marée, jusqu'à Albany, ville située à 170 milles de New-Yorck.

Albany est sur la rivière des Mohawks, qui

E

I.

1788.

se jette dans la rivière du nord ; c'est la principale ville de ce pays, dont M. Crevecœ a donné un tableau si séduisant, et dont a transformé les hivers si rigoureux, dan une saison si délicieuse, pour des homme qui n'aiment que les plaisirs de la nature.

Albany le cédera bientôt, pour la prospé rité, à une ville bâtie à quelque distance d la rivière de Hudson. Sur le sol qu'elle couvre on ne voyoit, il y a quatre ans, qu'une sim ple ferme ; aujourd'hui l'on y voit des cen taines de bonnes maisons, un hôtel-de-ville des fontaines publiques. Plus de 50 navire appartiennent à ses habitans, et exporten aux îles et jusqu'en Europe les production américaines. Deux vaisseaux baleiniers son du nombre ; ainsi cette ville nouvelle, dont on doit la fondation à des quakers, a déjà le commerce le plus florissant. Leurs bâtimens n'hivernent point inutilement, comme ceux d'Albany, dans leurs ports. Ils commercent, pendant cette saison, dans les indes occi dentales.

Pough-keepsie, sur la même rivière, ville où s'est assemblé la fameuse convention, qui a adopté le nouveau plan fédéral, a doublé de population et de commerce. L'inertie des

Photographic
Sciences
Corporation

23
W

habítans d'Albany , pour le commerce étra
ger , peut être attribuée à la richesse
leurs terres. La culture les absorbe , et i
n'aiment pas à se livrer aux hasards des mer
pour une fortune qu'ils peuvent aiséme
tirer du sol fertile qui les environne.

La fertilité de ce sol , la quantité de terre
à défricher , les avantages qu'elles offrent
attirent des émigrans de ce côté. Des établis
semens s'y forment , mais lentement , parc
que les autres états présentent , sinon d'auss
bonnes terres , au moins des avantages pou
la culture , inconciliables ici avec la lon
gueur et le froid excessif des hivers.

Si cette partie de l'Amérique vient à s
peupler , la rivière du nord offrira le plu
beau canal pour l'exportation de ses denrées. Navigable pendant plus de trois cens
milles , depuis son embouchure dans l'o-
céan , elle communique , par la rivière des
Mohawks , avec les lacs Oneyda , Ontario, et
par conséquent avec le Canada. Les chûtes qui
s'y rencontrent , et sur-tout la fameuse chûte
du Cohos, pourront être un jour vaincues pai
les canaux , si faciles à construire dans un
pays, où se trouvent beaucoup d'hommes e
un vaste numéraire.

Pa

Par la rivière de Hudson, on communique, d'un autre côté, avec le Canada, par les lacs George et Champlain.

C'est cette situation qui doit rendre New-Yorck l'entrepôt du commerce des pellete‑ries de tous les états du Nord, au moins tant que subsistera ce commerce, qui suppose et la durée de l'existence des peuples sauva‑ges, et de grandes étendues de terrein non défriché.

Par la rivière de l'Est, l'état de New-Yorck communique avec Long-Island et tous les états du nord. Elle offre des ports excellens, des attérages profonds. Les vaisseaux de ligne y viennent mouiller près de ses quais, et y sont à l'abri de ces vents, qui causent quelquefois de si terribles tempêtes sur ces côtes (1).

Cette communication, par la rivière de l'Est, n'offre qu'un obstacle, mais il est terrible ; c'est celui du *tournant* dont je vous ai parlé, de ces fameuses *portes d'enfer*.

(1) Le 19 août 1784, New-Yorck éprouva un ouragan affreux, qui déracina des arbres, emporta des toîts, ren‑versa des barrières, détruisit une grande partie de la batterie de cette ville.

M. Crevecœur n'en a pas donné une description assez étendue ; je crois devoir y suppléer. C'est le choc des deux marées qui
forme cette espèce de gouffre, appelé *pot*,
qui attire avec tant de force , engloutit et
précipite, au fond de l'abîme, les vaisseaux
que l'ignorance ou l'imprudence des pilotes
n'éloigne pas de son attraction perfide. Dans
certaines marées, ce *pot* offre le bruit d'eaux
bouillantes dans une vaste chaudière.

Au côté opposé à cet entonnoir vorace ,
est un récif de rochers, appelé *frying pan*,
ou *poële à frire*. Ce nom lui a été donné à
cause du bruit horrible que font les vagues
qui viennent s'y briser ; c'est le bruit de l'eau,
jetté sur une pelle rouge, ou dans de l'huile
bouillante.

Les vaisseaux qui ont franchi le *Siphon*
que j'ai décrit , sont souvent précipités et
brisés sur ce récif.

Ce n'est pas tout : un troisième danger
attend les bâtimens qui ont eu le bonheur
d'échapper aux deux premiers. Dans une
direction oblique, entre les écueils, s'élèvent
à fleur d'eau des rochers , appelés *hog's
back*.

Le croirez-vous ? malgré tant d'obstacle

multipliés, des vaisseaux de ligne même ont
eu l'audace de franchir ces écueils. On cite,
entr'autres, l'*Expériment*, vaisseau de 5o canons ; poursuivi par des vaisseaux détachés
de la flotte de M. d'Estaing, lorsqu'il blo-
quoit Sandy-Hook, son commandant eut l'intrépidité de hasarder ce passage, jusqu'alors
marqué par des naufrages terribles pour des
navires de sa force.

Cette heureuse situation de New-Yorck,
vous explique les causes de son grand commerce, et de la préférence que les Anglois
lui ont toujours donnée sur les autres ports
d'Amérique. Entrepôt des denrées du Con
necticut et des Jerseys, il verse dans leur
sein toutes les denrées européennes et des
indes orientales.

Il est difficile d'avoir les calculs de l'exportation et de l'importation de cet état. Le
colonel Lamb, qui est à la tête de la douane,
enveloppe toutes ses opérations du plus
grand mystère. C'est une suite de l'esprit
hollandois, qui domine encore dans cette
ville. Le Hollandois cache ses gains, son
commerce, et ne vit que pour lui. Cependant je me suis procuré quelques états, que

P 2

vous trouverez dans le tableau général d
commerce des Etats-Unis.

Les Anglois ont une grande prédilectio
pour cette ville et pour ses denrées ; aus
son port est-il toujours couvert de leu
vaisseaux : ils préfèrent son bled même. L
marchands américains en font venir d
Virginie, qu'ils leur vendent pour du ble
de l'état de New-Yorck.

La présence du congrès et du corps diplo
matique, et le concours d'étrangers, on
beaucoup contribué à y étendre les ravage
du luxe. Les habitans de cette ville son
loin de s'en plaindre ; ils préfèrent l'é la
des richesses et les jouissances, à l
simplicité des mœurs et aux plaisirs pur
qu'elle procure.

L'usage de fumer n'a pas disparu dan
cette ville, avec les autres usages qu'y o
apportés ses premiers fondateurs, les Hol
landois. On y fume sur-tout des *cigars*, q
viennent des îles espagnoles : ce sont d
feuilles d'un tabac odoriférant, de la longue
de six pouces, qu'on fume sans l'aide d'
cun instrument.

Cet usage révolte un François. Il p

)aroître désagréable aux femmes, en alté-
-ant la pureté de l'haleine ; au philosophe,
l paroîtra condamnable, puisque c'est un
besoin superflu.

Cependant il a un avantage ; il accoutume
à la méditation , e. fait éviter la loquacité.
Un fumeur fait une question ; la réponse ne
vient que deux minutes après, et elle est
fondée. La cigar rend à l'homme le service
que le philosophe tiroit du verre d'eau qu'il
buvoit, quand il étoit en colère.

Le grand commerce de cette ville et la
facilité d y vivre, augmentent la population
de cet état avec une grande rapidité. Vous
pouvez juger de cette population croissante
par la célérité avec laquelle elle a réparé ses
pertes. En 1773, on comptoit dans cet état
148,124 blancs ; en 1786 , le nombre étoit
de 219,996 (1).

---

(1) POPULATION DE NEW-YORCK.

NOMBRE DES HABITANS.

1756.	1776.	1786.
âles au-dessous		
de 16 ans. . . 20,660	. . . .	54,807
qu'à 60 ans. . 19,825	. . . .	52,927
-dessus. . . . 2,767	. . . .	4,731
TOTAL. . . 43,252	. . . .	112,465

L'état de New-Yorck se peuple aux dépens des autres états. Quarante-cinq familles de quakers des environs de Burlington, ont émigré récemment dans le comté de Montgomméry. Un riche habitant de ce comté, leur donne des terres, à condition de lui payer au bout de sept ans, 6 sous sterling ou 12 sous de France par acre chaque année. Il prête même une paire de bœufs pendant ce temps, à ceux qui émigrent.

C'est à la campagne que ces quakers émi-

POPULATION DE NEW-YORCK.

Nombre des habitans.

1756.	1776.	1786.
Femmes		
Au-dessous de 16 ans. 18,984	. . . . .	51,766
Au-dessus. 20,997	. . . . .	55,765
Femmes. 39,981		107,531
Hommes. 43,252		112,465
Total blanc . . 83,233	148,124.	219,996
Esclaves.		
Mâles. 7,564		9,521
Femmes 5,978		9,368
Total 13,542	19,883.	18,889
Indiens payant taxe.		12

grent ; car leur simplicité s'accorderoit peu
du luxe qui règne dans cette ville. Cependant les quakers y ont une société assez nombreuse, et qui conserve bien la sévérité des
mœurs et de son institution.

S'il est une ville du continent américain
où le luxe anglois se déploie, c'est New-Yorck.
Vous y retrouverez ses goûts. Dans la parure
des femmes, vous voyez briller les étoffes de
soie, les gases, les chapeaux et même les
frisures recherchées. Les équipages sont
rares, mais ils sont élégans. Les hommes ont
plus de simplicité dans leurs habits ; ils dédaignent encore les colifichets ; mais ils se
dédommagent à table de cette simplicié.
Là paroissent les vins les plus précieux.

Le luxe forme déjà dans cette ville une
classe d'hommes bien dangereuse : c'est celle
des célibataires. Les dépenses des femmes
font redouter le mariage.

Le thé forme, comme en Angleterre, la
base des principales parties de plaisir de cette
ville. C'est au thé qu'on invite un étranger ;
c'est le thé que vous allez boire dans le joli
jardin de M. Cummings, le *florida gardens*
le New-Yorck. Il est situé sur la rivière du
Nord : la vue en est charmante. Mais quelle

différence de ce jardin à ceux qui servent
à l'amusement des Anglois et des François
J'y ai vu des coins superbes ; on en fait de
confitures.

Les fruits, quoique plus soignés dans ce
état, sont loin de la beauté et de la bonté
de ceux d'Europe. J'y ai vu, en septembre
à la campagne, des arbres tout à la fois
chargés de pommes et de fleurs. J'y ai vu
des péchers plier sous le poids des fruits;
mais les pêches n'en valoient rien. Est-ce
l'excessive abondance qui nuit à leur qualité.
Est-ce la chaleur excessive? Les pêches écla-
tent souvent, et ne mûrissent pas.

M. Crevecœur a raison de vanter l'abondance et la bonne qualité des denrées à New-
Yorck, en légumes, viandes, et sur-tout en
poisson. Il est difficile de réunir tant d'avantages.

Le lait, dont on fait une grande consommation, y a cependant un goût désagréable.
On m'assure qu'il est occasionné par *l'ail*,
qui est très-répandu dans les campagnes, et
sur-tout dans celles de Long-Island.

New-Yorck est des villes du nord et du
milieu, celle où les denrées nécessaires à
la vie sont le plus chéres. Je vous en présente

ici un tableau, qui vous en donnora quelqu'idée (1)

Beaucoup d'articles, ceux du luxe sur-
tout, sont en général plus chers ici qu'en

---

(1) Voici le prix général, en monnoie françoise, des denrées.—Bœuf, 6 sous la livre. — Lait, pinte 8 sols. — Thé
Bohea, 40 sous la liv.—Souchong, 12 l.—Verd, 16 l.—Le
prix du thé verd a beaucoup augmenté, parce que la consommation augmente. En 1787, il ne coûtoit que 12 livres.
Le pain de fine fleur, pesant 2 livres, 5 onces, 6 à 7 sous —
La bierre ordinaire bonne, 3 s. la pinte.— Le porter, de 12
à 15 liv. la douzaine de bouteilles.—Le prix de la journée
des manœuvres, maçons et charpentiers, depuis 4 livres
jusqu'à 6 livres. L'ouvrier américain travaille bien. Les
domestiques mâles gagnent de 25 à 30 livres par mois,
et sont bien nourris. La corde de bois de chêne coûte en été,
24 livres; en hiver, 30 livres. La corde est de 8 pieds anglois de longueur, 4 pieds de haut, 4 pieds de largeur. On
divise la corde en quarts; le quart de 6 liv. 10 sols. Un quart
est porté par une petite voiture, traînée par un cheval. La
voiture est garnie de quatre bâtons, dont deux armés de
haines en haut, et l'espace entre ces quatre bâtons fait le
uart. Le bois est déchargé des bâtimens qui l'apportent,
esuré en présence d'un inspecteur, qui reçoit 1 sou par
orde. L'hicory est plus cher, presque du double; mais il
st aussi bien préférable au chêne; il est plus compact,
lus pesant : il conserve mieux le feu, s'allume plus vîte,
'pand une chaleur plus forte, n'a point une flamme scin-
illante. —On brûle ici beaucoup de charbon.

Europe et en France. Un perruquier coû
20 schellings (1) au mois, ou environ 12 li
— Le blanchissage coûte à raison de 4 sche
lings ou 50 sous par douzaine de pièces, etc

J'ai entendu des François se plaindre d
ce prix excessif, et le taxer de fripon
nerie et de mauvaise foi. — Ils ne voien
pas que là où l'emploi est rare, il est cher
que là où la main-d'œuvre est rare, elle e
chère. Le perruquier n'a pas autant de pra
tiques qu'à Paris; il les fait donc payer plu
cher. Chacun blanchit chez soi; la blan-
chisseuse ne lave donc que le linge des étrangers; puis les ouvriers, les savons sont chers;
ces derniers s'importent.

Les étrangers sont très-portés à former
cette accusation de friponnerie; mais auparavant de la hasarder, ils devroient s'expliquer
ce que c'est bon marché et cher dans le
commerce; ils devroient aussi citer des faits
précis. J'ai beaucoup entendu répéter cette
accusation, et on m'a cité peu de faits.

Les étranger qui, ayant vécu long-temps
dans ce pays, taxoient les Américains de
finesse et de friponnerie, m'ont avoué qu'il

_____

(1) Le schelling est un peu plus de 12 sols de France.

falloit circonscrire cette accusation aux villes, et que dans les campagnes, on trouvoit véritablement de la bonne foi.

La plupart des personnes qui faisoient ces plaintes, étoient des François, et ils croyoient qu'on étoit plus injuste à leur égard qu'à celui des Anglois. Quand le fait seroit vrai, je n'en serois pas étonné. Les François que j'ai vus, étoient éternellement occupés à exalter le service que leur nation avoit rendu aux Américains, à contrarier les goûts et les coutumes de ces derniers, à décrier leur gouvernement politique, à exagérer les faveurs accordées par le gouvernement françois aux Américains, et à diminuer celles du congrès et des états envers les François.

Une des plus grandes erreurs des voyageurs, c'est de calculer le prix commun des denrées d'un pays, d'après les prix d'auberge et de pension. C'est une fausse base ; il faut prendre, pour les villes, le prix du marché, prix que paient l'artisan, le bourgeois, ce prix est presque de moitié inférieur à celui qu'on paie dans les auberges et dans ses pensions. Cette base seroit encore fausse, on l'appliquoit aux campagnes. Là, souvent, les denrées qui ne donnent presque

pas de peine à recueillir, et qui sont abon
dantes, n'y ont presqu'aucune valeur. Il e
est cependant que des circonstances renden
très-chères. Par exemple, la viande fraîch
doit être plus chère dans un pays où le
maisons de campagne sont très-éparses, que
dans une ville où des besoins de tous les
jours font établir des boucheries régulières.
Ces réflexions me semblent nécessaires pour
mettre en garde contre les estimations des
denrées d'un pays, données par les voyageurs. Il est encore d'autres circonstances
qui influent sur les prix. Celle, par exemple,
de la guerre, dont M. Chatellux ne tenoit
aucun compte, quand il exageroit la cherté
des denrées d'Amérique.

Cette cherté étoit bien plus grande à New-
Yorck, lors de la guerre. Le prix des denrées
y est diminué presque de moitié. Cependant,
en cet état même, on voit qu'il se rap-
proche pour les denrées, du prix des villes
du second ordre en Europe.

La pension par semaine, et presque tous
les étrangers et les membres du congrès
sont en pension, étoit de 4 à 6 dollars, 21 à
32 livres; et on payoit le vin de France à
part.

Le prix des travaux de gens de loi, est dans une proportion bien plus forcé; il est, comme en Angleterre, excessif.

Mais les médecins n'ont pas le même avantage, à cet égard, que les gens de loi. La bonne santé dont on jouit généralement ici, les rend peu nécessaires, et cependant ils sont assez nombreux.

J'ai causé avec quelques-uns d'entr'eux; je leur ai demandé quelles étoient les maladies les plus communes. Ils m'ont dit que c'étoient les fièvres bilieuses; que la plupart des maladies étoient occasionnées par les froids excessifs et par le défaut de soins. — Il y a peu de maladies ici, m'ajoutèrent-ils; l'air y est sain, malgré le voisinage de la mer et la position insulaire de la ville. Les habitans y sont assez tempérans. Les gens aisés ne sont pas assez riches pour se livrer à ce luxe et à ces débauches qui tuent en Europe tant d'individus, et il n'y a pas de pauvres, le poisson et la viande y étant à très-bon compte.

Que les hommes qui doutent des effets prodigieux de la liberté sur l'homme et sur son industrie, se transportent en Amérique; de quels miracles ils seront témoins! Tandis

que presque par-tout en Europe, les villag
et les villes tombent en ruines, plutôt qu
d'augmenter ; ici des édifices nouveaux s'élè
vent par-tout. New-Yorck avoit été en parti
consumé par le feu, lors de la dernière guerre
les traces de ce terrible incendie disparois
sent. L'activité qui règne par - tout , annonce la prospérité qui se prépare. Par-
tout on élargit , on étend les rues. Des
bâtimens élégans , dans le genre anglois,
remplacent les maisons à pignons, à échan-
crures, des Hollandois. On en retrouve encore
quelques-unes dans ce dernier style. Elles
causent quelques plaisirs à l'œil de l'observateur européen ; elles lui retracent l'origine de cette colonie; et les mœurs de ceux
qui les habitent , portent aussi l'empreinte
des anciennes mœurs belgiques...

Je me promène le long de la rivière du
Nord. — Quels changemens rapides en peu
de semaines ! — La rivière est reculée de
200 pieds. ; et par une mécanique fort
simple, on construit une espèce d'encaisse-
ment , composé des arbres les plus gros,
séparés entr'eux, couchés en travers, empi-
lés les uns sur les autres, attachés ensemble
par de forts montans. — On conduit cette

gue flottante à l'endroit où elle doit être
xée , et où souvent il y a 40 pieds d'eau.
rrivée à sa destination, on l'enfonce en la
irchargeant de pierres énormes , entassées
ıns des bateaux. Puis on s'empresse de
ombler l'espace rempli d'eau qu'elles
üssent derrière elles. De toutes parts des
ıaisons s'élèvent , des rues se forment. Je
ıe vois par-tout qu'ouvriers comblant , en-
onçant le terrein , bâtissant , pavant , éta-
ılissant des pompes publiques.

Au même temps on élève un hôtel pour
e congrès ; on repare l'hôpital. Il étoit
dans le plus mauvais état, délabré. Pas un
malade ne pouvoit y être logé. C'étoit presque un bâtiment abandonné. On en a rendu
administration aux quakers , auxquels on
avoit précédemment ôtée, par la haine qu'on
eur portoit. Ils ont arrêté aussi-tôt de le
éparer , et les réparations s'exécutent avec
a plus grande vigueur.

Ce bâtiment est vaste, en briques , par-
aitement bien situé , le long de la rivière du
ord. Il jouit de tous les avantages. Air le
ıus salubre , qu'on peut renouveller à vo-
té ; eau en abondance ; vaste terrain pour
romenade des malades ; vue magnifique et

agréable ; hors de la ville , et cependant
la porte ; assez loin , pour que l'air de l'h
pital ne soit point dangereux ; assez pré
pour qu'on puisse aller commodément visit
les malades et les y porter.

C'est encore aux quakers, à ces homm
qu'on a tant calomniés , et dont je vous pa
lerai plus au long par la suite , qu'on do
l'ordre qui s'observe dans la maison de trava
dont ils ont la surveillance.

C'est encore à leur zèle que l'on doit cet
société qui s'est formée ici , pour *l'abol
tion de la traite des noirs et de l'esclavag*
Comme je consacre à cette matière impo
tante un article particulier, je m'abstiendr
de vous en parler ici.

Une société , dont le titre est plus fas
tueux, et dont les services sont moins réels
s'est élevée depuis quelques temps. Elle
pour objet d'étendre les sciences et toute
les connoissances utiles ; mais elle s'assembl
peu , ne travaille point. Elle a cependar
800 pounds à la banque , lesquels restent o
sifs. Le gouverneur Clinton en est le présiden
et il n'est rien moins qu'un homme savant.

Cette société réussira difficilement ici
les Hollandois n'aiment pas les lettres.

Ma

Mais quoique cette ville ne renferme pas beaucoup de savans, la présence du congrès y attire momentanément, au moins de toutes les parties de l'Amérique, les hommes les plus célèbres. J'y ai vu sur-tout MM. *Jay*, *Maddison*, *Hamilton*, *King*, *Thornton*. —Je vous ai déjà parlé du premier.

Le nom de M. Maddison, célèbre en Amérique, est très-connu en Europe, par les éloges mérités qu'en a faits son compatriote et son ami M. Jefferson. Quoique jeune encore, il a rendu de grands services à la Virginie, à la confédération américaine, et en général à la liberté et à l'humanité. —Il a beaucoup contribué, avec M. White, à la réforme du code civil et du code criminel de son pays; il s'est sur-tout distingué lors des conventions pour l'acceptation du nouveau plan fédéral. La Virginie balança long-temps à y adhérer. M. Maddison détermina en sa faveur les membres de la convention, par son éloquence et par sa logique. Ce républicain paroît ne compter pas plus de 33 ans. Il avoit, lorsque je le vis, un air fatigué; peut-être étoit-ce l'effet des travaux immenses, auxquels il s'étoit livré dans ces derniers temps. Son regard annonçoit un censeur;

Tome I.   Q

sa conversation déceloit un savant, et s
contenance étoit celle d'un homme qui a l
conscience de ses talens,et de ses devoirs.

On parla beaucoup pendant le dîner au
quel il m'invita, du refus qu'avoit fait l
Caroline du nord, d'adhérer au nouveau plar
La majorité contre étoit de 100. M. Maddiso
ne croyoit pas que ce refus eût aucun poid
sur l'esprit des Américains, ni qu'il arrêtât le
opérations du nouveau congrès. — Je lui di
que, si ce refus ne portoit pas un coup fu
neste au congrès en Amérique, il le lu
porteroit en Europe ; qu'on ne se donneroi
pas la peine d'y apprécier les motifs de ce
refus, le peu d'importance de cet état dan
la confédération; qu'on verroit, dans ce re
fus, un germe, une cause de division, peut
être longue, et de nature à retarder les opé
rations du congrès, et que certainemen
cette idée arrêteroit la résurrection du crédi
de l'Amérique.

M. Maddison attribuoit ce refus à l'atta
chement de la plupart des habitans pour l
papier-monnoie, ou pour le *tender act*, et
l'influence d'un parti que dirigeoit le gouver
nement de cet état, et qui, probablement
s'enrichissoit par ce moyen ; il étoit très-port

roire que cette diposition de la Caroline
nord ne dureroit pas long-temps.

A. Hamilton est le digne émule, et com-
gnon des travaux de M. Maddison. — Sa
ire annonce un homme de 38 à 40 ans.
l n'est pas grand.—Sa contenance est dé-
ée. — Son air est ouvert et a quelque chose
martial. —Il étoit aide-de-camp du général
ashington, qui avoit en lui la plus grande
nfiance, et il la méritoit.— Depuis la paix
i repris la profession d'avocat, et il s'est
r-tout consacré à la carrière publique. Ap-
lé dans le congrès, il s'y est distingué par
n éloquence et par la solidité du raison-
ment. Parmi les ouvrages sortis de sa
ume, on a distingué une foule de lettres,
érées dans *le Fédéralise*, dont j'aurai oc-
ion de vous parler par la suite, *et les*
res de Phocion, en faveur des loyalistes.
Hamilton les avoit combattus, avec suc-
pendant la guerre. Lorsque la paix lui
éda, il fut d'avis qu'il ne falloit pas les
spérer par une persécution rigoureuse,
eut le bonheur de ramener au parti de la
eur ses compatriotes, qu'avoit animés
ste ressentiment des maux causés par
yalistes. — Le triomphe de ce jeune

orateur a été la convention de New-Yorck.
Le parti des anti-fédéralistes étoit nombre
dans cette ville. Quand les membres qui co
posèrent la convention partirent pour Poug
keepsie , les trois quarts étoient contre
nouveau système.— M. Hamilton, joignant s
efforts à ceux du célèbre Jay , eut le bo
heur de convaincre, même les plus opiniâtre
que le refus de New-Yorck entraîneroit l
plus grands maux pour cet état et pour
confédération. — Le plan fut donc agréé.
La fête qui suivit la ratification à New-Yorc
fut magnifique. Le vaisseau *le Fédéral*, qu'
y promena , fut appelé *Hamilton*, en l'ho
neur de cet éloquent orateur.

Il a épousé la fille du général Schuyle
femme charmante , qui joint aux grac
toute la candeur et l'ingénuité d'une A
ricaine.

Je trouvai, au dîner auquel il m'invita
général Miflin , qui s'est distingué par s
activité dans la dernière guerre. A la vi
cité d'un François , il me parut joindre
caractère le plus obligeant.

M. *King* , que je vis à ce dîner, pas
pour l'homme le plus éloquent des Et
Unis. Ce qui me frappa dans lui , c'étoit

destie. Il paroissoit ignorer ce qu'il valoit.
M. Hamilton avoit l'air déterminé d'un
ublicain ; M. Maddison, l'air méditatif
n profond politique.

)ans ce dîner, comme presque dans tous
autres que j'ai faits en Amérique, j'ai
jours vu porter la santé de M. la Fayette.
Américains le citent, avec plaisir, comme
de leurs libérateurs, le chérissent comme
r meilleur ami. Il mérite leur tendresse
leur estime ; ils n'ont pas de meilleur
ron en France. Sa générosité à leur égard
s'est jamais démentie ; elle s'est montrée
s toutes les occasions publiques, et en-
e mieux dans des circonstances particu-
es, où le le bienfait reste inconnu. Ce
t pas faire l'éloge peut-être de la France
es François qui ont été en Amérique ;
il est le seul qui ait secouru les mal-
eux incendiés à Boston (1) ; le seul qui
onstamment sa porte ouverte à tous les
ricains.

docteur Thornton, intimement lié avec
les Américains que je viens de citer
une autre carrière ; celle de l'huma-

donna 300 louis.

nité. Quoique par son extérieur, il n'ait
l'air d'appartenir à la société des amis, i
à les principes et pratique la morale, et si
tout à l'égard des noirs. Il m'a raconté to
les efforts qu'il a faits, et qu'il fait encore po
accélérer l'exécution d'un vaste projet qu
a conçu à leur égard. Persuadé que jamai
n'existera une sincère union entre les blan
et les noirs, même en admettant ces derni
à tous les droits politiques ; il propose
les retransporter et de les établir en Af
que. Ce plan effraie au premier aspect ; m
en l'approfondissant, on en sent et la néc
sité et les avantages. Je ne veux pas les ci
ici ; je les réserve pour ma lettre sur l'é
des noirs dans cette contrée. M. Thornto
qui paroît, par sa vivacité et ses manièr
agréables, appartenir à la nation Françoi
elevé à Antigues. Sa mère y a une plant
tion ; et c'est là, qu'au lieu de s'endurci
comme presque tous les planteurs, sur
sort des nègres, il a puisé cette humanit
cette compassion pour eux, dont il est
tourmenté. Il me dit qu'il auroit mis s
nègres en liberté, s'il en avoit été le maîtr
mais que ne le pouvant pas, il les trait
en hommes ; que par ce moyen, également

ivi par son père, on ne recrutoit point de
)irs sur son habitation.

Je ne veux pas finir cette lettre, sans vous
irler d'un autre Américain, dont les talens
t finances sont bien connus ici. C'est le
)lonel Duer, secrétaire de la trésorerie. Il
t difficile d'allier à une grande facilité pour
s calculs, des vues plus étendues et une
énétration plus rapide, dans les projets les
lus compliqués. A ces qualités, il joint
elles de l'âme; et c'est à son caractère obli-
eant, à son zèle, que je dois une foule de
enseignemens précieux sur l'état des finan-
es de ce pays, que je vous communiquerai
ar la suite.

Je manquerois encore à la reconnoissance,
je ne citois pas ici les bons procédés, à
on égard, du président du congrès, M. Gril-
.—Il est Virginien, d'une belle taille,
ne figure agréable, et qui annonce de
prit; il est affable, poli, doux.—Je vis
premier dîné où je fus invité, sept à huit
es, toutes parées avec des grands chaux, des plumes, etc. etc. Je remarquai,
c peine, beaucoup de prétentions dans
lques-unes de ces femmes. L'une jouoit la
me étourdie et vive; une autre, la femme

à sentimens. — Cette dernière avoit bea
coup de minauderies et de grimaces. De
d'entr'elles avoient le sein fort découvert.
Je fus scandalisé de cette indécence dans d
républicaines.

Un président du congrès est loin de l'a
pareil qui entoure les monarques européen
et tant mieux. Il n'est pas stable, et ta
mieux encore. Il n'oublie jamais qu'il ·
simple citoyen, et qu'il le redeviendra. —
ne donne pas de fastueux dîners, et ta
mieux encore, il a moins de parasites,
peut moins corrompre.

Je remarquai qu'à cette table on s'affra
chissoit de bien des usages observés ailleur
— Point de présentations fatigantes ; poir
de ces toasts si désespérans dans une non
breuse société. — Lorsque les dames se furen
retirées, on but peu de vin. — Ces traits sul
fisent pour vous donner une idée de la tem
pérance de ce pays ; tempérance, vertu pa
excellence des républicains.

Je dois vous dire, en terminant cett
lettre, un mot de la situation des finance
de New - Yorck, et de l'état en généra
La facilité de lever l'impôt sur le con
merce étranger, et qui est si florissant, l

met à portée de payer exactement, et les dépenses du gouvernement, et l'intérêt de sa dette privée, et sa part à la liste civile du congrès. On croit que ses revenus s'élèvent annuellement à 80,000 pounds, monnoie de New-Yorck, c'est-à-dire, 41 à 42,000 louis d'or.

Les dépenses particulières de la ville et du comté de New-Yorck, se sont montées, en 1787, au quart de cette somme, c'est-à-dire, à 10,100 pounds. Je vous en joins ici l'état.

	pounds.	sch.	den.
Salaires, ...	37	10	
Elections, ...	62	12	
Pompes et puits, ...	104	8	4
Routes et rues, ...	734	2	1
Maison des pauvres, ...	3791	14	4
Bridewell, ou maison de correction, . . .	899	11	4
Lampes, ...	1439	19	.
Garde de nuit, ...	1931	2	
Prisonniers, ...	372	18	10
Réparations d'édifices publics, ...	342	15	11
Quais, ...	25		
Ville de New-Yorck, ...	137	19	
Comté de New-Yorck, ...	130	9	
	10100	11	

Le bon état des finances de cette ville, son

exactitude à acquitter les intérêts de sa dett
contribuent beaucoup au crédit de son p.
pier-monnoïe ; car il y en a, et les fraction
vont même jusqu'à un schelling ; et ce papie
est reçu au marché contre les denrées, pou
la même valeur que la monnoïe de billon
Mais ce papier perd 8 pour cent, lorsqu
vous l'échangez contre de l'argent, soit pou
voyager, soit pour payer au-dehors.

La banque de New-Yorck jouit d'une bonn
réputation dans le Continent ; elle est adminis
trée très-sagement. Son caissier ou directeu
est M. *Willian Seton*, auquel M. Crevecœu
a adressé ses lettres ; et ce qui vous donner
une bonne idée de son intégrité, c'est qu'il
ait été choisi pour cette importante place,
malgré son dévouement connu pour la cause
de l'Angleterre. Cette banque reçoit et paie,
sans frais, pour les négocians et les particuliers qui veulent ouvrir un compte chez elle.

LETTRE VIII.

Voyage de New-Yorck à Philadelphie.

JE partis de New-Yorck le 25 août 1788, à six heures du matin. J'avois retenu une place dans la diligence appelée : *New line of stages to Philadelphia* (1), ce qui, à la lettre, signifie : *Nouvelle ligne de voitures à Philadelphie.* Cette dénomination est fondée sur ce que ce n'est pas la même voiture qui vous transporte de New-Yorck à Philadelphie; on en change sept à huit fois dans la route.

Avant d'arriver à la voiture, il me fallut passer la rivière du Nord, dans un bateau non ponté (2). On débarque à Paulus-Hook,

_____

(1) Il part tous les jours, excepté le dimanche, de Philadelphie et de New-Yorck, deux voitures de chaque ligne ; l'une, qui doit vous rendre dans le jour, et l'autre, dans un jour et demi.

(2) Il y a quatre ferrys ou bacs à passer en allant de New-Yorck à Philadelphie, outre le passage en bateau de la rivière du nord. Il n'est pas douteux que tôt ou tard on ne subs-

où l'on trouve la voiture. On compte de[u]
milles pour ce passage; on paie 6 sols, mo[n]
noie de New-Yorck.

Cette voiture est à quatre roues; c'est u[n]
espèce de chariot ouvert, aux côtés duqu[el]
sont des doubles rideaux en cuir et en lain[e]
qu'on baisse quand il pleut ou que le sole[il]
incommode, et qui se relèvent lorsqu'o[n]
veut jouir de l'air et du spectacle de la cam[-]
pagne. Ces voitures sont assez mal suspen[-]
dues; mais le terrain qu'elles ont à parcou[-]
rir, étant de sable et de gravier, on n'e[n]
ressent aucune incommodité. Les chevau[x]
qui les traînent sont bons, et vont avec asse[z]
de rapidité. Ces voitures ont quatre bancs[,]
et peuvent contenir douze personnes; l[e]
bagage léger se met sous les pieds; les malle[s]
s'accrochent derrière; mais on n'en peu[t]
pas mettre un grand nombre. C'est la seul[e]
manière de voyager, et ce n'est pas un mal[.]
On n'y a point de chevaux de poste, et c[e]
n'est pas un mal. Les particuliers qui n[e]

---

tituera sur les rivières qui en sont susceptibles, des pon[ts]
à ces bacs, qui sont souvent dangereux. Je fus bien près d[e]
périr un jour, dans un de ces bacs, sur la rivière d'Hac[-]
kensack.

veulent pas prendre le stage, ont un cabriolet avec un cheval.

Que les François qui ont voyagé par ces
voitures, les comparent à celles dont on se
sert en France; à ces lourdes diligences, où
sont étouffées huit ou dix personnes; à ces
cabriolets des environs de Paris, où deux
personnes, étroitement resserrées, sont Privées de l'air, par le sale conducteur qui
tourmente sa malheureuse haridelle; à ces
guinguettes traînées à peine par deux chevaux, où l'on est dans une attitude oblique,
gênante, gênée, où l'on respire un air empoisonné, etc.; et ces voitures ont à parcourir
les plus beaux chemins, font la lieue à l'heure.
Ah! si les Américains avoient de pareils chemins, avec quelle rapidité ils voyageroient,
puisque, malgré les inconvéniens de leur
route, on achève dans un jour, les 96 milles
ou 32 lieues qui séparent New-Yorck et
Philadelphie. Ainsi, ne remontant pas au-
delà d'un siècle et demi, contrariés par mille
obstacles, les Américains sont déjà supé-
rieurs à des peuples qui existent depuis quinze
siècles.

On trouve dans les diligences ou stages,
des hommes de toutes les professions; ils

se succèdent avec beaucoup de rapidit
L'un, qui ne va qu'à 15 milles, cède sa plac
à un voyageur qui va plus loin. La mer
monte dans le stage avec sa fille, pour alle
dîner à 10 milles, d'où elle sera ramenée pa
un stage. Ce sont donc, à chaque instant
de nouvelles connoissances que vous faites,
La fréquence de ces voitures, la facilité d'
trouver des places, même pour un court
espace, le prix fixe et bas, invitent les
Américains à voyager. Ce prix est de 3 sous
par mille.

Ces voitures ont un avantage particulier;
elles entretiennent l'idée de l'égalité. Le membre du congrès est à côté du cordonnier,
qui l'a élu, et fraternise avec lui; ils causent
ensemble avec familiarité. On ne voit prendre
à personne l'air d'importance que vous ne rencontrez que trop souvent en France. Par exemple, dans ce dernier pays, *un homme comme
il faut*, rougiroit de voyager par les diligences;
c'est une voiture ignoble; on ne sait avec
qui l'on se trouve, tandis qu'il est du bon
ton de *courir la poste*. Les voitures particulières humilient donc ceux qui sont condamnés à la triste *turgotine*. De cette inégalité,
résultent l'envie, le goût du luxe, de l'os-

entation., l'avidité du gain, l'habitude de noyens coupables pour s'enrichir: C'est donc un bien pour l'Amérique, que la nature des choses empêche cette distinction de voitures particulières.

L'homme du peuple, d'ailleurs, j'entends l'artisan ou l'ouvrier, qui se trouve dans ces voitures avec l'homme en place, se compose, se tait, ou tâche, s'il prend part à la conversation, de monter au niveau des autres; il s'instruit au moins. L'homme en place en a moins de fierté, et parvient mieux à connoître l'esprit du peuple.

Je parcourus dans une semblable voiture, tous les Jerseys. Le fils du gouverneur Livingston y étoit. Je ne m'en serois pas apperçu, tant il avoit l'air honnête et simple, si, de temps en temps, les maîtres des tavernes où nous abordions, ne l'avoient pas salué avec un air de familiarité respectueuse. On me dit que le gouverneur lui-même se servoit souvent de ces voitures. Vous aurez une idée de cet homme respectable, qui, tout à la fois, écrit, gouverne et laboure, en apprenant qu'il se fait honneur de s'appeler *fermier de Jersey*.

Les avantages que présentent ces voitures,

engagent les femmes à s'en servir. Elles
sont souvent seules, et sans être accompa
gnées d'aucune personne de leur connoi
sance; elles n'ont point à craindre d'insolenc
ou ce langage équivoque et souvent liberti
des jeunes gens ; langage qui n'est que tro
commun dans les voitures françoises o
même angloises. Ce mélange d'hommes et d
femmes dans les voitures , ne peut qu'en
tretenir la pureté des mœurs , et prouve
qu'elles sont respectées. Si elles ne l'étoien
pas , les femmes s'en abstiendroient. —Le
hommes sont plus entraînés au libertinag
d'esprit, quand ils sont seuls.

Les stages d'Amérique sont donc de vraie
voitures politiques. Je m'imagine bien qu
nos petits-maîtres de France leur préfér
roient une voiture coupée , bien suspendu
mais ces voitures roulent, ou dans les pa
à Bastilles , ou dans ceux qu'afflige une trè
grande inégalité, et par conséquent la misèr

J'ai entendu des François blâmer enco
l'usage de changer si souvent de voitures
mais cet usage est fondé en raison, et a d
avantages. Ce n'est pas , en effet, le mê
homme qui fait courir la diligence ; ce so
différens patticuliers , demeurant dans l
différent

fférentes villes où passe la route, qui s'arangent entr'eux pour fournir chevaux et itures. Un habitant de New-York conduit diligence jusqu'à Newarks; un habitant de ewarks la continue jusqu'à Elisabeth Town. ouvent c'est le maître de la voiture qui la conuit, ou il la fait conduire par son domesique. Il est sûr alors que ses chevaux ne seront as excédés de fatigues, et que sa voiture era menagée; ce qui ne seroit pas toujours, i la voiture et les chevaux étoient conduits ar des étrangers. Ces mêmes chevaux et ette voiture ramènent des voyageurs qui eviennent, et cet arrangement met ainsi les propriétaires des stages à portée de se contenter d'un très-bas prix. Il ne m'en coûta ue 10 livres 10 sous, pour faire environ 32 eues de France (1) tandis qu'il m'en eût oûté en France, environ 32 livres, en y

___

(1) Il est vrai que ce bon marché étoit dû à une circonsnce momentanée, à la concurrence de deux particuliers i avoient établi chacun une ligne de stages et qui cherient à s'écraser; mais de cette concurrence résultoit que ublic étoit mieux servi. En novembre 1788, les propriés des deux stages convinrent de porter le prix à 4 piastres lieu de 2, c'est-à-dire, à 21 livres.

comprenant les petites vexations des pos
lons, ce qu'on ne connoît point ici.

Il est vrai que par cet arrangement,
voitures ne prennent pas de gros bagage
mais ce n'est pas un mal : les voyageı
n'emportent que le nécessaire, c'est-à-dir
un très-petit paquet. Ils sont donc forc
d'être simples ; en voyageant, ils ne s'e
tourent donc point, comme les Européen
d'une foule de besoins gênans : un América
voyage avec son peigne et son rasoir, uı
couple de chemises et de cravates.

La route de New-Yorck à Newarck est e
partie au milieu des marais. Je la trouvai vı
ritablement étonnante ; elle rappelle cetı
industrie infatigable des anciens Hollandoi;
dont parle M. Crevecœur ; toute construi
en bois, avec tant de peine et de constance
au milieu des eaux, sur un terrein mouvant
elle prouve à quel point peut s'élever la p
tience de l'homme qui veut vaincre la natuı

Mais, malgré le desséchement de tant d
parties marécageuses, si fréquentes dans le
deux Jerseys, il en reste encore plus à de
sécher. Ces eaux stagnantes corrompeı
l'air, qui est sensiblement infect, et do
nent naissance à ces mosquites, dont on eʲ

si cruellement tourmenté, et à cette fièvre
épidémique, dont j'ai déjà parlé, qui fait
tant de ravages en été ; fièvre connue aussi
en Virginie et dans les états du midi, et sur-
tout dans les parties voisines de la mer. On
ne s'en délivre radicalement qu'en allant
dans l'intérieur, vers les montagnes, et sur-
tout dans les états de l'Est.

On m'assura que la partie supérieure des
Jerseys étoit exempte de ces inconvéniens,
des fièvres et des mosquites. Mais elle est
ravagée comme l'autre, par un fléau politique, plus terrible encore ; c'est le *papier-
monnoie.* — Le papier-monnoie est encore
dans les Jerseys ; comme disent les Américains, un *legal tender*, c'est-à-dire, qu'on
st forcé de le recevoir, malgré la perte,
omme un paiement légal.

Je vis, dans ce voyage, combien d'inconvéniens et d'abus résultoient de cette mon-
oie fictive. Un voyageur qui avoit acheté
New-Yorck de ce papier, à 25 pour 100 de
erte, voulut le donner en paiement à ce
rix. Le maître de la taverne exigea un
scompte de 50 pour 100. J'observai la phy-
ionomie de ce dernier ; il avoit le sang-
roid et les yeux faux et obliques d'un fripon.

Il me paroît qu'il entendoit fort bien
trafic de ce papier déshonoré ; il le payoi
bas prix , et le revendoit le double à Ne
Yorck ; genre d'industrie abominable , en
qu'il est fondé sur la mauvaise foi , et qu
l'avantage du trafiquant ne s'obtient qu'a
détriment général ! aussi ce trafic corrom
tout à la fois les mœurs privées , et détruit
bie.ı public. Il fait de l'agioteur l'ennemi d
tous ses concitoyens ; il fait une science d
la tromperie ; il accoutume l'homme à vivre
non d'un travail honnête et utile aux autres
mais d'un travail déshonnête et funeste.

Il résultoit encore de la circulation de c
papier , qu'une défiance générale s'étoit éta
blie par-tout. L'argent étoit soigneuseme
renfermé, et ne paroissoit point. On ne pou
voit ni vendre sa terre , ni emprunter sur s
terre : dans l'un et l'autre cas , les vendeur
et prêteurs craignoient d'être payés par u
papier , dont la dépréciation pouvoit encor
augmenter. L'ami même n'osoit se fier à so
ami ; car on avoit vu des exemples de la pe
fidie la plus révoltante en ce genre. Le p
triotisme n'étoit donc plus , par une cons
quence nécessaire ; les défrichemens s'a
rêtoient par-tout , le commerce déclinoit

j'étois réellement affligé en considérant tous ces maux. Comment, disois-je au fils du gouverneur des Jerseys qui voyageoit avec moi ; comment peut-il exister du papier-monnoie au milieu d'un pays si riche ? Les Jerseys fournissent des denrées en abondance à l'état de New-Yorck et à celui de Philadelphie ; ils en tirent donc sans cesse de l'argent. Or, est-ce à un état qui est créancier des autres, qui touche sa créance en argent, à se servir d'une ressource qui n'est faite que pour les peuples pauvres, dénués d'argent ou de moyens d'en avoir ? Comment les membres de votre législation n'ont-ils pas fait ces réflexions ? Comment ne se sont-ils pas opposés à cet acte de *legal tender ?* La raison en est simple, me répondit-il : à la fin de la guerre affreuse que nous avons essuyée, la plus grande partie de nos conci-oyens étoit ruinée, écrasée de dettes ; elle vu, dans le papier-monnoie, le moyen de 'en délivrer plus aisément, et elle a eu une ssez grande influence sur ses représentans our les forcer à passer cet acte. Soit, lui is-je ; mais le mal existe maintenant : on le it, l'artifice tourne contre ses auteurs ; r ceux qui ont payé en papier, sont aussi

payés dans cette monnoie décriée; ils voie
qu'elle déshonore leur pays , qu'elle desséch
leur agriculture , leur commerce dans leur
sources ; comment donc n'emploient-ils pa
leur influence pour faire révoquer ce *leg*
tender ? Un grand intérêt s'y oppose , me ré
pondit-il, l'intérêt des *stocks-jobbers* ou agio
teurs. Ils prolongent ce malheureux jeu, l
plus qu'ils peuvent , pour faire plus d
dupes , et gagner davantage. Nous n'atten
dons de ressources que de la nouvelle cons
titution , qui ôtera aux états le pouvoir d
mettre en circulation du papier - monnoie
Mais tous les honnêtes gens en désirent l'ex
tinction , et l'or reparoîtra en abondance
Ce fut ainsi qu'il reparut à l'extinction du
papier continental.

Les ennemis de la liberté tirent de ces fait
l'induction, que le peuple , dans les répu
bliques , peut , momentanément , vouloir
et faire ordonner une injustice quand elle
lui est profitable; et c'est une induction qu'a
doptent avec empressement les partisan
des monarchies. Mais cet inconvénient n'es
pas l'effet du gouvernement républicain
mais bien de l'ignorance ; car il n'est poin
d'injustice ordonnée par la majorité du peu

ple, qui, tôt ou tard, ne retombe sur cette majorité ; et, par conséquent, quand elle la veut, quand elle l'ordonne, c'est par ignorance ; elle ne voit pas qu'elle s'égorge de ses propres mains. Par exemple, ne pourroit-on pas dire ici à la majorité des peuples du Jersey : Vous êtes tous débiteurs, vous voulez payer vos dettes avec un chiffon de papier, et duper vos créanciers. Soit ; mais quand ce système de mauvaise foi sera établi, qu'en résultera-t-il ? Il vous faut vivre ; vous ne pouvez vivre qu'en vendant vos bestiaux, vos denrées : on vous les payera en papier. Si vous voulez multiplier vos défrichemens, augmenter vos entreprises, il vous faudra des avances ; vous n'en trouverez qu'en papier ; c'est-à-dire, dans une monnoie décriée. Vous vous trouverez donc réellement écrasés du fardeau qui a écrasé vos créanciers : suivez un système contraire, n'ayez point de *legal tender* ; laissez les choses aller leur train ; le crédit étant intact, le commerce, l'agriculture augmenteront ; vous trouverez plus d'emplois, par conséquent plus de moyens de payer vos dettes.

Je ne sais ; mais il me semble que chez un peuple calculateur, ce raisonnement eût dû

R 4

faire impression. Le peuple ignorant ne
goûtera pas; il jouit du présent, ne songe poi
à l'avenir; il trouve fort commode de s'affra
chir aujourd'hui avec un chiffon de papiei
il ne voit pas que le couteau dont il égorg
aujourd'hui son créancier, servira à l'égorge
lui-même demain. Le papier-monnoie, don
je parle, étoit donc l'effet d'une cupidit
aveugle.

Il reste à examiner maintenant, si cett
cupidité ignorante ne peut pas être plus aisé
ment éclairée dans une république que dan
une monarchie. Reste à examiner si ces er
reurs, si ces écarts de mauvaise foi, son
plus communs dans les républiques que dan
les monarchies. Or, personne ne peut ba
lancer sur ce problème; le peuple américaii
l'a résolu, en approuvant unanimement l'ar
ticle de la nouvelle confédération, qui ôt
à tous les états le droit de faire circule
du papier-monnoie.

De Newarks, nous allâmes dîner à New
Brunswick, et coucher à Trenton. Le chemi
est assez mauvais entre ces deux dernière
villes, sur-tout quand il a plu; il me par
mal entretenu, et difficile à entretenir. No
passâmes par Princetown. Cette partie d

erseys est très-bien cultivée ; et M. Creve-
œur n'a point exagéré le tableau intéres-
ant qu'il nous en a donné — Toutes les
illes en sont très-bien bâties , soit en bois ,
oit en pierres , soit en briques. Ces lieux
ont célèbres dans les fastes militaires , et
ont assez connus , pour que je me dispense
l'en parler. Sur cette route , les aubergistes
ont plus chers que dans le Connecticut ou
le Massasuchett. A Trenton , en revenant ,
je payai, pour mon dîner, 3 schellings 6 sous,
monnoie de Philadelphie , c'est - à - dire ,
50 sous.

Ce prix paroîtra cher pour l'Amérique ,
quand sur-tout on se rappellera , qu'on boit
peu de vin dans ces auberges , et que le dîner
n'est composé que de provisions du pays.
Mais il faut bien , comme je l'ai déjà dit ,
e garder de juger du prix général des den-
ées , par ce prix des auberges.

Nous partîmes de Trenton à sept heures
u matin, et nous passâmes la Delaware
u Ferry ou Bac.

La Delaware , qui sépare les Jerseys de
Pensylvanie , est une vaste et superbe ri-
ère , navigable pour de grands vaisseaux ;
ais sa navigation est interceptée par les

glaces pendant deux ou trois mois de l'anné
Les navires n'y sont point attaqués de ce
vers, qui, dans les rivières du Sud, piquer
et détruisent les vaisseaux. La mer, en
portant ses eaux, y amoncèle le sable d
côté des Jerseys.

Le coup-d'œil, du milieu de la rivière, es
infiniment agréable : à la droite, vous ap
percevez des moulins et une manufactur
élevée par M. Morris ; à la gauche, vou
voyez deux petites villes charmantes, qui do
minent sur la rivière.

Les bords de cette rivière sont encore très
sauvages. On voit, dans la forêt qui les couvre
de superbes arbres (1) et quelques maisons
qui ne ressemblent pas, pour la simple élé
gance, à celles du Massasuchett : cependan
les individus qui l'habitent ont l'air de joui
de l'aisance. Je vis sortir d'une de ces *Lo
ghouses* une femme d'une énorme embon

_____

(1) Dans le second voyage que je fis à Philadelphie, j
remarquai que cette forêt étoit remplie de jeunes arbres. I
ne seroit pas difficile de la repeupler, si l'on pouvoit em
pêcher les bestiaux d'y aller ; mais les Américains ne s'oc
cupent que d'abattre, loin de songer à repeupler les fo
rêts, quoique dans certains endroits ils sentent déjà l
besoin de bois.

point ; elle étoit habillée d'une jolie toile de coton.

Nous déjeunâmes à Bristol , ville qui est située vis-à-vis Burlington. Ce fut-là où le fameux Penn planta d'abord ses tabernacles. Mais on lui représenta que la rivière , dans cet endroit , n'offroit point de mouillage aussi bon et aussi sûr que près du lieu déjà habité par les Suédois , et où Philadelphie a depuis été bâtie ; il résolut donc de l'acheter d'eux , leur donna des terres en échange dans les derniers , et quitta Bristol. Après avoir traversé la *Shamony* sur un pont nouveau , et la ville de Francfort , nous fûmes rendus à deux heures à Philadelphie , par une très-belle route , percée au milieu de champs bien cultivés , ornés de ces belles maisons ,. qui annoncent le voisinage d'une grande ville.

LETTRE IX.

Voyage à Burlington, et visite à M. Temp Franklin.

27 août 1788.

A peine avois-je passé quelques heures Philadelphie, qu'une affaire particulière m força d'aller à Burlington, sur les bords de Delaware. C'est une jolie petite ville ; ell est plus ancienne que Philadelphie. Il y beaucoup d'amis ou de quakers ; elle e étoit autrefois le rendez-vous général.

De-là je me rendis à la maison de ca pagne de M. Temple Franklin : c'est l petit-fils du célèbre Franklin, et aussi conn en France par son amabilité, que par se connoissances et ses qualités.

Sa maison est à cinq milles de Burlington au milieu des bois, dans un terrain sablo neux, et couvert d'une forêt de pins. Cett maison est simple ; le jardin en est bien tenu les bois s'abattent, la vue se dégage insen siblement. Cet Américain a une fort bonn bibliothèque. Ce lieu semble destiné pour l retraite d'un philosophe.

J'y dînai avec cinq ou six François. La conversation tomba sur l'Amérique, et sur les Américains. On dit beaucoup de mal de leur défaut de lois, de leur papier-monnoie, de leur mauvaise foi. — Je défendis les Américains, ou plutôt je priai qu'on m'éclairât par *des faits*; car j'étois bien déterminé de ne plus croire aux opinions des individus.

Vous voulez des faits, me dit l'un de ces François qui existoit depuis trois ans en Amérique, je vous en citerai. Je dis que c'est un pays misérable. Dans le Jersey, où nous sommes, il n'y a point d'argent, il n'y a que du papier-monnoie.

L'argent est renfermé, répondit M. Franklin; voudriez-vous qu'on fût assez dupe pour l'échanger contre un chiffon décrié? — Attendez que la loi ait retiré le papier-monnoie.

On ne peut pas trouver à emprunter sur les meilleures sécurités. — Je le crois, dit M. Franklin; on craint d'être remboursé en papier-monnoie. Ces faits prouvent, non le défaut d'argent, mais la prudence des capitalistes, et l'influence des débiteurs sur la législation.

On passa à un autre point. —La Loi e
arbitraire et souvent injuste.—Par exempl
il y a une loi qui met un impôt d'une piast
sur le second chien, et l'impôt va en au
mentant, en raison du nombre des chien
Ainsi, un laboureur qui a besoin de chiens
est privé de leurs secours. — Il n'en a pa
besoin , dit M. Franklin. Les laboureur
n'ont des chiens que pour leur plaisir, et s'i
est quelque chose qui puisse être taxé, c'es
bien le plaisir. —Les chiens nuisent aux mou
tons ; loin d'être utiles pour les garder , ils le
tuent même dans ces cantons. J'ai vu u
chien égorger un de mes moutons, et j'a
été un des premiers à solliciter la loi, parc
que nous étions infestés de ces chiens. Pou
s'en délivrer , on a mis un impôt , et cet
impôt a produit des effets salutaires. L'argent de l'impôt est destiné à indemniser
celui qui perd des moutons étranglés par des
chiens.

Mon François revint à la charge. Mais ces
impôts sont si lourds ! —Vous allez en juger,
reprit M. Franklin. J'ai une propriété de 5 à
600 arpens de terre ; les taxes que j'ai payées,
l'année dernière, se sont montées en tout à
huit pounds de papier - monnoie , qui , ré-

uits en argent , valent (1) *six pounds* ,
u environ 80 livres à 14 livres le pound.

Rien de si concluant que toutes ces répli-
ues. Je parie bien , cependant, que ce Fran-
ois les ayant oubliées , ira répéter encore
n France, que, dans les Jerseys , les impôts
ont lourds, que la taxe des chiens est af-
reuse, etc. etc.

Burlington n'est séparé de Bristol que par
a rivière. Il s'y fait quelque commerce. On
r trouve des capitalistes assez riches. La
eunesse y a cet air de santé et de décence
qui caractérise la secte des quakers.

---

(1) Je connois un particulier qui a , près de *Trenton* , une
ièce de 300 arpens, dont 100 environ défrichés. Il paye
nviron 2 ou 3 pounds de taxe.

LETTRE X.

Visite à la ferme d'un quaker.

28 août 17

EN revenant de Burlington, j'allai av
M. Shoemaker, qui m'y avoit conduit, ch
M. Richardson, son beau-père, laboure
dont la ferme est près de Middletown,
22 milles de Philadelphie.

M. Shoemaker est un jeune homme de tren
ans ; il n'a pas été élevé dans la secte des ami
Il m'avoua que dans sa jeunesse, il étoit bie
loin de leurs principes ; qu'il avoit vécu da
les plaisirs ; que s'en lassant ensuite, il réfl
chit un jour sur sa conduite, et résolut d'e
changer. Il étudia les principes des quaker
et devint bientôt membre de cette sociét
malgré les railleries de ses amis. Il avoit e
suite épousé la fille d'un laboureur quake
et c'étoit à sa ferme que j'allai. Je voulc
voir ce qu'étoit un vrai fermier américain

Je l'avoue, je fus charmé, et de ceux q
l'habitoient, et de la propreté et de l'ord
de la maison. Cette famille est co

po

posée de trois garçons et de sept filles. —
Une seule est mariée. J'en vis trois qui pouvoient l'être; elles étoient jolies, et joignoient
à un air très-décent, de l'aisance dans les
manières. Leur mise étoit simple : le dimanche on porte la toile fine, les autres jours, la
plus commune. Ces filles aident leur mère
dans le ménage. Cette mère avoit beaucoup
d'activité, malgré son embonpoint ; elle tenoit, dans ses bras, une jolie petite fille, de
cinq à six mois, qui étoit caressée tour à tour
par tous les enfans. C'étoit une vraie famille patriarchale. Le père étoit sans cesse
occupé aux champs. Nous causâmes des
bleds, de la société des *amis* (1), de celle
des amis des noirs de France. Il me montra
différens livres composés par les amis.

Non, je n'ai jamais été édifié comme je
e fus dans cette maison. C'étoit l'azyle de
l'union, de l'amitié, de l'hospitalité. Sous
es auspices du beau-frère, je fus cordiale-
ment traité; on m'y donna un bon lit, draps
ien blancs, courte-pointe élégante.

_____

(1) Il faut se souvenir que les quakers s'appellent entr'eux
amis, et que le nom de quakers ne leur est donné que
les autres sectes.

Tome I.

S

Les armoires, le secrétaire, les chaises
les tables, étoient de bois de noyer bien pol.
bien luisant.

Le jardin à côté de la maison, fournisso
les légumes, les végétaux, les fruits.

Dix chevaux remplissoient l'écurie. L
maïs de l'année dernière, encore attaché
sa tige, étoit en un grand tas dans une petit
cabane, dont les planches étoient à distance
et laissoient circuler l'air. Les granges étoien
remplies de bled, d'avoine, etc. Des vache
fournissoient du lait délicieux à la famille, e
l'on en faisoit des fromages excellens, qu
se vendoient ensuite à la ville. Les mouto
fournissoient la laine, dont étoit fait le dra
qui couvroit le maître et les enfans. Ce dra
étoit en partie fabriqué à la maison, en part
par un tisserand qui, étoit dans le voisinag
Il étoit ensuite porté au moulin à foulon
qui n'étoit pas loin. Tout le linge étoit fa
à la maison.

Voilà ce qui occupoit perpétuellement
mère et les fille, tandis que les garçons étoie
au champ. Je parcourus tout le domain
de ce bon laboureur ; il avoit une pièce d
4 à 500 arpens, dont partie sur les bor
de la Crique *Shamony*; cette pièce étoit bie

boisée , et non encore défrichée. M. Shoemaker me montra l'emplacement, où ce digne
cultivateur se proposoit de bâtir une ferme
pour son fils aîné. — Vous voyez, me dit-il,
l'aisance de ce laboureur; il a beaucoup d'argent. Son père étoit un pauvre Écossois; il est
venu en Amérique, il s'est livré à la culture;
et par son économie , son industrie , il a
amassé une grande fortune; il a marié ses
enfans. Celui-ci est de même très riche. —
Mais comment vend-il ses denrées? — Les
grains, me dit-il, sont vendus au meûnier
du voisinage ; les légumes, le beurre , le
fromage, sont envoyés une fois la semaine
à la ville voisine.

J'allai voir ce meûnier du voisinage. Je
me rappellai les éloges que M. Crevecœur
faits des moulins américains. Celui-ci les
méritoit, pour la propreté qui y regnoit, pour
ntelligence qui en avoit distribué les dif-
rens départemens. — Il y avoit trois meules;
ne pour fabriquer la farine du commer-
(1) ; l'autre pour la farine moins fine (2),
stinée pour le pays; la troisième meule

____

) *Fine flower.*
) *Middling.*

étoit de relais. On n'emploie que des meul
de France pour la fine farine. Ces meul
viennent par Bordeaux ou par Rouen. On
dans ces moulins, multiplié les rouages
les machines pour épargner la main-d'œuv
et exécuter toutes les opérations, comn
monter le bled, le nettoyer, monter la farir
là où elle doit être étendue, la faire tomb
dans la chambre, où elle doit être renferme
dans des barils, etc.

Ces barils sont marqués, au moulin même
du nom du meûnier, et la marque indique l
qualité de la farine. Les inspecteurs la vis
tent au port, quand elle est destinée pou
les étrangers, et la condamnent, si elle n
leur paroît pas marchande.

Comme il y a loin de ces réglemens à ceu
de France ! Vous vous rappelez, mon am
qu'il y a deux ou trois ans, on assujét
les manufacturiers de toile peinte à faire e
tamper leur toile. Souvent l'estampillate
ne daignoit pas se transporter; il falloit l
envoyer la marchandise.

Je vis ensuite la maison du meûnier,
sa femme et ses voisines travailloient à d
habits pour les enfans. Les maisons sont
général, ici comme dans le Massassuchet
séparées du moulin et de l'attelier du trav

Les meûniers sont ici marchands de farine. Celui que je vis à Middleton, me parut bien entendre ce commerce, et y gagner. Les moulins sont l'espèce de propriété qui rend un revenu plus constant.

Je revins par un chemin tout-à-fait agréable à Philadelphie. J'y fus à peine, que je sentis des douleurs violentes dans l'estomac. Mon médecin les attribua à l'imprudence d'avoir mangé une douzaine de poires de rousselet, sans boire ni vin ni eau-de-vie. J'en fus cruellement tourmenté pendant deux jours. Je vomis de l'eau, je vomis le thé. La rhubarbe, que j'essayai, ne me guérit pas davantage. Je ne fus soulagé que par une boisson faite avec de l'eau-de-vie, du sucre et de l'eau. Un remède m'en eût promptement délivré; mais on n'en fait point usage en Amérique; le nom même fait rougir. C'est une de ces fausses délicatesses angloises, qu'on devroit bien bannir. J'appris d'un François, avec qui j'avois dîné à New-Yorck, et qui logeoit dans le même hôtel que moi, qu'il avoit essuyé la même disposition, pour avoir bu de l'eau trop froide. Si j'entre dans ces détails, c'est parce qu'ils peuvent être utiles aux Européens qui voyagent dans cette contrée.

LETTRE XI.

Visite du bon Warner Miflin.

30 août 1788

J'ÉTOIS malade, Warner Miflin vint m
voir : vous connoissez Warner Miflin ; vou
avez lu l'éloge touchant qu'en fait *le Cu
tivateur américain.* C'est lui qui, le premier
affranchit tous ses esclaves ; c'est lui qui
sans passe-port, traversa l'armée du génér
Howe, et lu parla avec tant de fermeté e
de dignité ; c'est lui qui, ne craignant poin
les effets de la haine des Américains contr
les quakers, alla, toujours sans passe-port
et au risque d'être traité d'espion, se pré
senter au général Washington, pour jus
tifier à ses yeux la conduite des quakers
c'est lui qui, au milieu des fureurs de l
guerre, également ami des François, de
Anglois, des Américains, portoit des secour
généreux à ceux d'entr'eux qui souffroient..
Eh bien, cet ange de paix et de bienfaisanc
vint me voir « : Je suis Warner Miflin, m
dit-il ; j'ai lu le livre où tu défens la cause de
amis, où tu prêches les principes de bien

faisance universelle ; j'ai su que tu étois ici, et je viens te voir ; j'aime d'ailleurs ta nation. J'ai été, je l'avoue, fort prévenu contre les François. Elevé dans les principes des Anglois à cet égard, je les haïssois. Lorsque je les ai vus, une voix secrète m'a dit que je devois chasser de mon cœur ce préjugé, que je devois les connoître, les aimer ; je les ai donc recherchés, je les ai connus, et j'ai trouvé, avec plaisir, dans eux, un esprit de douceur et de bienveillance universelle, que je n'avois point rencontré chez les Anglois ».

Je ne vous rapporterai point toute sa conversation, ni celles que j'ai eues depuis avec ce digne quaker ; elles ont fait la plus profonde impression sur moi. — Quelle humanité ! quelle charité ! il semble qu'aimer les hommes, que chercher à les obliger, soit sa seule existence, son seul plaisir. Il ne occupe que des moyens de faire, de tous les hommes, une seule famille : il n'en désespére point. Il me parla d'une société de quakers, qui existoient à Nîmes, des frères d'Amérique et d'Angleterre qui alloient les visiter : il les regardoient comme des instrumens qui devoient servir à propager le

quakérisme par-tout. Je lui parlai des obstacles , de la corruption de nos mœurs,
de la puissance du clergé. Eh ! mon ami
me dit-il , le bras du Tout-Puissant n'est-
il pas plus fort que le bras des hommes ?
Qu'étions-nous , quand la société naquit en
Angleterre ? Qu'étoit l'Amériqne il y treize
ans , quand Benezet s'éleva contre l'esclavage des nègres ? Faisons toujours le bien ,
ne craignons point les obstacles , et le bien
se fera.

Songez, mon ami , que tout cela se disoit
sans prétention , sans affectation. Les paroles couloient de l'ame de ce bon quaker;
il disoit ce qu'il sentoit, ce qu'il avoit cent
fois pensé ; il épanchoit son ame et non son
esprit. Il réalisoit ce qu'il me disoit des effets
prodigieux de cette voix , de cet esprit intérieur , dont les quakers parlent tant ; il en
étoit animé.—Son ame se peignoit dans la sérénité de sa physionomie, et dans son geste
agréable ; car bien des quakers ont un geste
quoiqu'on ait bien soin , dans les caricatures
de nous peindre les quakers roides et san
mouvement.

Ô ! qui peut voir , qui peut entendre u
homme aussi élevé au - dessus de la natur

humaine, sans réfléchir sur soi, sans chercher à l'imiter, sans rougir de ses foiblesses !
Que sont les plus beaux écrits devant une vie
aussi pure, une conduite aussi constamment
dévouée au bien de l'humanité ! Et que je
me suis trouvé petit en le contemplant ! Et
l'on viendra calomnier la secte à laquelle
appartient un homme aussi vénérable ! on
viendra la peindre comme le centre de l'hypocrisie, de la mauvaise foi ! Il faut donc
supposer, ou que Miflin joue l'humanité, ou
qu'il est de concert avec des hypocrites, ou
qu'enfin il est aveugle sur leur compte. Jouer
l'humanité, consentir à sacrifier ses intérêts,
à être bafoué, ridiculisé, à partager son bien
entre les malheureux, affranchir ses nègres,
et le tout par hypocrisie, ce seroit, à coup
sûr, une hyprocrisie très-mal calculée ; et
l'hypocrisie fait mieux ses calculs. Ensuite,
si vous supposez cet homme intact et vrai,
pouvez-vous supposer qu'il s'entende avec
des fripons ? ce seroit une contradiction absurde. Et enfin, en entendant cet homme
plein de sens, et doué d'un jugement solide,
raisonner avec tant de force, pouvez-vous
croire qu'il ait, toute sa vie, été dupe d'une
bande de fripons, lorsque, d'ailleurs, il a

été de leurs conseils les plus secrets , et u
de leurs chefs? Oui, mon ami, je le répète,
l'attachement d'un ange tel que Warner Miflin à la secte des quakers, est la plus belle
apologie de cette société.

Warner Miflin m'a prié d'aller voir son
amie ; c'est miss *Ameland*, qu'il devoit
épouser sous quelques jours. —.Je l'ai vue ;
c'est un ange bien digne de ce respectable
quaker. Quelle douceur ! quelle modestie !
et en même-temps quel agrément dans la
conversation ! Miss Ameland aimoit autrefois le monde, faisoit des vers, de la musique, dansoit. Elle a renoncé , jeune encore, à tous ces amusemens, pour embras-
ser la vie d'une anachorète , au milieu du
monde même. Elle a persisté dans son projet,
malgré les plaisanteries , et elle va, avec son
mari , faire des heureux dans ses terres de
l'état de Delaware.

LETTRE XII.

Enterrement d'un quaker, et assemblée des quakers.

Du dimanche 31 août 1788.

J'ASSISTAI à l'enterrement de Thomas Holwell, un des anciens dans la société des quakers. Jacques Pemberton m'y conduisit. Je trouvai une foule d'amis rassemblés aux environs de la maison du défunt, et attendant en silence le moment où son corps paroîtroit. Il parut ; il étoit dans un cercueil de bois de noyer, sans aucun drap ni ornement, porté par quatre amis. Suivoient des femmes, qu'on me dit être ses plus proches parentes, et ses petits-enfans (1). Quelques-unes de ces femmes avoient le visage couvert d'un mouchoir. Tous ses amis suivirent silence, deux à deux. J'étois du nombre

---

1) Aucune n'étoit habillée en noir : les quakers regart ce témoignage de douleur comme un enfantillage. congrès a rendu, m'a-t-on dit, une ordonnance qui nd de porter le deuil. Les Cincinnati portent le deuil, ettant un crêpe au bras.

avec Jacques Pemberton. J'observai qu'il
avoit aucune place marquée ; que , jeu
et vieux , tous se méloient également ;
que tous avoient également un air grav
attentif. On arriva au cimetière, qui est d
la ville , mais qui n'est pas entouré de m
sons. J'y vis , près de quelques fosses ,
petits morceaux de pierre noire , espèce
monument, où l'on me dit que le nom du
funt étoit gravé. La plupart des amis ne
voient qu'avec peine : ils disent que l'hom
doit vivre dans la mémoire des amis , n
par de vaines inscriptions, mais par ses bonn
actions. J'arrivai à la fosse, profonde, com
à l'ordinaire , de 6 à 7 pieds. On déposa
corps sur les bords. Vis-à-vis étoient des fa
teuils de bois , où je vis s'asseoir les trois o
quatre femmes qui m'avoient paru les plu
affectées.

Les amis assemblés autour du corps, re
tèrent cinq à six minutes dans la méditatio
J'observois tous les visages : pas un qui r
portât le caractère de gravité que devoit in
pirer cette cérémonie, mais point de signe c
douleur. Cet intervalle de temps étant écoul
on descendit le corps dans la fosse. On l'avo
déjà couvert de terre , lorsque s'avança, pr

e la fosse, un homme qui planta sa canne
ans la terre, y fixa son chapeau, et com-
nença un discours relatif à cette triste cé-
émonie. Il trembloit de tout son corps (1).
l avoit les yeux égarés. Peu habitué encore
u langage des quakers, je n'entendis pas
l'abord trop bien ce qu'il disoit ; ensuite
e me familiarisai, et je compris mieux.
Son discours rouloit sur les tribulations de
cette vie, sur la nécessité de recourir à
Dieu, etc. Quand il eut fini, une femme se
jetta à genoux, fit une prière très-courte ;
les hommes ôtèrent leurs chapeaux (2), et
chacun se retira ensuite.

Je l'avoue, je fus d'abord surpris du tremblement du prédicateur : nous sommes tellement accoutumés, d'après notre philosophie
européenne, à considérer ces effets comme
ceux de la charlatanerie, et à y joindre l'idée

---

(1) J'ai su, depuis, que cet ami, prêcheur très-esti-
mable, étoit attaqué de la consomption ; qu'il avoit une
constitution fort délicate ; que, prié par les anciens, de se
corriger de ce tremblement, il avoit répondu l'avoir essayé,
mais inutilement.

(2) Quoique les quakers n'ôtent point leur chapeau en
trant dans leur église, cependant ils regardent cette
rémonie, comme une marque de respect envers la Divinité,

du ridicule, que j'eus beaucoup de peine à
me défendre d'une pareille impression : ce
pendant j'en vins à bout; je me rappela
qu'il m'étoit cent fois arrivé à moi-même,
lorsque j'étois échauffé sur un sujet, et entraîné dans une discussion intéressante, de
me laisser emporter hors de moi, de ne plus
rien voir, de ne plus rien entendre, et d'é-
prouver cette espèce de tremblement. J'en
conclus qu'un pareil tremblement pouvoit
être naturel, et devoit sur-tout saisir un
homme continuellement occupé de méditations, sur l'Eternel, sur la mort, sur la vie
future. —Si jamais des objets frappans peuvent plonger dans des extases, ce sont certainement ceux qui concernent la vie future.
On a prétendu que les charlatans en avoient
aussi : je ne sais ; mais il me semble que le
mensonge doit percer aisément dans l'homme
qui n'est pas réellement inspiré, et par un
grand objet.

J'allai de-là au meeting, ou à l'assemblée
des amis. Le silence le plus profond y fut
observé pendant près d'une heure. J'étois
vis-à-vis d'un banc plus élevé que les autres,
que je sus depuis être le banc des ministres
ou des prédicateurs ; car les quakers ont

issi leurs ministres , et telle est la manière
ont ils s'ordonnent. Lorsqu'un ami a parlé
lusieurs fois , lorsqu'il a annoncé des dis-
ositions et du zèle , plutôt que du talent ,
: comité des ministres et des anciens , qui
assemble toutes les semaines , le recom-
mande au *Monthly-Meeting*, ou à l'assemblée
e mai , qui , si elle le trouve convenable , le
lace au rang des ministres. Un des amis ,
qui étoit dans ce banc , se leva , prit la pa-
ole , dit quatre mots , s'arrêta pendant une
minute , prononça ensuite quatre autres
mots , et son discours fut en entier prononcé
de la même manière. Cette méthode est assez
généralement suivie parmi les prédicateurs
des quakers. ; car un autre , qui parla ensuite , observa les mêmes intervalles.

Soit effet de l'habitude , soit raison , cette
manière décousue ne me paraît pas propre à
produire un grand effet ; car le sens de la
phrase est perpétuellement interrompu , on
on est obligé de deviner ou d'attendre ; et
on se fatigue de l'un , et on s'ennuie (1) de
l'autre.

_____

(1) Sénèque , en parlant des différentes manières de pro-
oncer des discours philosophiques , fait , sur celle-ci , des

Cependant, ne jugeons point avec trop de précipitation, et voyons ce qui peut avoir porté les quakers à cet usage. Sûrement la manière des orateurs anciens, et de nos prédicateurs, est mieux imaginée, pour produire sur le peuple les grands effets de l'éloquence. Ils parlent tour-à-tour à l'esprit et à l'imagination, aux passions et à la raison ; ils plaisent pour émouvoir, ils plaisent pour convertir ; c'est par le plaisir qu'ils cherchent à vous entraîner. Voilà l'éloquence nécessaire aux hommes blasés, énervés, qui veulent s'épargner la peine de penser. Les quakers n'ont point ce caractère ; ils s'habituent de bonne heure à la méditation, à la contemplation ; ils s'accoutument à puiser dans eux-mêmes de grandes vérités, ils sont homme *de beaucoup de réflexion, et de peu de mots* ils n'ont donc pas besoin de prédicateurs

_____

réflexions bien judicieuses. — *Sic itaque habe , istam vi dicendi rapidam atque abundantem aptiorem esse circulanti quà agenti rem magnam ac seriam , docentique æquè stillare illa nolo quàm currere. Nec extendat aures, nec obruat. Nam ill quoque exilitas et inopia minùs intentum auditorem habet tœdi interruptæ tarditatis ; faciliùs tamen insidit quod expectatur quàm quod prætervolat.*

Epist. 40.

phrase

rases sonores et à longs sermons ; ils dédai-
nent l'élégance comme un amusement inu-
le, et les longs sermons leur paroissent dis-
roportionnés aux forces de la nature humai-
e, et peu propres à remplir l'objet du saint
ministère ; car il ne faut pas accabler à la fois
esprit d'un si grand nombre de vérités , si
on veut qu'elles germent ; et l'objet du mi-
istère étant de convertir , il doit chercher
lus à faire réfléchir, qu'à éblouir ou amuser.
a manière des prédicateurs quakers étoit
nouvelle pour moi ; aussi beaucoup d'idées
m'échappèrent : ce que j'entrevis, c'est qu'ils
prêchoient une morale saine, dans le langage
le l'écriture. Mais , je l'avoue, ceux qui aiment l'éloquence de nos orateurs, ne doivent
point fréquenter les meetings des quakers.
Non est hic panis omnium. Je me réserve ,
au surplus, pour les juger mieux, de les en-
endre encore quelquefois.

J'observai les visages des hommes et des
emmes ; ils avoient un air de gravité qui
ouvent étoit mêlé de teintes de tristesse. Je
e sais si c'est encore préjugé ; mais j'aime-
is , dans ceux qui adorent la divinité, un
r moins sombre, plus affectueux, plus ai-
able. Cet air dispose à s'aimer les uns et

les autres , à aimer son culte ; cet air retien.
droit beaucoup de jeunes gens ; que trop de
sévérité effarouche : et pourquoi, d'ailleurs,
quand on a une bonne conscience, prier Dieu
d'un air fâché ?

La prière, qui termina l'assemblée , étoit
fervente ; elle fut prononcée par un ministre
qui tomba à genoux ; les hommes se levèren
en ôtant le chapeau, et chacun se retira apré
avoir serré la main de son voisin.

Quelle distance de ce culte simple à celui
des catholiques ! La réforme a dû aller en
décroissant. Vous trouverez toujours moin
de formes , en descendant du catholicisme au
luthéranisme, du luthéranisme au presbyté
rianisme, du presbytérianisme au quakérism
ou au méthodisme : c'est ainsi que la raison
de l'homme va toujours en se perfectionnant

J'ai souvent été étonné en considérant cett
simplicité du culte des quakers, l'air de tris
tesse et d'ennui, qui semble, aux yeux d'u
Européen, l'accompagner , et qui par con
séquent doit en dégoûter les jeunes gens e
les jeunes personnes , sur-tout lorsqu'il
voient plus de gaieté , plus de luxe, plus d
mode , plus de brillant , autorisés par le
autres cultes ; j'ai , dis-je , été étonné qu

cette secte se soutint encore, et fit même des prosélites. En en recherchant les causes, on les trouve dans l'habitude qui assouplit l'âme à toutes les positions, même aux plus désagréables ; à l'esprit de corps, qui se pique de ne pas déserter les principes qu'il a embrassés, et qui les défend, même lorsqu'ils sont faux : esprit d'autant plus influant ici, qu'il n'est aucune secte qui ait porté plus loin l'idée de l'égalité, idée si flatteuse pour l'homme ; à *l'esprit de famille*, qui rend une religion héréditaire ; à l'esprit d'intérêt, qui craint de se perdre, en quittant la religion de ses pères. Il faut sur-tout attribuer cet effet singulier à l'image du bonheur domestique dont jouissent les quakers. Renonçant à tous les plaisirs extérieurs, aux spectacles, à la musique, aux promenades, ils sont tout à leurs devoirs, à leurs femmes, à leurs enfans, et leur commerce : aussi sont-ils aimés de leurs femmes, chéris de leurs enfans, respectés de tous leurs frères. Tel est le spectacle qui ramène souvent au sein du quakérisme des hommes qui l'ont plaisanté dans leur jeunesse. Quand l'âge de la réflexion vient, on porte naturellement les yeux sur les hommes

d'une vie exemplaire, et on adopte leur doc‑
trine et leur pratique.

L'histoire des quakers prouvera la fausseté
d'un principe qui a souvent été avancé en
politique : c'est que pour retenir une masse
d'hommes dans l'ordre, il falloit un culte
sensible, et qu'on l'attachoit d'autant plus,
que ce culte le rapprochoit plus du spec‑
tacle. Voilà ce qui a enfanté ou justifié le
plein ‑ chant, les concerts spirituels, nos
processions, nos ornemens, etc. Deux à trois
cents mille quakers n'ont aucune de ces mo‑
meries, et cependant ils observent l'ordre

Ce fait, si frappant, m'a conduit à un
autre conclusion, dont on a jusqu'à présent
contesté la solidité : c'est la possibilité d'un
peuple déiste (1). Un peuple déiste, et se
conformant à l'ordre, sera le miracle de
religion politique. Eh ! pourquoi n'existerois
il pas, lorsque les lumières seront plus uni‑
versellement répandues, lorsqu'elles auro

_____

(1) Ni les Anglois ni les Américains n'attachent à
mot la même idée qu'un François. Ils regardent un déi
comme une espèce de matérialiste. J'entends par déiste
homme qui croit en Dieu, et à l'immortalité de l'ame

pénétré les derniers rangs de la société ?
Quelle distance y auroit-il entre les quakers
et les déistes, se rassemblant pour entendre
un discours sur l'immortalité de l'ame, et
pour prier Dieu dans un langage plus simple?

LETTRE XIII.

Visite d'une maison d'amélioration (1) *ou de correction.*

Du lundi premier septembre 1788.

Je viens de voir l'hôpital, appelé *Bettering-House*, ou maison de correction de Philadelphie : j'étois accompagné par M. Shoemaker
n des directeurs. Je vous ai déjà parlé de cet
ami.

Cet hôpital est situé en pleine campagne,
lans une des parties de Philadelphie qui
'est pas encore couverte de maisons.

Cette campagne est déjà divisée en rues
égulières. Fasse le Ciel que ces rues pro-

(1) Je traduis ainsi le mot *Bettering*, parce que cet
ôpital, contre l'effet ordinaire des hôpitaux, y rend les
risonniers meilleurs.

T 3

jetlées ne soient jamais qu'imaginaires ! Si
elles se parent un jour de maisons, ce sera
un malheur pour les hôpitaux, pour la Pensylvanie, pour l'Amérique entière.

Cet hôpital, bâti en briques, est composé
de deux vastes corps de bâtiment, dont l'un
est destiné pour les hommes, et l'autre pou
les femmes. Il y a une séparation dans l
cour, qui leur est commune.

Cette institution a divers objets: — On
reçoit les pauvres, les malades, les orph
lins, les femmes en couche, les personne
attaquées de maladies vénériennes. — On
renferme aussi les vagabonds, les mauvai
sujets, et les filles de mauvaise vie.

Il existe donc aussi, me direz-vous, jus
ques dans le sein de Philadelphie même, c
commerce dégoûtant de maladies, plutô
que de plaisir, qui, depuis si long-temps
empoisonne notre continent ! Oui, mon ami
cette lèpre afflige les deux ou trois villes ma
ritimes les plus considérables du nouvea
continent. Elle étoit presque inconnue avan
la révolution; mais le séjour des armées étran
gères l'y a naturalisée, et c'est un autre fléa
que l'Amérique libre nous doit. Mais ce trafi
ne se fait pas aussi scandaleusement qu

Paris et à Londres ; il est restreint, gêné, avili,et presque imperceptible. L'on doit dire, à l'honneur des Américains, qu'il n'est alimenté que par les émigrans ou voyageurs européens ; car la sainteté du mariage est encore universellement respectée en Amérique; et les jeunes gens se mariant aisément et de bonne heure, ne sont pas tentés d'aller se déshonorer, en s'empoisonnant dans un lieu de prostitution.

Je reviens à l'hôpital que je vous décrivois.

Il y a des salles particulières pour chaque espèce de pauvres ou de malades, et chaque salle a un surveillant ou surveillante.

Cet hôpital étoit riche et bien tenu avant la guerre; les quakers composoient alors la plus grande partie des administrateurs. La guerre et le papier-monnoie introduisirent un autre ordre de choses. Pendant la guerre, l'assemblée législative résolut de n'admettre, dans l'administration, que des personnes qui auroient prêté le serment d'*allegiance*, ou de foi, au gouvernement républicain. Les quakers en furent dès-lors exclus ; l'administration tomba dans des mains qui n'étoient pas pures ; l'esprit de déprédation se manifesta ; le papier-monnoie fit encore plus de

T 4

mal. Des créances de cet hôpital furent rem-
boursées, c'est-à-dire perdues par cette opération. Il y a environ un an, sur le rapport
des inspecteurs des hôpitaux, l'assemblée
législative, considérant les abus qui s'étoient
glissés dans l'administration des hôpitaux
n'imagina pas de meilleur moyen pour les
réformer, que de confier celui-ci de nouveau
aux quakers. Le vœu public confirma cette
disposition. Sans aucun ressentiment pour
l'affront qu'on leur avoit fait pendant la
guerre, et ne songeant qu'au bien qu'ils
pouvoient, qu'ils devoient faire, les amis
acceptèrent l'administration, et l'exercèrent,
comme auparavant, avec zèle et désintéres-
sement. Ce changement produisit l'effet
qu'on en attendoit; l'ordre se rétablit insensiblement.

Il y a plusieurs administrateurs nommés,
qui, à tour de rôle, sont obligés de visiter
chaque jour cet hôpital. Six médecins y sont
attachés, et font le service gratuitement.

J'avois vu des hôpitaux en France; j'avois
vu ceux de Paris, ceux de quelques provinces; je ne connois que celui de Besançon
qui puisse être mis en comparaison avec
celui de Philadelphie. Chaque malade o¹

chaque pauvre a son lit bien garni, mais
sans rideaux, et c'est un bien. Chaque salle
est éclairée par des fenêtres opposées, qui
répandent une grande lumière, cette lumière
une des consolations de l'homme confiné,
et dont les tyrans sont, par ce principe,
cruellement avares. Ces fenêtres facilitent,
d'un autre côté, la circulation de l'air. La
plupart ouvrent sur les champs ; et comme
elles ne sont pas fort élevées, et qu'elles sont
sans grilles, il seroit facile aux prisonniers
qui voudroient s'échapper, de remplir leur
dessein. Mais il n'entre dans la tête d'aucun.
Ce fait prouve que les prisonniers même y
sont heureux, et prouve, par conséquent,
la bonté de l'administration.

Les cuisines sont proprement tenues, et
n'exhalent point cette odeur fétide et nau-
séabonde des meilleures cuisines de France.
Les salles à manger, qui sont au rez-de-
chaussée, sont également propres et bien
aérées ; la propreté et le bon air règnent par-
tout. Un jardin, assez grand, qui est à l'extrémité de la cour, fournit les végétaux et
es herbes nécessaires pour la cuisine. Je fus
étonné d'y trouver une foule de plantes et
l'arbustes étrangers. Ce jardin est très-bien

soigné, bien cultivé ; beaucoup de personnes
y travaillent pour leur amusement ; on élève;
dans la cour, une grande quantité de cochons,
car, en Amérique, le cochon fait, avec
le bœuf, les honneurs de la table, pendant
toute l'année.

Je vous décrirai difficilement les sensations qui, tour à tour, assiégèrent, réjoui-
rent, affligèrent mon ame, en parcourant
les différentes salles de cet hôpital. Un hôpital, quelque bien administré qu'il soit,
m'offre toujours un spectacle déchirant. Il
me paroît si doux, pour l'homme qui est
malade, d'être seul, traité chez soi, par sa
femme, ses enfans, ses voisins, d'être, de
temps en temps, consolé par eux, que je
ne regarde que comme de vastes sépulcres,
les hôpitaux, où sont rassemblés une foule
d'individus, étrangers les uns aux autres,
séparés de ce qu'ils ont de plus cher, ou
peut-être n'ayant plus personne qui leur soit
chère. Et qu'est l'homme dans ce dernier
état ? La feuille détachée de l'arbre, et qui
est entraînée dans le torrent ! le cadavre qui
ne tient plus à rien, et qui est voisin de sa
dissolution !

Mais ensuite cette idée fait place à une

autre. — Puisque les sociétés sont condamnées à avoir des villes immenses ; puisque le produit nécessaire de ces villes est la misère et le vice, ces maisons sont donc des asyles de bienfaisance ; car, que deviendroient, sans ces institutions, la plupart des individus, qui, n'ayant plus de refuge, y en trouvent un ; tant de femmes aveugles, sourdes, dégoûtantes par leurs nombreuses infirmités ? Elles seroient abandonnées, et périroient bientôt. Telle fut la réflexion qui se présenta à moi, lorsque j'entrai dans la première salle. J'y vis des figures hideuses ; et je ne sais pourquoi le hideux, chez les femmes, a quelque chose de plus horrible que chez les hommes. Peut-être est-ce l'effet de la réminiscence du contraste : on est accoutumé à chercher des graces, des charmes dans les femmes ; elles semblent faites pour le plaisir ; et ici l'horreur tient la place du plaisir : peut-être aussi les infirmités des femmes ont-elles réellement un caractère plus dégoûtant ; peut-être encore l'humeur acariâtre, grondeuse de la plupart de ces femmes, vient-elle renforcer l'impression désagréable.

Quoi qu'il en soit, je vis, dans cet hôpi-

tal, tout ce que la misère et la maladie
peuvent rassembler; j'y vis des femmes souf-
frantes sur un lit de douleur; d'autres, dont
la figure pâle, l'air maigre, et les boutons,
attestoient la funeste incontinence; d'autres
qui attendoient, en gémissant, le moment
où le Ciel les délivreroit d'un fardeau qui
devoit les déshonorer; d'autres tenant dans
leurs bras le fruit, non d'un hymen légitime, mais d'un amour trahi. Pauvres inno-
centes créatures, nées sous l'étoile du malheur! pourquoi faut-il que, si jeune, l'homme
soit prédestiné au malheur! Bénissons le Ciel
au moins de ce qu'il est un pays, où la bâtar-
dise n'est pas un obstacle au bonheur ni au
droit de citoyenneté. Je voyois, avec plaisir,
ces malheureuses mères caresser leurs enfans, écarter de leurs joues les mouches qui
les fatiguoient.

Il y avoit peu d'enfans dans la salle des petits
orphelins : ils étoient très-bien portans; ils
avoient presque tous de l'embonpoint, et l'air
gai et content. Un autre directeur, que j'y
trouvai, leur distribuoit des gâteaux, qu'il
avoit achetés dans son chemin. Ainsi, les
directeurs des hôpitaux pensent à leurs malades, loin d'eux, s'occupent de leur bien-

étre! Il est donc une terre où l'ame d'un
directeur d'hôpital n'est pas une ame de
bronze !

Et les nègres et les négresses sont ici con-
fondus avec les blancs , couchent dans les
mêmes salles. Cette vue m'édifia ; il sembloit
qu'un baume adoucissoit mon sang. J'entrevis
une négresse , de 3o ans environ , qui, à côté
de son lit, filoit avec beaucoup d'activité. Ses
yeux sembloient attendre que le directeur
lui dît un mot de consolation : elle l'obtint,
et il me sembla que de l'entendre , elle étoit
au ciel. J'aurois été plus heureux , si ce mot
eût dépendu de moi; j'en aurois dit plusieurs.
Pauvres nègres ! combien nous leur devons
de réparations pour tout le mal que nous
leur avons fait , que nous leur faisons encore ! et ils nous aiment !

Le bonheur de la négresse n'étoit pas cependant égal à celui que je vis briller sur le
visage d'une jeune fille aveugle , qui sembla
tressaillir , en entendant parler à ses côtés
le bon directeur. Il lui demanda de ses nouvelles ; elle lui répondit avec délectation.
lle prenoit son thé sur une petite table, où
on service étoit proprement arrangé. — Son
hé ! — Mon ami, vous êtes étonné de ce luxe

dans un hôpital ; c'est qu'il y a de l'humanité dans cet hôpital, et qu'on n'y entasse pas les individus, pour les étouffer. On y donne le thé à ceux dont la conduite est satisfaisante : ceux qui, par leur travail, se font des épargnes, les consacrent à se donner des jouissances. - Mais, pourquoi du thé? pourquoi de l'eau chaude ? pourquoi pas plutôt un verre de vin? -- Mon ami, le thé est un repas, et un repas compliqué ; il offre diverses jouissances, et un verre de vin n'en offre qu'une bien courte ; et l'homme aisé tient aussi aux jouissances qui se prolongent. Je vis une vieille femme qui prenoit son thé avec du beurre et du jambon, et elle disoit qu'elle ne se portoit pas bien.

Moi, qui crois aux pernicieux effets des eaux chaudes, je desirerois que le thé eût un substitut ; mais il est difficile à trouver: puis le pouvoir de l'habitude est si grand ! le rompre offre tant de tourmens ! le préserver est si peu coûteux ! C'est un calcul fait, le repas le moins cher (1) est certainement

_____

(1) Et voilà pourquoi, dans les villages anglois, les journaliers même boivent plutôt du thé que de la bierre. Pour boire de la bierre dans un village, il faut la faire

repas de thé, et sur-tout dans un pays où
beurre est infiniment moins cher qu'en
rope, et où le sucre l'est moins aussi. C'est
qui doit déterminer l'administration de
t hôpital à en accorder à tous les prison-
ers, comme les médecins le proposent. Le
é qu'on y boit est du thé bohea, moins
jet à attaquer les nerfs que le thé verd.

Je remarquai dan- cet hôpital, que les fem
es y étoient en bien plus grand nombre que
s hommes ; et parmi ces derniers, je vis
en de ces figures hideuses, si communes
ans nos hôpitaux de Paris : figures où se
eignent le crime, la misère, l'insolence. Ils
voient l'air décent. Plusieurs demandèrent
u directeur d'être élargis, et ils le furent. Je
is avec plaisir qu'ils lui parloient avec res-
ect. —

Mais, en quittant cette maison, ont-ils des
ssources ? Ils en ont dans leurs bras, me
pondit le directeur, et ils peuvent être oc-

---

même, et en une certaine quantité ; il faut acheter
: certaine quantité de drêche. Or, un journalier n'a
6 liv. à donner sur le champ ; il préfère donc la boisson
il peut acheter en détail, et qui lui coûte seulement
lques sous, ou un schelling.

cupés utilement en sortant. —Mais les femmes? Leur condition n'est pas si heureuse, et voilà ce qui multiplie les filles de mauvaise vie, et prolonge leur désordre. C'est pour prévenir cet inconvénient qu'on propose d'établir un genre d'ouvrage pour les filles, d'en amasser le produit, et de le leur donner en sortant, ou bien, si elles préfèrent de rester ici, en travaillant, de le leur placer avantageusement.

Ce projet s'exécutera, je n'en doute point; les quakers sont ingénieux et persévérans, quand il s'agit du sort des malheureux. Mon ami, l'auteur de ce projet étoit mon directeur; je le voyois aimé, respecté, ne s'occupant que des choses utiles, et il n'avoit que 50 ans! et l'on s'étonne que je vante une secte qui produit de pareils prodiges.

Je la peindrai par un trait. En sortant, nous bûmes une bouteille de cidre. Comparez ce frugal repas, aux festins somptueux des sur-intendans des pauvres de Londres, de ces honnêtes inspecteurs, qui, pour arrêter 6 liv. de réparations à faire, dépensent six guinées en un repas. Vous ne trouverez point chez les quakers, ces vols infâmes faits à l'indigence, ces trahisons à la bienfaisance. Il

(b.

:hes et pauvres, bénissez-les donc. Riches,
)arce que leur probité n'enfle point les taxes;
)auvres, parce que leur humanité désinté-
·essée veille sans cesse autour de vous.

La dépense de cette maison monte à 3 schelings environ, monnoie de l'ensylvanie, par
malade, chaque semaine (1): c'est 6 sous par
our pour chaque malade. Vous . savez que
lans l'hôpital de Paris, le plus fidelement,
le plus économiquement administré, chaque
journée coûte plus de 17 sous. Et quelle différence dans le traitement!

---

(1) Le schelling vaut 14 sous.

LETTRE XIV.

Hôpital des Fous.

Du 1er septembre 1788.

JE l'ai vu , cet hôpital des fous, que M. de Crevecœur a si justement vanté, et que l'humain M. Mazzei ne regarde que comme une curiosité, qui ne vaut pas la peine d'être vue Le bâtiment est beau , élégant, bien tenu Il y règne par-tout une propreté ravissante dans les salles des malades, comme dans le chambres particulières. Le buste de Franklin me frappa dans la bibliothèque. Je d mandai pourquoi il étoit là ? C'est , me r pondit-on , que cet homme respectable a é un des premiers fondateurs de cet établi sement. Cette bibliothèque n'est pas no breuse, mais elle est bien choisie : j'y vi avec plaisir, la quatrième édition , en A glois, des Elémens de l'histoire naturelle de la chymie, de mon jeune maître et a M. Fourcroy. —

La salle, au premier étage, est consac aux hommes : il y avoit cinq à six mala

Le nombre des femmes, logées au second
n'étoit pas plus considérable. Ces malade
n'avoient point l'air misérable, ils sembloien
être chez eux. Je descendis au-dessous d
la première salle, pour voir les fous, qu'on ap
pelle *lunatiques*; il y en avoit environ quinze
nombre égal à-peu-près d'hommes et de fem
mes. — Chacun est renfermé dans une cel
lule, où il y a lit, table et une grande ouver
ture, donnant sur une cour, garnie d'une grill
et d'un contre-vent. A la porte est une autr
ouverture par laquelle on voit ces infortunes
entre deux cellules est un poêle pratiqué dan
la muraille, pour les échauffer dans l'hiver
On me dit qu'il n'y en avoit aucun de mé
chant, que la plupart étoient des *mélanco*
liques religieux, des femmes à qui l'amou
avoit fait perdre la raison ; un autre étoi
evenu fou de chagrin. J'y vis un prisonnie
ui me parut plongé dans une profond
éditation, une fille, jeune et passablemen
olie, dont le regard étoit doux, et qui m
appela la *Silvia* de Sterne ; elle nous parl
vec une douleur intéressante. L'infidélit
'un officier anglois, dont elle aimoit encor
prononcer le nom, l'avoit réduite à ce
tat douloureux.

Ces fous sont traités avec la plus grande dou
ceur; on les laisse se promener dans la cour
ils sont visités constamment deux fois la se
maine, par deux médecins. Le docteur Rush,
l'un d'eux, a imaginé de faire mettre une es-
carpolette dans la cour, pour leur exercice.

Quelle différence entre cette méthode humaine et le régime attroce auquel nous
condamnons les fous en France. On les en-
ferme, et ils ne manquent guères de devenir
plus fous qu'ils n'étoient.. Les Turcs, au
contraire, dit le philanthrope Bernardin de
Saint - Pierre, les respectent singulièrement...... Ils s'empressent de leur présenter
à manger, et ils leur font toutes sortes de ca-
resses. On n'entend jamais dire qu'ils aient
offensé personne. Nos fous, au contraire,
sont dangereux, parce qu'ils sont misérables.
Etudes de la nature, tom. 3, pag. 314.

La vue de ces malheureux m'affecta plus
encore que celle des malades. Le dernier des
maux est, suivant moi, l'emprisonnement,
et je ne conçois pas qu'on puisse guérir un
être malade, en prison (1); car le renferme

_____

(1) Ce mot me rappelle encore ces vastes prisons, où
l'on entasse les pauvres malades en France, sous prétexte

ment est une maladie prolongée. L'exercice, la promenade, la vue des campagnes, le murmure d'un ruisseau, le chant des oiseaux, me paroissent, avec le régime des végétaux, le meilleur moyen de guérir les fous. Il est vrai que cette méthode attache autour d'un seul malade deux ou trois personnes ; car enfin ce malade peut avoir ses accès.

---

les guérir. « Un malade du peuple, dit le philosophe que je viens de citer, n'a guères besoin que de bon bouillon ; sa famille profiteroit de la viande qui serviroit à le faire »..... Les hôpitaux sont sujets à bien d'autres inconvéniens. Il s'y forme des maladies d'un caractère particulier, souvent plus dangereuses que celles que les malades y apportent....... Il en résulte encore de plus grands maux pour le moral. Une personne, qui a de l'expérience, m'a assuré que la plûpart des criminels qui finissent leurs jours au gibet ou aux galères, sortoient des hôpitaux ». — *Etudes de la nature, tome 3, pag 313.*

Ce systême de traitement pour les pauvres malades n'est pourtant pas sans des inconvéniens qui méritent d'être pesés. Voyez, à cet égard, le savant et judicieux ouvrage d'un médecin qui, aux connoissances et à la pratique de son art ans les hôpitaux, joint les lumières d'un philosophe, et enthousiasmé, pour la liberté, d'un démocrate, de mon igne ami, le docteur Chambon. — Cet ouvrage a pour tre : *Moyens de rendre les hôpitaux plus utiles à la nation.* — Paris, rue et hôtel Serpente.

V 3

L'impossibilité de suivre cette méthode, pour un grand nombre, a fait préférer celle qui est en usage à l'hôpital de Philadelphie. Il faut des serrures, des cadenats, là où les hommes sont rares. Mais pourquoi avoir établi les cellules de ces malheureux au-dessous du rez-de-chaussée? L'insalubre humidité les pénètre. Le docteur Rush, si humain, si éclairé, me dit qu'il avoit tout tenté pour faire changer cet ordre, qu'il n'avoit pu réussir; que cette maison avoit été bât'e dans un temps où l'on ne croyoit pas qu'on dût prendre tant de peines pour loger des fous. Il me dit qu'il résultoit de-là un autre inconvénient, c'est que les fous étant au-dessous de la salle des malades, les éveilloient au milieu de la nuit, et retardoient leur guérison. Je remarquai qu'aucun de ces fous n'étoit déshabillé, ni indécemment. Ainsi ce peuple conserve, au milieu de sa folie, son caractère primitif d'honnêteté et de décence (1). Plusieurs de ces malades guérissent cependant.

Je n'ai pu sortir de ce lieu, sans être tourmenté d'une réflexion amère . . . . . le plus brillant génie peut finir ainsi ses jours ! Si

---

(1) Il y a des exemples du contraire, mais bien rares.

Swift n'eût pas été riche, il eût traîné ses derniers jours dans un hôpital. O vous, qui veillez sur les hôpitaux, portez donc dans votre ministère toute la douceur possible; c'est peut-être un bienfaiteur de l'humanité que vous traitez!

LETTRE XV.

Sur Benjamin Franklin (1).

GRACES soient rendues au Ciel! il existe encore, ce grand homme, si long-temps le précepteur des Américains, et qui a si glorieusement contribué à leur indépendance. La mort avoit menacé ses jours. Nos alarmes sont dissipées, la santé lui est rendue. Je viens de le voir, de jouir de sa conversation, au milieu de ses livres, qu'il appelle encore ses meilleurs amis. Les douleurs que lui cause la cruelle infirmité qui le tourmente la pierre, n'altèrent point la sérénité de son visage, ni le calme de ses entretiens : ils pa-

___

(1) Dans l'éloge de ce grand homme, fait à la société de 1789, par M. la Rochefoucaud, on voit son nom constamment écrit ainsi : *Franklyn.* C'est une erreur.

V 4

roissoient si agréables à nos François, qui
vivoient dans son intimité ! Que ne leur pa-
roîtroient-ils pas ici, où son ancien rôle di-
plomatique ne lui impose plus le masque de
cette réserve gênante qui glaçoit quelquefois
ses convives. Franklin, au milieu de sa famille, paroît être un de ces patriarches qu'il
a peints, dont il copioit le langage avec tant
de naïveté. Il semble un de ces anciens philosophes, qui, de temps en temps, descend
de la sphère élevée, où son esprit le porte,
pour instruire de simples mortels, en se
prêtant avec indulgence à leurs foiblesses.

J'ai trouvé, en Amérique, une foule de
politiques éclairés, d'hommes vertueux ; mais
je n'en ai point vu qui me parussent posséder
à un si haut degré que Franklin les caractères
du vrai philosophe. Vous les connoissez, mon
ami : amour du genre humain, qui devient le
besoin de tous les instans de la vie, zèle infatigable pour le servir, lumières étendues,
simplicité dans les manières, et pureté dans
les mœurs ; ce portrait n'établiroit pas une
ligne de séparation assez marquée entre lui
et les politiques patriotes, si je n'ajoutois un
trait caractéristique ; c'est que Franklin, au
milieu de la vaste scène où il jouoit un si

rillant rôle, avoit les yeux sans cesse fixés
ur un théâtte bien autrement vast?, sur le
iel, sur la vie future ; le seul point de vue
jui puisse soutenir, désintéresser, agrandir
'homme sur la terre, et qui en fasse un vrai
hilosophe. Toute sa vie n'a été qu'une étude,
ju'une pratique constante de la philosophie.
e veux vous en donner une esquisse, d'après
es traits que j'ai recueillis ici. Comme son
nistoire a été fort défigurée, cette esquisse
ourra servir à rectifier quelques-unes de ces
necdotes mensongères qui circulent en
Europe.

Franklin, né à Boston en 1706, étoit le
juinzième enfant d'un homme qui, après
woir été teinturier, avoit établi une fa-
rique de savon. Il vouloit y former cet
nfant, qui prit un dégoût insurmontable,
 qui lui préféroit la vie et le métier de
 atelot. Son père aima mieux le mettre en
 prentissage chez un autre de ses enfans,
 primeur à Boston. Il composoit une ga-
tte. Le jeune Benjamin, après avoir servi
 presse, alloit distribuer cette gazette aux
 uscripteurs. Trois traits auroient dù don-
 r alors la mesure de son ame, et faire
 dire ce qu'il deviendroit un jour.

Il essaya son génie dans des fragmens qu'il adressoit à son frère, en déguisant son écriture. Ils plurent généralement; et ce frère, qui le traitoit plutôt en maître qu'en parent, devint bientôt jaloux de lui, et lui suscita tant de tracasseries, que Benjamin Franklin fut obligé de le quitter et d'aller chercher fortune à New-Yorck.

Benjamin avoit lu un traité du docteur Tryon, sur le régime pythagoricien; fortement convaincu par ses raisonnemens, il s'abstint de la viande pendant long-temps, et ne se réconcilia avec son usage, qu'à la vue d'une morue qu'il prit en pleine mer, et dans l'estomac de laquelle il trouva plusieurs petits poissons. Il en conclut que puisque les poissons se mangeoient, les hommes pouvoient bien se nourrir des animaux. Cette diète pythagoricienne économisoit l'argent de l'apprentif imprimeur; il s'en servoit pour acheter des livres; car la lecture fut sa premiere et la constante passion de toute sa vie.

Le puritanisme déployoit alors sa désolante austérité dans le Massasuchett; il paroît que le jeune Franklin sut de bonne heure en apprécier les simagrées. Comme son père faisoit précéder ses repas de longues oraisons et de bénédictions sur tous les plats, il voulut le corriger par ce trait plaisant. Il étoit occupé, à l'entrée de l'hiver, à saler des provisions : Père, lui dit-il, vous devriez faire la bénédiction une fois pour toutes, sur ce tonneau de viandes, *ce seroit une grande économie de temps.*

Benjamin se peignit dans ce dernier trait, dont le principe étoit la base de sa politique.

Sorti de la maison paternelle, presque sans argent, sans recommandation, ne s'appuyant que sur lui-même, mais fier et jouissant de son indépendance, il fut accueilli par des accidens qui l'éprouvèrent, sans le décourager. Errant dans les rues de Philadelphie, avec six francs environ dans sa poche, inconnu à tout le monde, mangeant avec avidité un pain, en en tenant deux sous son bras, étanchant ensuite sa soif dans les eaux de la Delaware, qui auroit pu reconnoître dans et ouvrier misérable, un des législateurs uturs de l'Amérique, l'ornement du nouveau monde, un des chef de la philosophie oderne, et un ambassadeur couvert de ioire dans la contrée la plus riche, la plus uissante, la plus éclairée de l'univers? Qui

auroit pu croire que la France, que l'Europe
éleveroit un jour des statues à cet homme, qui
n'avoit pas de quoi reposer sa tête? Ce trai
rappelle celui de J. J. Rousseau; ayant pour
toute fortune six liards, harrassé de fatigue
et tourmenté par la faim, il balançoit s'il sa-
crifieroit sa petite pièce à son repos ou à son
appétit; finissant ce combat par l'achat d'un
petit pain, il se livra au sommeil en plein
air, et dans cet abandon de la nature et des
hommes, il jouissoit encore de l'une et mé-
prisoit les autres. Le Lyonnois, qui dédai
gnoit Rousseau, parce qu'il étoit mal vêtu,
est mort inconnu, et l'homme mal vêtu à
des autels aujourd'hui. Ces exemples doivent consoler les hommes de génie que le sort
a réduit à une semblable position, et qui
sont obligés de lutter contre les besoins.
L'adversité les forme; qu'ils persévèrent, e
la même récompense les attend.

Philadelphie ne fut pas le terme des mal
heurs de Benjamin Franklin, il y fut trompé
joué par le gouverneur Keith (1), qui, avec

_____

(1) M. la Rochefoucaud, en parlant, dans son éloge d
Franklin, de son voyage en Pensylvanie, dit que cette pro
vince, dont le législateur, *quoique fanatique*, avoit chéri l

de belles promesses pour son établissement futur, promesses qu'il ne réalisa jamais, parvint à le faire embarquer pour Londres, où notre philosophe arriva sans moyens, comme sans recommandation. Heureusement il savoit se suffire à lui-même ; son talent pour la presse, où il n'étoit surpassé par personne, lui procura bientôt de l'occupation. Sa frugalité, la régularité de sa conduite, et ses discours lui valurent l'estime et la vénération de ses camarades, et sa réputation à cet égard existoit encore cinquante ans après dans les imprimeries de Londres.

Un emploi que M. Denham lui promit dans sa patrie, l'y ramena en 1726. Le sort lui préparoit une nouvelle épreuve ; son protecteur mourut, et Benjamin Franklin fut obligé de nouveau, pour subsister, de re-

---

liberté, se trouvoit à cet égard dans une situation plus propre à recevoir le bienfait des lumières

Je ne conçois pas comment cette épithète de fanatique est échappée à M. la Rochefoucaud pour caractériser Penn. — Le fanatisme se caractérise par deux traits, l'intolérance ou le despotisme des opinions, et la chaleur dans la persécution ; et Penn admettoit tous les cultes, et n'en persécutoit aucun.

IMAGE EVALUATION
TEST TARGET (MT-3)

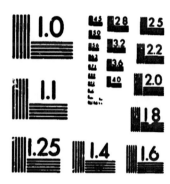

—— 6" ——

otographic
Sciences
ration

23 WEST MAIN STREET
WEBSTER, N.Y. 14580
(716) 872-4503

courir à la case. Son expérience, et quelques secours le mirent à portée d'élever lui-
même une imprimerie et une gazette. A cette
époque commencent ses succès, et le bonheur qui ne l'abandonna plus dans le cours
de sa vie. Il épousa miss Read, à laquelle il
étoit attaché par une ancienne inclination,
et qui méritoit toute son estime. Partageant
ses idées économiques et bienfaisantes, elle
fut le modèle des femmes vertueuses, comme
des bonnes citoyennes.

Jouissant d'une fortune indépendante,
Franklin put enfin se livrer à ses idées pour le
bien public. Sa gazette lui fournissoit un
moyen régulier et constant pour instruire
ses concitoyens. Il y donna tous ses soins;
aussi étoit-elle singulièrement recherchée
par-tout; l'on peut assurer qu'elle contribua
beaucoup à soutenir dans la Pensylvanie ces
excellentes mœurs qui y règnent encore aujourd'hui.

Je possède une de ces gazettes, composée
en partie par lui, et sortie de ses presses (1).

---

(1) Elle est du 13 janvier 1763. — J'y vois d'abord une
longue liste de lettres restées à la poste de Philadelphie.
C'est une excellente coutume dont la vieille France ne s'est

C'est une relique précieuse, un monument que je voudrois placer en un lieu révéré, pour apprendre aux hommes à rougir du préjugé qui leur fait mépriser l'utile et importante profession *des gazettiers*. Ils sont, chez

---

pas encore doutée. On se contente d'y garder les lettres à la poste, de les brûler après un certain temps, et avec quelques formalités. On n'a pas encore imaginé d'instruire ceux à qui elles sont adressées, par la publication de leurs noms dans les gazettes.

J'y trouve un avis pour retrouver une de ces filles transportées aux colonies pour crime, et qui s'étoit enfuie. Elle n'avoit que vingt ans. — Ce fait me rappelle la critique bien ingénieuse que Franklin fit de cette coutume à un ministre d'Angleterre qui avoit envoyé un certain nombre de ces criminels. Franklin offrit de lui envoyer quelques serpens à sonnettes, pour en peupler les jardins du roi.

J'y trouve semblables avertissemens pour des nègres esclaves, échappés ou à vendre. — Franklin n'étoit pas alors président d'une société instituée pour l'abolition de la traite.

J'y trouve une excellente pièce, sous le titre de *The Trinobantian*, pour exhorter le peuple à la paix, et pour combattre le système, très-accrédité alors, qu'il falloit, pour prospérer, ruiner entiérement les François.

« Croyez-moi, mes compatriotes, leur disoit Franklin, ce n'est pas l'augmentation de la puissance françoise que nous avons à craindre, c'est une rechûte dans nos vices et dans notre corruption ».

Cette pièce a bien le cachet de Benjamin Franklin.

un peuple libre, ses meilleurs amis, ses premiers précepteurs, et lorsque le talent se joint chez eux au patriotisme, à la philosophie, lorsqu'ils se servent de ce canal pour répandre sans cesse les vérités, pour dissiper les préjugés, les haines, pour ne faire du genre humain qu'une seule famille; ces gazettiers philosophes sont des curés, des missionnaires, des anges députés par le Ciel pour le bonheur des hommes.

Eh! qu'on ne me cite pas, pour ridiculiser cette profession, l'abus qu'en font les méchans, pour défendre le vice, le despotisme, les erreurs. L'éloquence et l'art de la parole doivent-ils être proscrits, parce que des scélérats en possèdent les secrets?

Mais un ouvrage qui contribua davantage encore à répandre dans l'Amérique la pratique de la frugalité, de l'économie, des bonnes mœurs, c'est l'*Almanach du pauvre Richard*, ou *le bonhomme Richard* : vous le connoissez ; il eut une grande vogue en France; elle a été plus considérable en Amérique. Franklin le continua pendant vingt-cinq ans, et il en vendoit annuellement plus de dix mille exemplaires. Dans cet ouvrage, les vérités les plus grandes sont traduites dans

un

un langage simple, à la portée de tout le
monde.

Ce fut en 1736 que Benjamin Franklin débuta dans la carrière publique. Il fut nommé
secrétaire de l'assemblée générale de Pensylvanie, et fut continué dans cet emploi pendant plusieurs années.

En 1737, le gouvernement Anglois lui
confia l'administration générale des postes
dans l'Amérique septentrionale. Il en fit tout
à la fois un établissement lucratif pour le
fisc, utile pour les habitans. Il lui servit
sur-tout à répandre par-tout ses utiles gazettes.

Depuis cette époque, pas une année ne
s'écoula, sans qu'il proposât et fît exécuter
quelques projets utiles pour les colonies.
C'est à lui qu'on y doit l'établissement des
compagnies contre les incendies; ces compagnies si nécessaires dans les pays où les
maisons sont bâties en bois, où les incendies
peuvent ruiner complétement les individus;
tandis qu'au contraire ces compagnies sont
désastreuses dans les pays où les incendies
sont peu fréquens, peu dangereux.

C'est à lui qu'on doit l'établissement de la
société philosophique de Philadelphie, de

Tome I.   X

sa bibliothèque, de son collège, de son h
pital, etc.

Franklin, persuadé que les lumières
pouvoient se répandre qu'en les recueilla
d'abord, qu'en rassemblant les hommes q
les possédoient, a toujours été très-arde
pour encourager par-tout l'existence d
clubs littéraires et politiques. Dans un
ces clubs qu'il fonda, voici les questions q
étoient faites au candidat:

Aimez-vous tous les hommes, de quelq
profession ou religion qu'ils soient?

Croyez-vous qu'on puisse persécuter
décrier un homme pour de pures opinio
spéculatives, ou pour le culte qu'il professe

Aimez-vous la vérité pour elle-même? e
ploirez-vous tous vos efforts pour la co
noître, et la faire connoître aux autres?

On reconnoîtra encore l'esprit de ce ch
dans les questions qui se faisoient lors d
séances.

Connoissez-vous quelque citoyen qui
recemment développé son industrie? S
vez-vous en quoi la société pourroit être ut
maintenant à ses frères, et à tout le gen
humain? Est-il arrivé quelque étranger
ville? la société pourroit-elle lui être uti

onnoissez-vous quelqu'un qui débute , et
t besoin d'encouragemens ? Avez-vous ob-
;rvé quelques défauts dans les nouveaux
:tes de la législature, auxquels on puisse
:médier ? Comment la société pourroit-elle
ous être utile ?

Les soins qu'il donnoit à ces institutions lit-
:raires ou humaines, ne l'arrachèrent ni aux
onctions publiques dont il fut revêtu pendant
lix ans , comme représentant de la cité de
Philadelphie à l'assemblée générale , ni à
es recherches et à ses expériences en phy-
ique.

Ses travaux à cet égard sont bien connus ;
ne vous en entretiendrai donc point. Je
e bornerai à un trait qui a été peu remar-
é : c'est que Franklin dirigeoit toujours ses
avaux vers cette sorte de bien, qui, sans
rocurer un grand éclat à son auteur, pro-
uroit de grands avantages à tous les ci-
yens. C'est à ce goût populaire qui le ca-
ctérisoit, que l'on doit l'invention des con-
cteurs électriques, de sa cheminée écono-
que ; ses dissertations si philosophiques
: le moyen d'empêcher les cheminées de
er, sur les avantages des toits en cuivre,
t de moulins à papier qu'il établit, et

contribua lui-même à établir dans la Pens
vanie , etc. (1).

Sa carrière politique, et la manière do
il l'a remplie , vous sont également connu
je les passerai donc sous silence ; mais je
dois pas taire sa conduite dans la guer
de 1756.

A cette époque , Benjamin Franklin joui
soit d'une grande réputation dans les col
nies angloises. Il fut nommé, en 1754, l'u
des membres du fameux congrès qui se ti
à Albany , et dont l'objet étoit de prend
toutes les mesures nécessaires pour préven
l'invasion des François. Il y présenta un e
cellent *plan d'union et de défense,* qui fi
accueilli par le congrès , et rejetté à Lo
dres par le bureau des colonies , sous pr

---

(1) Le docteur Franklin me dit qu'il en avoit établi e
viron dix-huit ; et c'est une observation qu'il me fit av
quelque vivacité, relativement à ce qui est dit dans l'ouvra
des Etats-Unis , sur le papier qui s'y fabrique. Il me pa
surpris que nous l'ignorassions.

Son petit-fils, M. Temple Franklin , fait sans doute
recueil de toutes les lettres utiles qu'il a publiées sur les eff
salutaires et pernicieux des divers procédés dans les a
Elles sont répandues dans les journaux américains et angloi
et la collection en sera précieuse.

texte qu'il étoit trop démocratique. Il est
probable que, s'il eût été suivi, les colonies
n'auroient pas été exposées aux ravages de
la guerre affreuse qui suivit. Benjamin
Franklin remplit dans cette guerre plusieurs
missions importantes; on le voit tantôt chargé
de couvrir les frontières nord-ouest de la
ensylvanie, bâtir des forts, lever des trou-
es, etc. On le voit ensuite, à son retour
Philadelphie, commander un régiment de
ilice; on le voit lutter contre le gouver-
eur, pour le forcer à donner son consen-
ment à un bill qui taxoit la famille de
enn, propriétaire d'un tiers de la Pensyl-
anie, laquelle refusoit de payer sa part aux
pôts; on le voit passer à Londres comme
éputé, et emporter au conseil privé cette
ictoire contre cette famille puissante.
L'art que Benjamin Franklin porta dans
s négociations, et les succès qu'il eut,
oient un avant-coureur du succès plus
portant qu'il obtint dans la guerre de l'in-
pendance, lorsqu'il fut envoyé en France.
A son retour dans sa patrie, il a obtenu
s les honneurs que méritoient les ser-
es importans qu'il a rendus à l'Amérique
re. Sa vieillesse et ses infirmités lui font

X 3

un devoir de renoncer maintenant à cette
carrière publique, qu'il a parcourue avec
tant de gloire. Il vit, retiré avec sa famille
dans une maison grande, mais simple, qu'i
a bâtie sur cette place où il aborda soixante
ans auparavant, et où il erroit sans asyle et
sans connoissances. Il y a établi une presse,
une fonderie de caractères. D'imprimeur
il étoit devenu ambassadeur ; après avoir
quitté l'ambassade, il revient à ses presses
chéries , forme dans cet art précieux
M. Bache, son petit-fils. Il le met à la tête
d'une entreprise qui sera infiniment utile
c'est une édition, au plus bas prix possible
de tous les auteurs classiques , c'est-à-dire
des auteurs moraux, dont les livres doiven
être des manuels pour les hommes qui veu
lent s'éclairer et se rendre heureux, en fai
sant le bonheur des autres.

C'est au milieu de ces saintes occupation
que ce grand homme attend la mort avec
tranquillité. Vous jugerez de sa philosophie
sur ce point, qui est la pierre de touch
de la philosophie, par la lettre qu'il écrivoit
il y a trente ans , sur la mort de Jea
Franklin, son frère, à mistriss Hubbard, s
bru.

Mon cher enfant,

« Je m'afflige avec vous ; nous venons de perdre un parent qui nous étoit cher et bien précieux. Mais c'est la volonté de Dieu et de la nature que ces corps mortels soient mis de côté, lorsque l'ame est sur le point d'entrer dans la vie réelle ; car celle-ci n'est qu'un état *embryon*, pour ainsi dire ; c'est une préparation à la vie. Un homme n'est pas complétement né jusqu'à ce qu'il soit mort. Nous plaindrions-nous donc de ce qu'un nouveau né prend place parmi les immortels ? Nous sommes des esprits. Que les corps nous soient prétés, tant qu'ils peuvent nous procurer des plaisirs, nous aider à acquérir des connoissances, ou à secourir nos semblables, c'est un effet de la bonté de Dieu, et il nous prouve de même sa bienveillance, en nous délivrant de nos corps, lorsqu'au lieu de plaisirs, ils ne nous causent que des douleurs, lorsqu'au lieu d'être utiles aux autres, nous ne pouvons que leur être à charge. La mort est donc un bienfait de la Divinité ; nous-mêmes nous préférons souvent à la douleur une mort partielle ; c'est ainsi que nous faisons couper un mem-

bre qui ne peut être rendu à la vie. En quittant notre corps, nous nous délivrons de
toute espèce de peine. Notre ami et nous,
sommes, invités à une partie de plaisir qui
doit durer éternellement. Il est parti le premier; pourquoi le regreterions-nous, puisque nous devons bientôt le suivre, et que
nous savons où nous le rejoindrons? »

Addition à la lettre précédente, imprimée
en décembre 1790

Franklin a joui enfin cette année de ce
bienfait de la mort qu'il attendoit; et je vais
consigner ici les réflexions que j'ai imprimées
dans mon Patriote François, du 13 juin 1790,
et sur cet évènement, et sur le décret rendu
par l'assemblée nationale à cette occasion.

Je dois vous rappeller le discours que
M. Mirabeau l'aîné prononça.

Messieurs,

« Franklin est mort. . . . . Il est retourné
au sein de la Divinité, le génie qui affranchit l'Amérique et versa sur l'Europe des
torrens de lumières !
Le sage que deux mondes réclament,
l'homme que se disputent l'histoire des

sciences et l'histoire des empires, tenoit sans doute un rang élevé dans l'espèce humaine.

Assez long-temps les cabinets politiques ont notifié la mort de ceux qui ne furent grands que dans leur éloge funèbre; assez long-temps l'étiquette des cours a proclamé des deuils hypocrites. Les nations ne doivent porter le deuil que de leurs bienfaiteurs. Les représentans des nations ne doivent recommander à leur hommage que les héros de l'humanité.

Le congrès a ordonné dans tous les états confédérés un deuil de deux mois pour la mort de Franklin, et l'Amérique acquitte n ce moment ce tribut de vénération pour un des pères de sa constitution.

Ne seroit-il pas digne de vous, messieurs, de nous unir à cet acte vraiment religieux, de participer à cet hommage rendu à la face a l'univers, et aux droits de l'homme et au philosophe qui a le plus contribué à en propager la conquête sur toute la terre? antiquité eût élevé des autels à ce puissant génie, qui, au profit des humains, embrassant dans sa pensée le ciel et la terre, ut dompter la foudre et les tyrans. L'Europe éclairée et libre doit du moins un té-

moignage de souvenir et de regrets à l'un
des plus grands hommes qui aient jamais
servi la philosophie et la liberté.

Je propose qu'il soit décrété que l'assemblée nationale portera, pendant trois jours.
le deuil de Benjamin Franklin».

L'assemblée nationale a accueilli avec ac-
clamation, et décrété à l'unanimité la pro-
position de M. de Mirabeau.

L'honneur que l'assemblée nationale fai
à la mémoire de Franklin, réfléchira glorieusement sur elle. Il donnera l'idée de la
distance immense qui la sépare des autres
corps politiques; car combien de préjugé
ne falloit-il pas vaincre pour venir dépose
les regrets de la France sur le tombeau d'un
homme qui, de la profession d'ouvrier imprimeur et de colporteur de livres, s'éto
élevé au rang des législateurs, et avoit co
tribué à placer sa patrie au rang des pui
sances de la terre! Et cet acte sublime
l'assemblée nationale l'a prononcé non-se
lement sans hésiter, mais avec cet entho
siasme qu'inspirent le nom d'un gra
homme, le regret profond de l'avoir perd
le devoir d'honorer ses cendres, et l'espoi
en l'honorant, de faire naître d'autres vertu

d'autres talens distingués ! Ah ! puisse cette
assemblée, pénétrée de la grandeur de l'hommage qu'elle vient de rendre au génie, à la
vertu, à l'amour pur de la liberté, de l'humanité ! puisse-t-elle ne jamais le dégrader,
en cédant aux sollicitations des hommes qui
voudront obtenir le même honneur un jour,
pour les mânes ambitieuses d'individus qui,
prenant le talent pour le génie, des con-
ceptions obscures pour des idées profondes,
le desir d'abaisser les tyrans pour l'amour de
l'humanité, les hommages d'un peuple vo-
latile pour les hommages d'un juge éclairé
et désintéressé, croient pouvoir aspirer aussi
à l'honneur d'un deuil national.

Cet espoir sans doute peut enflammer
homme de génie, l'homme de bien ; mais
ous, qui secrètement aspirez à vous placer
côté de Franklin, examinez sa vie, et
yez le courage de l'imiter. — Franklin eut
u génie ; mais il eut des vertus, mais il
toit simple, bon, modeste surtout. Ah !
uel talent peut se passer de modestie ! Il
'avoit pas cette orgueilleuse âpreté dans la
spute qui repousse dédaigneusement toutes
es idées des autres ; il écoutoit. — Il écou-
oit, entendez-vous, lecteur ? Et pourquoi

né nous a-t-il pas laissé quelques idées sur
l'art d'écouter? Il répondoit aux idées de
ceux qui lui parloient, et non aux siennes.
— Je l'ai vu, il y a dix-huit mois, entendre
patiemment des jeunes gens qui, pleins de
frivolité, d'orgueil, s'empressoient de faire
parade devant lui de quelques connoissances
supercielles. Il savoit les apprécier, mais il
ne les humilioit pas même par cette bonté
qui suppose toujours une distance fatigante.
Se mettant sans faste à leur niveau, il causoit avec eux, sans avoir l'air de les instruire.
Il causoit, et c'est le causer seul qui attire
et peut faire digérer l'instruction : apprêtée,
on la repousse. Franklin avoit des connoissances, mais c'étoit pour le peuple ; il étoit
sans cesse tourmenté de l'idée de son ignorance, et du devoir de l'éclairer. Il ne son-
geoit qu'aux moyens de baisser le prix des
livres, afin de pouvoir les multiplier par-
tout. — En un mot, génie, simplicité,
bonté, tolérance, modestie, ardeur infatigable pour le travail, amour du peuple ;
voilà ce que Franklin me représente ; voilà
ce qu'il faut réunir pour prétendre à des
autel, comme lui.

Les moindres détails qui concernent ce

grand homme méritent d'être connus ; les
retracer soulage une ame affligée du tableau
des imperfections humaines, et peut engager à l'imiter ceux qui ne sont pas trop éloignés de la philosophie.

Senèque, dans sa trentiéme épître, parle
d'un philosophe, Bassus Aufidius, luttant
contre la vieillesse et les infirmités, qni
voyoit approcher sa mort du même œil qu'il
auroit vu celle d'un étranger ; voilà le tableau des derniers jours de Franklin, et
c'étoit en lui, comme dans Aufidius, le résultat d'une longue habitude de la philosophie, et de la contemplation journalière
de la mort.

Trois jours avant de mourir, il demanda
qu'on fît son lit, afin, disoit-il, de mourir
d'*une manière décente*. — Sa fille lui répondit qu'elle espéroit de le voir se rétablir, et vivre encore de longues années.
Je ne l'espère pas, répartit-il avec une fermeté réelle.

Les douleurs excessives que lui causoit
a pierre, et qui le tourmentoient depuis
ouze mois, pouvoient lui faire désirer la
n de sa carrière. Pour les tempérer, il
renoit souvent de l'opium. Dans les inter-

valles de repos qu'elles lui laissoient, il re-
prenoit sa gaîté ordinaire, causant avec ses
amis ou sa famille, se livrant ou aux affaires
publiques, ou même à des affaires particulières, ne laissant échapper aucune occasion de faire le bien, et il le faisoit avec
volupté, c'étoit son caractère; il animoit
même ses conversations par ces jeux d'esprit, ces bons mots, ces anecdotes qui rendoient ses entretiens si délicieux.

Seize jours avant sa mort, il fut attaqué
de la fièvre. Il sentit des douleurs dans les
poumons, et une grande difficulté de respirer. Ces douleurs lui arrachoient quelquefois des plaintes. Sa crainte étoit de ne pouvoir les supporter convenablement. Il expri-
moit, dans les termes les plus vifs, sa reconnoissance pour le Ciel, qui, avec des
moyens si petits, et d'une condition si dis-
proportionnée, l'avoit élevé à ce degré d
gloire et de fortune dont il jouissoit.

Comme la difficulté de respirer étoit in
sensiblement disparue, sa famille espéroi
encore le conserver; mais il n'avoit plus ce
espoir. Il pria ses amis de mettre sur s
tombe l'épitaphe qu'il avoit composée lui
même, et dans laquelle il témoignoit s

royance de la vie future (1). — Son véri-
able mal se découvrit, c'étoit un abcès
dans les poumons : il créva ; mais ses organes
affoiblis n'étant plus assez forts pour rejeter
au dehors la matière, sa respiration s'em-
barrassa, il tomba en léthargie, et mourut
le 17 avril.

Les funérailles de ce grand homme furent
accompagnées de tous ces honneurs que doit
rendre un peuple libre à un de ses libérateurs et à un des bienfaiteurs du genre humain. Tous les vaisseaux qui étoient dans
le port, même les Anglois, hissèrent leurs
pavillons à moitié. Le gouverneur, tout le
conseil, l'assemblée législative, les juges
et toutes les sociétés politiques et savantes
accompagnèrent son corps au tombeau. Jamais
on ne vit un si grand concours de citoyens.
On comptoit plus de 20,000 spectateurs.

(1) *Epitaphe du docteur Franklin, composée par lui,
quarante ans avant sa mort.*

« Le corps de Benjamin Franklin, imprimeur, comme la
couverture d'un vieil livre, dont les feuillets sont usés, et
dont les ornemens et la dorure sont effacés, gît ici, la pâture
des vers, et cependant l'ouvrage ne sera pas perdu ; mais il
croîtra de nouveau dans une nouvelle et belle édition,
corrigée et revue par l'auteur ».

Leur gravité, leur silence, la douleur peinte presque sur toutes les figures, annonçoient combien ils regretoient leur perte.

Son testament a été ouvert, et il a partagé la fortune considérable qu'il a laissée entre le public et sa famille. Il a fait des legs aux villes de Boston, de Philadelphie, à des académies, des universités, etc.

Ces legs portent l'empreinte de son caractère et de ses principes sur l'économie; car il veut que les capitaux en soient appliqués pour faire étudier les jeunes gens pauvres, ou pour prêter à des citoyens qui s'établissent et qui ne sont pas avancés.

Il a laissé la plus grande partie de sa fortune à son fils William Franklin (1), ci-devant gouverneur des Jerseys, qui a si constamment adhéré au parti du roi, et à M. Richard Bache, son gendre, dont le fils conduit l'imprimerie fondée nouvellement

---

(1) Je ne sais pas si M. William Franklin est le même que celui qui vient de donner un voyage au Bengale et en Perse, sous le titre d'*Observations sur le Bengale et sur la Perse*, dédiées au lord Cornwallis. Les journaux anglois qui l'annoncent le disent fils de Franklin, officier surnuméraire dans l'armée de Bengale, et font l'éloge de ses talens et de ses connoissances dans les langues indiennes.

par

ar Franklin. Ce jeune homme, élevé dans
s principes de son grand-père, vient d'éta-
lir une nouvelle gazette.

Il a laissé à son autre petit-fils, M. William
emple Franklin, ses livres, ses manus-
rits, et les mémoires de sa vie, qu'il a tra-
aillés avec beaucoup de soin, et qui doient être un monument précieux pour les
hilosophes. On assure qu'ils ne tarderont
as à paroître.

LETTRE XVI.

*Découverte pour remonter les rivières. —
Réflexions sur le caractère des Américains,
et des Anglois.*

Du lundi, 1er septembre 1788.

e déjeunai avec Samuel *Ameland*, un des
lus riches et des plus bienfaisans *amis*. —
'est un élève d'Antoine Benezet : il n'en
arle qu'avec enthousiasme, et il suit de
rès ses traces. — Il n'est aucune bonne ac-
ion publique, aucune institution utile, à
quelle il ne s'empresse de prendre part.
Cet ami chérit les François et parle leur

Tome I.   Y

langue. Il me traita avec la plus grande
amitié, m'offrit sa maison, ses chevaux, sa
voiture, et tout ce qui étoit à lui.

En le quittant, j'allai voir une expérience
qui se faisoit près de la Delaware, sur un
bateau, dont l'objet étoit de remonter le courant des rivières. L'inventeur étoit M. *Fitch*.
Il avoit formé une compagnie pour soutenir
son entreprise. Un des actionnaires, et son
plus fervent défenseur, étoit le docteur
Thornton, dont j'ai déjà parlé. Cette invention étoit disputée à M. Fitch par M. Ramsay, de Virginie (1), et cette discussion
avoit occasionné différens écrits publics.

---

(1) Depuis que cette lettre a été écrite, j'ai pris des renseignemens sur la découverte de M. Ramsay; je l'ai vu
lui-même en Angleterre. C'est un homme plein de génie;
et par les explications qu'il m'a données, il paroît que sa
découverte, quoique partant du même principe que celle
de M. Fitch, en est beaucoup éloignée, pour les moyens
d'exécution. M. Ramsay se proposoit alors (en février 1789)
de bâtir un vaisseau qui iroit en Amérique, par le seul secours
de la pompe à feu, et sans voiles: il ne devoit pas employer
plus de quinze jours à ce voyage. Je vois avec peine qu'il
n'ait pas encore réalisé ce projet, qui, s'il étoit praticable
et exécuté, entraîneroit dans le commerce un aussi grand
changement, peut-être, que la découverte du cap de Bonne-
Espérance.

Quoi qu'il en soit, la machine que je vis, me parut bien exécutée, et remplir son objet ; elle faisoit mouvoir, au moyen du feu, trois larges rames, dont la force devoit être considérable. On m'assura qu'elle donnoit vingt - six coups par minute ; on en avoit promis soixante (1). On me dit encore qu'un pareil bateau pouvant porter de dix à vingt tonneaux à dix-huit livres, ne coûteroit que trois à quatre cents pounds, qu'il pourroit être manœuvré par deux hommes, dont l'un au gouvernail, et l'autre occupé sans cesse à la machine, à entretenir le feu, etc.

Je n'eus aucun doute que, physiquement parlant, cette machine ne dût produire

---

(1) Il y a eu diverses expériences faites avec ce *Steam-boat*. M. Fitch a, une fois, parcouru vingt milles en trois heures : avec la marée, il fait huit milles à l'heure. Cet artiste est sans cesse occupé de le perfectionner ; c'est un homme modeste et estimable.

En parcourant les journaux américains de 1790, je vois vec plaisir que M. Fitch n'abandonne point sa découverte. 'apprends que le 11 mai 1790, il a fait le voyage de hiladelphie à Burlington en trois heures un quart, ayant ent contraire, et la marée pour lui. — Il faisoit, dans cet tat, sept milles à l'heure.

une partie des effets qu'on en attendoit,
mais je doute qu'elle pût être utile au commerce ; car malgré l'assurance des entrepreneurs, il me parut que la machine demandoit un grand entretien, qu'elle exigeoit plusieurs hommes sans cesse occupés
autour d'elle, et que par conséquent la dépense en seroit considérable, soit pour les
réparations qui devroient souvent suivre la
fréquence et la multiplicité des frotemens,
soit pour les hommes chargés de veiller. Je
ne me dissimulai pas cependant, que, si l'on
pouvoit porter de l'économie dans cet entretien, et simplifier les mouvemens, cette
invention pourroit être utile, dans un pays
où la main d'œuvre étoit chère, et où les
rivières n'étoient pas accessibles, comme en
France, aux chevaux et aux hommes qui
suppléent les machines, pour remonter les
rivières.

Cette idée consola le docteur Thornton,
que je vis assailli de railleries à l'occasion
de ce *Steam-boat*. Il en étoit fatigué ; ces
plaisanteries me paru ent à moi-même très-
déplacées. Les obstacles, qu'a par-tout le
génie à franchir, sont si considérables, les
encouragemens sont si foibles, et la né-

cessité de suppléer en Amérique à la main d'œuvre, me paroît tellement démontrée, que je ne pus voir sans indignation les Américains ralentir, par leurs sarcasmes, les efforts généreux d'un de leurs concitoyens.

Quand les hommes viendront-ils donc à s'entre-aider les uns et les autres, à s'encourager par des secours réels, plutôt qu'à se décourager par des railleries? C'est au temps où régneront la raison et la bienveillance universelle. Eh! n'est-ce pas à des républicains à accélérer cette heureuse époque!

Cette bienveillance germe et propage visiblement en Amérique; vous ne trouvez point dans les Américains cet orgueil caché, qui acquitte le bienfait, et dispense de la reconnoissance, cette rudesse égoïste, qui fait des Anglois une nation isolée et ennemie des autres. Cependant vous y trouvez quelquefois des vestiges de leur indifférence pour les autres peuples, et de leur mépris pour les étrangers qui voyagent chez eux : par exemple, qu'un étranger se trouve dans une société d'Américains (1), s'il a le malheur de

_____

(1) Je suis loin de croire et de dire que ce soit général, mais je l'ai vu souvent.

Y 3

ne pas parler Anglois, personne ne s'occupe
de lui. Or, je le dis avec confiance, c'est
tout-à-la-fois manquer à l'humanité et à ses
intérêts ; à l'humanité, parce qu'on doit
support et consolation à l'homme éloigné
de ses foyers, et qu'on les lui doit d'autant
plus qu'il a peu de moyens de se rapprocher et de s'amuser ; à ses intérêts, parce
que les étrangers, dégoûtés de cette gros-
siéreté, de ce défaut d'attention, se hâtent
de quitter le pays, et de prévenir défavora-
blement ceux qui seroient tentés d'y voyager.

J'ai dit que cette inattention pour les
étrangers étoit sur-tout remarquable dans les
Anglois ; et je ne crois pas m'être trompé. Un
assez long séjour chez ce peuple m'a mis à
portée de le connoître, et l'on ne m'a jamais accusé que de trop de partialité en
sa faveur ; ainsi je ne dois pas être suspect.

Ce même défaut se trouve chez les Anglois
des Indes occidentales ; je l'ai remarqué dans
plusieurs, et je crains en général que tous
les vices qui sont plus exaltés chez les habitans des isles, ne corrompent les Américains, qui me paroissent très-avides d'étendre
leur correspondance avec eux. — J'en entendis un faire la question suivante à plusieurs

Américains, témoins comme lui, de la revue des volontaires de Philadelphie : Pourriez-vous me dire si ces braves officiers sont barbiers ou savetiers? — Cette mauvaise plaisanterie décèle l'homme à préjugés, l'insolent et bas Européen, le valet abject des despotes ou des aristocrates d'Europe. — Mais avec une pareille plaisanterie, on humilie, on détruit cette idée d'égalité qui est la base des républiques.

Mais pourquoi les hommes de sens qui sont témoins de ces plaisanteries, ne les réfutent-ils pas avec vigueur? Pourquoi cette mollesse qu'on décore lâchement du nom de politesse? Ne voit-on pas qu'elle enhardit l'homme corrompu, et que le silence complaisant peut laisser germer dans les ames foibles, des préjugés qu'une attaque rigoureuse auroit détruits?

LETTRE XVII.

Sur la Société d'Agriculture, et sur la Bibliothèque.

Du 2 septembre 1788.

J'ASSISTAI à une séance de la société d'agriculture ; c'est une société naissante, et cependant elle est nombreuse, mais la séance ne l'étoit pas. Elle a beaucoup de fonds. S'il est un pays où pareille société doive prospérer, c'est celui-ci. L'agriculture est la première colonne de la Pensylvanie, et quoiqu'on y rencontre de bons laboureurs, la masse y a besoin de lumières, et les lumières ne peuvent être procurées que par une réunion d'hommes instruits dans les diverses théories et pratiques.

On y agita une question fort intéressante : en voici le sujet. Le papillon, ou ver, appelé *hessian-fly* (1), mouche de Hesse, ravageoit,

_____

(1) Appelé ainsi, parce qu'on croit qu'il fut apporté, dans la dernière guerre, avec des bleds venant d'Allemagne, ou destinés pour les Hessois, qu'on avoit achetés pour aller à la chasse des Américains.

depuis quelques temps, les bleds des divers
Etats-Unis. Le roi d'Angleterre, craignant que
cet insecte ne passât dans son île, avec le bled
qu'importoient les Américains, venoit de pro-
hiber les bleds américains. Le conseil suprême-
exécutif de Pensylvanie, pour être en état de
parer, en s'éclairant, aux suites de cette prohibition, s'étoit adressé à la société d'agriculture ; il desiroit de savoir si cet insecte
attaquoit le grain, et s'il étoit possible de
prévenir ses ravages.

Divers laboureurs, qui assistèrent à cette
séance, citant leur expérience personnelle
et celle de leurs voisins et de leurs correspon-
dans, assurèrent que l'insecte ne déposoit
point ses œufs dans l'épi, mais bien dans la
tige ; il s'étoient aussi convaincus qu'en bat-
tant le bled, il n'y avoit point à craindre que
les œufs se mélassent au grain ; on ne pouvoit
par conséquent appréhender de communiquer cet insecte avec le grain. La plupart at-
testèrent d'ailleurs, que la farine provenant
du bled attaqué par ce ver, ne diminuoit ni
en qualité, ni en quantité.

Comme cette question étoit de la plus
rande importance, non-seulement pour la
ensylvanie, mais pour tous les Etats-Unis,

parce que ce papillon avoit étendu ses ravages presque dans tous, la société résolut
de s'occuper de l'histoire, de la nature de
cet insecte, des moyens de le détruire, ou
de chercher s'il n'étoit pas possible de remplacer le grain qu'il attaquoit, par un autre
grain qu'il respectât. — On avoit déjà quelques expériences consolantes sur ce dernier
point. Le bled à barbe, et jaune, qu'on avoit
substitué, dans plusieurs endroits, avoit été
préservé des ravages de cet insecte.

M. Polwell (1), président de cette société,
et le docteur Griffiths, son secrétaire, me
parurent l'honorer également, l'un par la
netteté de ses résumés et l'élégance de son
style, et l'autre, par son zèle infatigable (2).

Parmi les institutions utiles qui honoren
Philadelphie, il faut en distinguer la biblio
thèque publique, dont, comme je l'ai déj
dit, on doit l'origine au célèbre Franklin.

(1) Voyez l'éloge qu'en fait M. Chatelux.

(2) Cette société ne cesse de proposer les prix les plu
considérables, pour éclairer et encourager toutes les branche
de l'agriculture. Je vois, dans l'*American-Musæum*, de ma
1790, une liste des sujets intéressans ; j'y vois aussi un
semblable société, élevée à Burlington, proposer un pri
pour perfectionner le fromage américain.

Elle s'entretient par souscription. Le prix en est de 10 pounds en entrant, et on a le privilège d'en emprunter les livres. La moitié des livres est donc toujours en usage. Je vis avec plaisir, sur ceux qui restoient, l'empreinte de l'usage fréquent qu'on en avoit fait.

A côté de cette bibliothèque est un petit cabinet d'histoire naturelle. Je n'y ai rien vu de remarquable qu'un énorme fémur, et des dents molaires aussi monstrueuses, trouvées près de l'Ohio, dans cet amas énorme d'os prodigieux (*big bones*), que la nature y a moncelés dans des temps, dont un voile impénétrable dérobe les événemens à l'œil de l'histoire, et qui ont si long-temps et si vainement exercé les recherches de nos naturalistes.

Je ne vous parlerai point ici d'un autre établissement bien plus précieux pour moi, et qui me causa les sensations les plus délicieuses ; c'est l'école des jeunes noirs, dont on doit la fondation aux amis : j'y reviendrai dans l'article complet que je vous destine sur ce sujet.

LETTRE XVIII.

Sur le Marché de Philadelphie, et le prix
des denrées.

Du 3 septembre 1788.

S'IL existe, disoit Franklin, un athée dans
le reste de l'univers, il se convertiroit en
voyant Philadelphie, en voyant une ville où
tout est si bien ; et s'il y naissoit un paresseux, ayant sans cesse sous les yeux trois
aimables sœurs, la richesse, la science et
la vertu, qui sont les fruits du travail, il
prendroit bientôt de l'amour pour elles, et
s'efforceroit de les obtenir de leur père. . . .

Telles sont les idées qui s'offrent naturellement à la vue d'un jour de marché de Philadelphie ; c'est, sans contredit, un des plus
beaux qui existent dans l'univers. Variété
dans les denrées et les produits de l'industrie,
ordre dans leur distribution, bonne foi,
tranquillité dans la vente, il réunit tout. Une
des beautés essentielles d'un marché, c'est
la propreté dans l'exposition des marchandises et dans les marchands : elle règne ici

ar-tout. La viande même , dont l'aspect est
i dégoûtant par-tout ailleurs , frappe les
egards agréablement ; le spectateur n'est
oint révolté par l'aspect de ruisseaux de sang,
pui infectent l'atmosphère , en salissant les
ues. Les femmes, qui apportent les denrées
les campagnes , sont toutes habillées avec
lécence. Leurs fruits , leurs légumes sont
rrangés avec le plus grand soin, dans des
paniers très-bien travaillés. Tout se rassem-
ble ici ; vous trouvez toutes les denrées ,
tous les produits de l'industrie, viande, poisson, fruits, végétaux, grains , etc. vous y
trouvez de la poterie, des souliers (1), de
la clincaillerie, des baquets, des sceaux infiniment bien faits, de charmans petits paniers , etc. L'observateur étranger, ne se
lasse point de contempler cette multitude
d'hommes et de femmes, qui se remue, se
roise dans tous les sens, sans se heurter,
ans tumulte, sans injures. On diroit que c'est
n marché de frères , que c'est le rendez-
ous d'un peuple philosophe, d'élèves du

---

(1) Les souliers, cuir du pays, coûtent environ 7 liv. 10 s.
Une bonne paire de bottes , cuir d'Angleterre, coûte
viron 36 liv.

silencieux Pythagore ; car un silence ininter
rompu règne au milieu de cette foule ; vou
n'entendez point ces cris si communs ailleurs
si importuns ; chacun vend , marchande e
silence. — La gravité, l'ordre accompagnen
ce peuple par-tout. L'ordre paroît encor
dans l'arrangement des voitures et des che
vaux qui ont apporté les denrées ; ils son
rangés dans les rues voisines, à mesure qu'il
arrivent. — Point de querelles, point d'em
barras, et toutes ces voitures se dégagen
de même en silence. Vous n'entendez poin
les charretiers ou porteurs s'injurier ; vou
ne verrez point de fous galoper à brid
abattue dans les rues. — Voilà un des plu
frappans effets de l'habitude. — Habitud
inspirée par les quakers qui ont planté l
morale dans ce pays. — Habitude qui con
siste à faire tout tranquillement , avec raison
et sur-tout à ne jamais nuire à autrui (I)

— (1) Je fus témoin, à Newport, de cet ascendant de l
raison. Un quaker avoit fait marché avec le capitaine d'u
paquebot d'Albany , je crois, pour y transporter des meuble
Il étoit naturel que ces meubles fussent dans la chambre o
la calle. Le capitaine voulut les loger sur le pont, et traitoi
fort rudement le quaker, qui se contentoit de lui dire
Ami, ces meubles se gâteroient à l'air , à la pluie, à la m

t à n'avoir pas besoin de l'interposition de
nagistrat. Pour maintenir l'ordre dans un
)areil marché en France, il faudroit trois
)u quatre commissaires, et une douzaine de
;oldats. —Ici la loi n'a pas besoin de fusils.
L'éducation, les mœurs et l'habitude ont
)out fait. — Deux clercs de police se pro-
nénent dans ce marché, pour veiller sur les
lenrées. — Soupçonnent - ils une livre de
)eurre de n'avoir pas son poids; ils la pèsent,
)'oi elle est légère; elle est saisie au profit
es hôpitaux; etc.

Ce marché est couvert dans une très-grande
ngueur. Entre chaque pilier ou arcade est
r'étal, où s'étalent, ou s'accrochent les
archandises.

Ce portique sert de promenade pendant
pluie.

Vous voyez encore des pères de famille
ller eux-mêmes au marché; c'étoit l'usage
e nos pères. Leurs femmes les ont rempla-
és. Elles se sont ensuite crues déshonorées,
t les domestiques seules y vont. Ni l'éco-

uvre, et le bois que tu as mis dans ta calle ne s'y gâterpi
s. Réfléchis à ce que je te dis, et je reviens demain matin ;
le lendemain matin les meubles étoient en sûreté.

nomie, ni les mœurs n'ont gagné à ce change
ment d'usage. Les mères conduisent ici leur
filles au marché, pour les instruire : ce qui
d'autre côté, prouve que les mœurs domes
tiques y sont respectées.

Plusieurs personnes blâment les habitan
d'avoir établi le marché au milieu d'une rue
ils aimeroient mieux une vaste place quarrée
et, en effet, cet ordre eût été meilleur. Ce
pendant, tel qu'il est, ce marché est presque
sans inconvénient ; la malpropreté qui de
vroit en résulter, n'existe point, parce qu'on
veille soigneusement à en faire disparoître
les immondices.

Cette observation me rappelle un fait qu
frappe tous les étrangers. Ils sont scandalisé
de voir des cochons se promener dans le
rues et fouiller dans les ordures. — Il y
une loi qui les en bannit, mais elle n'est pa
observée. — J'ai lu, dans un review, ou jour
nal américain, qu'il étoit tout à-la-fois sa
lubre et économique de laisser les cochon
vaguer dans les rues.

C'est ici le lieu de vous dire le prix couran
des denrées à Philadelphie, en vous rap
pelant que le schelling y vaut 14 sous, e
le pound un peu plus de 14 livres. — Le pai
coût

oûte de 2 à 3 sous; le bœuf, de 4 à 6 sous la
vre; très-bonne, à 4 sous; même prix à
eu près pour le mouton; veau, 2 à 3 sous;
)in, de 30 à 40 schellings par tonne, pesant
eux mille; beurre, 6 à 10 sous la livre; char-
on, de 16 à 18 schellings; le bois, de 10 à
2 schellings la corde. — Les légumes sont
bondans et à bon compte; les pommes de
erre sur-tout y sont délicieuses: la venaison
est par fois à bon marché; les vins d'Eu-
ope, et sur-tout de France, moins chers que
ar-tout ailleurs. J'ai bu du vin de Provence,
u'on me disoit être fait par M. Bergasse, à
5 sous la bouteille.

Cependant le prix des auberges est très-
her, sur-tout celui de *Moyston tavern*; on
est, à la vérité, très-bien servi. Les choses
e luxe y sont aussi dispendieuses. Un per-
quier coûte un schelling chaque jour, ou
schellings au mois. — Je louai, pour
)is jours, un cabriolet et un cheval, il me
ûta 3 louis. Le blanchissage, qui est très-
en fait, coûte 3 schellings 6 deniers la dou-
ine de pièces.

LETTRE XIX.

Assemblée générale de Pensylvanie,
description d'une ferme tenue par
François.

Du samedi, 6 septembre 1788.

J'AVOIS fait, à New-Yorck, la connoissan
du général *Miflin*, étoit alors *speake*
ou président de l'assemblée législative
Pensylvanie; je le revis à Philadelphie. S
portrait a été bien tracé par le marquis
Chatelux : c'est un homme aimable; ob
geant, plein d'activité, très-populaire,
qui remplit sa place avec dignité et fermet
Franc, ennemi de l'artifice et du déguis
ment, il joint à ces vertus la bravoure,
constant attachement aux principes dém
cratiques, et un grand désintéressemer
Il n'est plus quaker. Ayant pris les arme
il fut forcé de quitter la société; mais
ne lui en est pas moins attaché, et il pr
fesse toujours la plus grande estime po
cette secte, à laquelle sa femme est rest
fidelle. Ce général (1) eut la complaisan

(1) Le général Miflin est aujourd'hui président de l'é
de Pensylvanie.

me conduire, le matin, à l'assemblée gé-
ale ; je n'y vis rien de remarquable : le
iment est loin de cette magnificence que
prête M. Raynal. C'est certainement un
u bâtiment, en le comparant avec les
res édifices de Philadelphie ; mais il ne
it être mis en parallèle avec aucun de ces
imens publics, que nous regardons comme
ıux en Europe.

Il y avoit une cinquantaine de membres à
tte assemblée, assis sur des fauteuils de
is, dans une enceinte fermée par une ba-
trade. Derrière la balustrade est la galerie
se placent les spectateurs.

Un petit-maître qui tomberoit tout-à-coup
Paris dans cette assemblée, la trouveroit
ainement bien ridicule ; il seroit scanda-
de la simplicité des habits, et souvent de
égligence des toilettes : mais tout homme
pense, désirera que cette simplicité puisse
onserver long-temps, et devienne univer-
e. On me montra, sous un de ces habits
e ces visages si communs, un cultivateur
Finley) qui déployoit le plus grand ta-
en parlant.

a séance se passa en lectures de différens
oires et pièces envoyés par le conseil
utif.   Z 2

La campagne du général Miflin, où no
allâmes dîner, est à cinq milles de Philad[e]
phie, vis-à-vis les *falls* ou chûtes de la Sku
kill. Ces chûtes sont formées par une couc[he]
de pierres assez considérables. Elles ne so
pas sensibles, quand' la rivière a grossi.]
maison du général est à mi-côte, avec u[ne]
vue très-agréable et *très-romantique*, sur
rivière et sur les environs.

Sur la route, le général me montra d
vestiges de différentes maisons brûlées p[ar]
les Anglois. La campagne étoit nue et sa[ns]
arbres ; les Anglois les avoient tous détrui[ts]

Je vis, à la campagne du général Miflin, [un]
vieil quaker, qui me secoua la main avec d'a[u]
tant plus de plaisir, qu'il me trouvoit, diso[it]
il, un air de ressemblance avec Antoi[ne]
Benezet. D'autres quakers me le conf[ir]
mèrent. Ce n'est pas vani é de le citer, [si]
l'on se rappelle ce que M. Chatelux dit de
figure ; mais il avoit des yeux de bonté, d'h[u]
manité.

Springmill, où nous devions coucher, [est]
un hameau situé sur la Skullkill, à h[uit]
milles de là. La plus belle maison est ce[lle]
occupée par M. L—, François. Elle a une d[es]
plus magnifiques vues qu'on puisse imagin[er]

Située sur un côteau , au sud-est, la Skullkill coule à ses pieds , dans un magnifique
canal, entre deux montagnes couvertes de
bois. Sur la côte, on apperçoit quelques
maisons éparses, et des terres cultivées. .

Le terrein de ce pays est composé d'une
grande quantité de talc , de quartz, de gra-
nit , d'un gravier jaune, et souvent d'une
terre très-noire.

Il y a, dans le voisinage, des carrières d'assez beau marbre ; beaucoup de cheminées
en sont ornées.

Je vais , mon cher ami, entrer dans quelques détails sur la ferme de ce François.
Outre qu'ils vous donneront une idée du prix
des terres , de la manière de vivre des cultivateurs , ces détails pourront être utiles à
ceux de nos amis qui voudroient s'établir ici.
Les observations sur la manière d'étendre
l'aisance parmi tous les hommes , doivent
bien valoir, aux yeux d'un philosophe , celles
sur la manière de les assassiner méthodi-
quement.

La maison de M. L— est très-bien distri-
buée. Elle est en pierres, et bien bâtie, composée de deux étages , et de cinq à six
chambres à feu, à chaque étage. Des deux

Z 3

jardins, formés en amphithéâtre, vous joui
sez de cette superbe perspective dont je vou
ai parlé. Ces jardins sont bien cultivés : nou
y vîmes sur-tout une quantité de ruches
elles étoient soignées par un Allemand, qu
s'étoit, après de longs voyages, attaché
M. L —. Plein d'industrie et d'adresse, on l
voyoit au tour, ou le rabot à la main, ou au
jardin, toujours occupé à inventer ou à per
fectionner.

La ferme étoit séparée de la maison par l
chemin : on y distinguoit dix-neuf bêtes
cornes, dix à douze chevaux, etc. L'état d
cette ferme me prouve combien les vol
étoient rares dans les campagnes ; tout
étoit ouvert, ou fermé sans serrures.

Cette ferme étoit composée d'envi on deu
cents cinquante arpens de terres, dont un
très-grande partie en bois. L'autre partie éto
en bled, en maïs, en bled sarrazin, en prai
ries. M. L— nous montra un pré d'un arpen
environ, qu'il avoit bien fumé. Il en avoi
déja tiré huit tonnes de foin (1). Il calculoi
que ce pré lui avoit rapporté, à sa troisièm
coupe, environ 12 pounds ou 158 liv. tou

---

(1) La tonne pèse deux mille livres.

ois. Les autres prés, qu'il avoit moins fumés,
apportoient moins. J

Il fit un temps affreux le dimanche. Il fallut
donc se renfermer, et causer de ses aventures
t des liaisons passées. M. L— me raconta
es malheurs ; je les connoissois déja. Il avoit
té victime de la perfidie d'un mielleux inten-
dant de la Guadeloupe, qui, pour étouffer
es preuves de sa complicité dans un commerce clandestin, avoit successivement tenté
e le faire périr dans des prisons, assassiner
u empoisonner. A l'abri de ses persécutions,
jouissoit de la sûreté à Springmill ; mais il
e jouissoit pas du bonheur.

Il étoit seul ; et qu'est-ce qu'un laboureur
ans femme et sans famille ? Il avoit, pour
ploiter sa ferme, un nègre, un Allemand,
femme, une autre Allemande, deux petits
rçons de dix à douze ans, une petite fille
huit ans. Le nègre étoit libre. M. L— lui
oit bâti une petite *loghouse* : il lui avoit
andonné tant de terrain qu'il en pourroit
tiver, à condition d'en partager le produit.
marché lui étoit avantageux. Le nègre
it très-laborieux ; il avoit l'espoir d'acqué-
une propriété, de l'aisance. Et quels mi-
les n'opère pas cet espoir sur les hommes

les plus paresseux ! Or, un homme laborieu
est rarement méchant. L'Allemand travailloi
bien , mais il étoit indolént. M. L——, avbi
acheté son service pendant quatre ans , ains
que celui de sa femme. — Ces sortes de mar
chés s'appellent *bonds* ou *indentured* , e
sont très-communs. Un Européen qui a passe
sans argent en Amérique , se vend péndan
quatre ou cinq ans , pour payer son passage
le maître qui l'achète s'engage , au bout de
son temps de service , à lui donner un habi
et quelque argent. Si c'est une femme , on le
donne quelquefois une vache. M. L——, pou
exciter le zèle de la sienne , lui donnoit une
part dans la vente des veaux. Lorsque le
maître qui a fait cet achat s'en va , ou n'a plu
besoin du service de ces domestiques , il ven
le reste de leur temps.

Il faut bien se garder de confondre ces do
mestiques achetés, avec les esclaves noirs , e
de croire qu'ils sont malheureux. On juger
de leur situation par la vie que menoien
ceux de M. L——. Ils ne se levoient ou n'alloien
au travail qu'au lever du soleil , et le quittoien
au coucher. — Au déjeûner, thé ou café bie
sucré, beurre, crême, pain ou gâteaux ; soi
de bled d'inde, soit de bled sarrazin, qu'il

iment assez ; à dîner, soupe avec légumes, bon morceau de viande, pommes de terre, choux, beurre ou fromage, cidre (1) ou bière ; à souper, beurre, thé ou café, et viande. Dans le temps des ouvrages forts, comme ceux de la moisson, on leur donne du rum.

On ne croira pas ces détails, tant ils paroîtront surprenans, en les comparant avec la nourriture de nos ouvriers, et même de nos laboureurs françois ; cependant ils sont vrais et exacts. Il est bien de riches laboureurs en Europe qui ne vivent pas avec autant d'aisance que le journalier ou domestique américain.

Cependant, qui le croira ? malgré toute la douceur des maîtres envers eux, malgré ces bons traitemens, ces domestiques sont paresseux. Je ne crois pas cependant que ce soit le caractère général des Allemands (2) ;

_____

(1) Le cidre est à bon marché ; on en jugera par ce trait. général Miflin me montra une grande quantité de pommes tombées, qu'il avoit offertes gratuitement à un de voisins pour faire du cidre ; celui-ci lui avoit répondu que le cidre étoit à trop bon marché à Philadelphie, et que pommes ne valoient pas la peine de le faire.

(2) On me montra, du côté de Springmill, une belle

mais ceux de M. L— étoiert lents à la besogne, indolens et mal-propres. Les chevaux, les voitures, l'écurie, la grange, la cuisine, les chambres; tout étoit mal soigné et peu en ordre : ce n'étoit pourtant pas faute d'activité et d'exemple de travail dans le maître ; mais il me disoit que quand George avoit la pipe à la bouche, et étoit à côté de son verre de rum, nul mortel ne pouvoit le tirer de son apathie bienheureuse. Il y avoit renoncé.

Ces domestiques achetés, me disoit-il, savent fort bien qu'on est obligé de les garder, qu'ils fassent bien, qu'ils fassent mal ; ils savent fort bien que le nombre des domestiques est rare. Ainsi l'homme ne sera jamais juste. Il ne peut l'être que quand il cultive lui-même sa raison, que lorsqu'il a l'habitude de réfléchir ; et malheureusement les Allemands transportés sont bien loin, à cet égard, des Américains et des quakers. M. L— me disoit qu'il y avoit deux autres inconvéniens à prendre ces sortes

maison, occupée par un Allemand qui étoit venu, *indentured*, *acheté* il y a vingt ans, et qui, par son économie et son travail, avoit amassé de quoi acheter beaucoup de terre et bâtir cette maison.

de domestiques ; c'est qu'ils feignent souvent des maladies, que souvent ils s'échappoient, et qu'il en coûtoit beaucoup pour les retrouver. Les papiers publics sont en effet remplis d'avertissemens à ce sujet.

Il n'étoit bien servi que par les petits garçons et par la petite fille, à laquelle il apprenoit le service. C'étoit une des conditions de son marché d'achat, que ces enfans devoient lui rester jusqu'à l'âge de dix-huit à vingt ans, et cela pour le dédommager du temps que la mère perdoit, pendant qu'elle étoit grosse, et qu'elle ne pouvoit travailler. Afin d'empécher la mère et le père de les gâter, il les faisoit coucher dans sa chambre. Rien n'étoit plus hardi que ce petit garçon de douze ans ; il couroit à cheval, menoit une voiture, conduisoit seul un *ferryboat* ou *bac*, alloit à la ville faire des commissions, parloit trois langues, etc.

Je demandai à M. L— quel étoit le prix des gages des autres ouvriers qu'il employoit. Il me dit qu'il payoit d'un schelling $\frac{1}{2}$ à 2 schellings $\frac{1}{2}$ par jour, au mois 5 à 6 dollars ; c'est-à-dire, à ce dernier prix, 378 livres par n, sans y comprendre la nourriture, semblable à celle que j'ai décrite plus haut.

Observez qu'il y a deux à trois ans les journées étoient de 3 à 4 schellings, c'est-à-dire de 42 à 56 sols.

Le prix courant des domestiques noirs, à Philadelphie, est de 4 à 5 dollars par mois non compris la nourriture. Vous voyez que ce salaire des domestiques est bien supérieur à celui des domestiques de nos campagnes, et même de ceux des grandes villes dont les mieux payés ne gagnent pas au delà de 200 livres. La rareté des hommes es ici la cause de ce haut prix. Leur concurrence fait baisser en Europe leur prix, qu baisseroit encore plus si, le numéraire n'é toit pas abondant.

M. L— paie 8 à 9 pounds de taxes pou toute sa propriété, et par ce fait vous pour rez juger les exagérations des détracteu des Etats - Unis, sur les taxes américaine Cette terre contient environ cent vingt acr en bois, quatre - vingts en terres labou rables, vingt-cinq en pré, trois en jardi grande maison, maisons particulières de journaliers. — 134 livres d'impôts po toute cette propriété ! Rapprochez cet imposition, de celle qu'on paie en Franc pour une semblable propriété.

M. L— a essayé de planter de la vigne.
On lui a envoyé du plan de Médoc (1) ; il
l'a planté à côté de sa maison, sur une côte
exposée au sud sud-est ; elle réussisoit fort
bien ; elle comptoit à peine quatre mois,
et elle étoit fort avancée.

C'est une remarque qu'on fait à chaque
pas en Amérique, la végétation y est rapide et forte. Les pêchers, par exemple,
y croissent rapidement, et y donnent des
fruits en quantité. A peine avez-vous coupé
votre bled, qu'un mois après vous ne recon-
noissez plus votre champ ; il est couvert
d'herbes très-hautes et très-épaisses

J'observai à M. L— qu'il se passeroit
un long-temps, avant qu'il pût recueillir de
grands profits de la culture de la vigne, parce
que d'un côté la main-d'œuvre seroit pendant
long-temps chère en Amérique, et que la vine demandoit une grande main-d'œuvre (2) ;

_____

(1) On en a déjà planté depuis long-temps en Pensyl-
anie et en Virginie, et j'ai su qu'ils avoient donne de bon
aisin et du vin passable.

(2) Dans l'Orléanois, on paie la façon de l'arpent 30 liv.
u vigneron, et on ne le nourrit point. Il en fait à peine
inq par an ; c'est 150 liv. Comparez ce prix au prix des
ages en Amérique, et a celui du vin de France qui y est

parce que d'un autre côté le vin d'Europe seroit long-temps à meilleur marché. Il m'en
fournit la preuve lui-même, il me fit hoire
de très-bon roussillon, qui ne lui coûtoit pas
12 sols la bouteille par commissionnaire, et
j'ai su que le même vin de première main
coûtoit entre 8 et 9 sols tous frais compris.

On doit regarder aussi les oiseaux comme
un des grands obstacles à la culture de la vigne. On voit souvent en Amérique des nuées
de *black birds*, oiseaux noirs, qui, s'abattant
sur une vigne, peuvent la dévaster en un
instant. Il faudroit imaginer des moyens pour
les détourner.

Toutes les pâtures, tous les champs américains sont, comme je vous l'ai déjà di
ailleurs, environnés de barrières en bois. C
sont quatre morceaux de bois, de onze pied
chacun, et d'environ sept à huit pouces d
circonférence, posés les uns au-dessus de
autres par intervale, et soutenus par des
postes. Ces morceaux de bois, appellés *rails*
coûtoient à Springmill, en chêne, 10 livre
10 sols, en *chesnut* ou noyer, 21 livres

transporté, et voyez s'il est possible de cultiver la vigne e
grand : on en aura quelques quartiers, comme on peu
avoir des serres chaudes.

Lorsque vous fournissez le bois, chaque
espace de onze pieds vous coûte près de
3 schellings, ou 28 à 30 sous, à planter. On
voit par-là que les barrières en bois sont
très - dispendieuses. M. L—, qui l'avoit
remarqué, et qui voyoit d'ailleurs qu'on
pouvoit employer le bois à d'autres usages
plus utiles, qu'on devoit le ménager, at-
tendu sa rareté naissante, avoit imaginé de
creuser des fossés de six pieds, d'en rejetter
la terre sur son pré, d'y planter des haies,
et par-là de rendre le passage impraticable
aux bestiaux. C'est une opération agricul-
turale qu'on ne sauroit trop recommander.
Les Américains abandonneront sans doute
un jour les fences ou barrières en bois. Cependant ils croient généralement les fossés
coûteux; il faut les réparer souvent, parce
que les froids et les inondations les ruinent.
Il se peut que les fences soient moins coûteux, dans les pays plus éloignés des villes
plus au milieu des bois. On calcule qu'un
nègre peut faire cent trente à cent cinquante
rails ou barreaux de bois dans un jour. »)

Ce pays est plein de sources; nous en
vîmes de fort belles. M. L— nous dit qu'on
pouvoit creuser la terre de deux pieds

sans en trouver; il nous en montra une qu
faisoit aller un moulin considérable nuit e
jour, et qui servoit à arroser ces prés a
besoin.

C'est une richesse que le voisinage d'u
moulin. M. L— nous dit qu'il envoyoi
son grain à celui de son voisinage ; le meû
nier lui en payoit comptant le prix. Ce meû
nier étoit fort occupé, car de tous les côté
on lui apportoit du bled ; il étoit marchan
de farine, il en avoit un magasin considé
rable, et il expédioit ses barils par la Skullkil
M. L— nous dit qu'il ne cessoit de s'é
tonner que le meûnier vendît au dehors s
farine si peu chère, lorsque le bled étoit che
Ce phénomène commercial tient à ce doubl
fait, que l'achat primitif de bled se fait e
grande partie par échange, et que la vent
au dehors se fait argent comptant. Or, t
est le prix de l'argent, que quoique no
minalement le meûnier ait dans son échang
payé le bled plus cher, il gagne cependai
en le vendant moins cher, contre de l'arge
comptant. —L'économie de la main-d'œuv
dans la mouture peut aussi contribuer a
bas prix des farines.

Je demandai à M. L— où il achet

viande? Quand un voisin, me dit-il, tue
bœuf, un mouton ou veau, il avertit ses
isins, qui prennent ce qu'ils veulent, et
ent ce qu'ils doivent garder.   Comment
ie-t-on? En argent, ou l'on tient un compte
urant, parce qu'on se rend à l'occasion. —
L · achetoit encore de la viande de Phi-
lelphie.

Comme il étoit seul, il n'avoit point de
sse-cour, point de pigeons, point de fro-
ige : on ne fi oit point chez lui; on n'amas-
it point de plumes d'oies. Cette industrie
mière et économique , qui n'est bien
ercée que par les femmes, étoit nulle pour
i, et c'étoit une grande perte. Il ne re-
ieilloit point d'avoine, il donnoit à ses
tiaux ou du bled d'inde, ou du sarra-
   moulu. Je vis dans de vastes champs
   bled d'inde, une quantité immense de
   combrès. On les donnoit par morceaux
   bestiaux.

   . L— avoit un tour chez lui, et un
it attelier de menuiserie. C'est un meuble
   essaire à la campagne.

   a terre étant un sol calcaire, il avoit pris
   arti de faire de la chaux; elle se vendoit
   bien à Philadelphie, où l'on bâtit beau-

coup. Il trouvoit que c'étoit le meilleu
moyen de se défaire de son bois, dont l
profit, suivant lui, devoit payer sa terre.

Son industrie s'étoit portée sur un autr
point. Il avoit obtenu de l'assemblée géné
rale la permission de construire un *ferry*
boat ou bac, pour transporter hommes o
marchandises des deux bords de la rivière
Il croyoit que ce ferry lui rendroit un jou
plus de 50 pounds, parce que ce passag
devoit être très-fréquenté.

Le prix étoit 2 sols pour un homme,
pour un cheval, 1 schelling ou 14 sols pou
une voiture.

Il s'occupoit encore de construire un mou
lin à scie.

Toutes ces entreprises, faites et exécuté
en même temps, lui coûtoient beaucoup,
distrayoient son attention de ce qui devo
l'intéresser d'abord, du soin de monter u
bonne ferme.

Les terreins qu'il avoit nouvellement d
frichés, produisoient bien au-delà des terr
de France. Il avoit eu de mauvais bled cet
année; j'en vis, il étoit ratatiné et maigr
quoiqu'il eût promis d'abord beaucoup, c
il avoit cru à une hauteur prodigieuse. M. L

ne dit que le *mildew* en étoit cause, et
qu'il avoit perdu plus de trois cents boisseaux. Voici l'origine du *mildew*. Lorsque
la saison s'avance, il survient des brouillards
ou rosées très-fortes ; le soleil, qui paroît
tout à coup, et les dissipe, évapore trop
rapidement les gouttes, dont les grains sont
couverts, et ce passage trop subit du froid
et de l'humide, au sec et au chaud, affoi-
blit la plante et la dessèche : tel est l'effet
du *mildew*. C'est un mal très-général en
Pensylvanie.

M. L— me dit qu'il n'y avoit d'autre
remède que de semer plutôt, afin que le
grain fût plus vigoureux, lors de la saison du
mildew.

Il m'assura qu'en mettant de côté les dépenses extraordinaires occasionnées par son
entrée, son ignorance, et les improvemens
ou améliorations, sa terre lui rendoit, et
bien au-delà, de ses avances.

Cette ferme avoit coûté à M. L— 3,300
pounds, c'est-à-dire 46,000 livres, dont
partie seulement avoit été payée comptant,
ce qui doit être remarqué ; car il y a souvent une différence d'un tiers ou même
plus, lorsque tout est payé comptant.

M. L— m'assura que la maison seule

avoit coûté cette somme à bâtir, et cela est très-croyable.

Les personnes qui desirent en général faire de bons marchés doivent acheter des terres bâties ; quoique le bâtiment ait coûté, il entre pour peu de chose dans la considération du marché.

Pour cette somme, M. L— avöit une belle maison en pierres, trois jardins, deux cents cinquate arpens en prairies, bonnes terres labourables et bois, droit de pêche sur une partie de la Skullkill, etc.

Cependant on m'assura qu'il avoit payé trop cher, et que le prédécesseur de celui qui la lui avoit vendue, ne l'avoit payée que 2800 pounds, et voici pourquoi : celui-ci l'avoit acquise pendant la guerre, tandis que M. L— l'avoit achetée dans un temps où le prix des terres étoit monté, en 1784 ou 1785.

Maintenant le prix en est beaucoup diminué (1).

_____

(1) Depuis que cette lettre est écrite, j'ai appris que M. L— cherchoit à vendre sa terre. Il ne pouvoit choisir un moment plus favorable. Le séjour du congrès, qui se fixe à Philadelphie pour dix ans, renchérit prodigieusement toutes les terres dans le voisinage.

En s'établissant dans ce pays, il avoit eu de grands désavantages. Il étoit seul et sans famille ; il parloit peu l'anglois. Faute de ne pas entendre la langue du pays, et de ne pouvoir se faire entendre, il s'étoit brouillé avec ses voisins. — C'est un malheur, à la ville, que de vivre mal avec ses voisins ; c'en est un bien plus grand à la campagne ; là, vous avez plus souvent besoin de secours mutuels ; vous vous en privez, en devenant ennemis : et quand on ne s'entend pas, quand, d'ailleurs, on a des intérêts voisins, ou qui peuvent se croiser, il est si aisé de devenir ennemis, de chercher à se nuire ! Lors même qu'on n'en viendroit pas à cette extrémité, la différence des langues amèneroit toujours l'indifférence, et l'indifférence est un poison ans la vie rurale.

Aussi ne conseillerai-je jamais à un étran-er de venir s'établir ici, de prendre seul ne ferme, s'il ignore la langue.

Heureusement M. L— n'avoit pour voisins ue des quakers ; et quoiqu'il eût des procès vec eux, il m'en fit l'éloge, et il me dit qu'il moit mieux plaider avec eux, qu'avec d'au-es sectaires, parce qu'en s'adressant à leurs iciens, on obtenoit plus aisément et plus omptement justice.

Aa 3

Quoiqu'isolé, quoique luttant contre tous ces désavantages, il m'assura qu'il étoit heu-reux, et qu'il ne lui manquoit, pour l'être complettement, que d'être entouré de sa fa-mille, qui étoit en France.

Il s'occupoit toujours de météorologie, et c'étoit lui qui faisoit les tables météorolo-giques de chaque mois, publiées dans le *Columbian magazine.* Ce sont certainement les plus exactes et les plus soignées qui aient paru dans ce continent.

Il me dit qu'il ne croyoit pas qu'il y eût une grande différence entre ce climat et celui de Paris ; que les froids y étoient plus secs et moins humides ; que la neige et les glaces n'y tiennent pas très-long-temps ; qu'il n'y a point de semaine où il n'y ait de beaux jours, et où le soleil ne paroisse ; qu'il y pleut davantage qu'en France , mais rarement deux jours de suite ; que la chaleur y est quel-quefois plus intense et plus à charge ; qu'elle provoque davantage la sueur et la pesanteur. Enfin il me dit que les variations y sont plus fréquentes et plus rapides. En effet, pendant que j'étois à Springmill, le thermo-mètre sauta de 26 à 11, du jour au lendemain; ce qui prouve bien la nécessité de porter cons-tamment dans ce pays des habits de drap.

Il me raconta un phénomène bien extraordinaire en météorologie ; c'est que la marche du baromètre étoit, en Amérique, contraire à celle qu'il avoit en Europe. En Europe, il monte vingt-quatre heures avant qu'il se dispose au beau temps, et il baisse de même pour le mauvais. C'est ici le contraire. Quand le temps doit être mauvais, le baromètre monte très-rapidement et subitement, puis il descend ensuite graduellement.

Voici le résultat des observations de ce François pendant quatre années.

Les plus grands froids, dans cette partie de la Pensylvanie, sont communément de 10 et 12 degrés au-dessous du point de congélation de M. Réaumur ; les plus grandes chaleurs sont de 26 et 28 degrés au-dessus. Le terme moyen de toutes les observations de quatre ans, ou la température, est de 9 degrés $\frac{4}{10}$; la hauteur moyenne du baromètre est de 29 pouces 10 lignes $\frac{1}{10}$, pied anglois, sa variation de 22 lignes ; le vent dominant, ouest-nord-ouest. Dans l'année, il y a environ 15 jours de tonnerre, 76 jours de pluie, 12 jours de neige, 5 jours de tempête avec pluie. Ces 81 jours de pluie, avec ceux de neige, donnent 35 pouces d'eau, pied françois. Le ciel n'est jamais couvert trois

jours de suite. Pays très-sain, très-végétatif.
La moisson des bleds se fait environ du 8 au
12 juillet. Aucune maladie régnante n'a été
remarquée pendant ces quatre années d'observations.

LETTRE XX.

Voyage de deux François vers l'Ohio.

Du 10 septembre 1788.

UN hasard m'a procuré une bonne fortune;
c'est la rencontre d'un François éclairé, qui
voyage dans ces contrées, non pour gagner
de l'argent, mais pour s'instruire. Ce François s'appèle *Saugrain*. Il est de Paris. Vous
avez vu son aimable sœur chez M. *Har-
douin* (1).

M. Saugrain est un naturaliste plein d'ardeur. Différentes circonstances l'ont d'abord
attaché au service du roi d'Espagne, qui
l'avoit fait passer dans l'Amérique espagnole,
pour y faire des recherches de minéralogie
et d'histoire naturelle. — Après la mort de

---

(1) Célèbre avocat, enlevé à la fleur de son âge, et qui
sera long-temps regretté par ses amis.

don *Galvès*, qui le protégeoit, il est repassé en France. — En 1787, il forma le projet, avec M. *Piqué*, qui avoit des connoissances en botanique, de voyager dans le Kentucké et le long de l'Ohio. — Ils avoient aussi dessein d'examiner s'il étoit possible de fonder, dans cette partie du continent américain, un établissement pour quelques familles françoises qui désiroient s'y fixer.

Je déjeûnai avec eux, en avril 1787, chez le docteur Guillotin (1), le jour même de leur départ de Paris. — Arrivés à Philadelphie, ils se hâtèrent de passer à Pittsburg-sur-l'Ohio. — L'hiver les y retint. Le froid fut excessif cette année. L'Ohio gela, ce qui arrive rarement. — MM. Piqué et Saurain s'étoient établis à quelques milles du ort Pitt, dans une maison qui étoit ouverte resque de toutes parts; aussi souffrirent-ils eaucoup. Quoiqu'échauffés par un grand u, et enveloppés de plusieurs couvertures, s avoient peine à se garantir du froid. — Le ermomètre de Réaumur descendit à 32 de-

—————

(1) Ce docteur, qui ne prévoyoit pas alors que la révo-on françoise fût si prochaine, ni le rôle qu'il y joueroit, rchoit, comme moi, à former un établissement dans les ts-Unis, pour se soustraire à l'intolérable tyrannie des rs françois.

grés, et éclata. Dans le mois de février, où ce
phénomène arriva, le froid moyen de Philadelphie étoit de 16 degrés. — Ces jeunes gens
étoient obligés de fendre eux - mêmes leur
bois, et d'apprêter leurs repas, qui consis
toient le plus souvent en venaison et e
pommes de terre. — Le pain étoit cher e
rare. — Pendant leur séjour, assez long dan,
ce canton, ils firent différentes expériences,
M. Saugrain y pesa les différentes espèce
de bois, avec une balance hydrostatique qu'i
avoit apportée : il rechercha aussi quels boi
donnoient plus de potasse, et quelle est l
meilleure. — Plusieurs expériences le con
vainquirent que la tige de maïs en rendoit plu
à proportion que tout autre. — Il examina
les différentes mines du pays ; il en trouva
de fer, de plomb, de cuivre, d'argent, tant
de ce côté, qu'en descendant l'Ohio. — On
lui parla d'une riche mine de fer, appartenante à M. Murray ; mais on ne voulut pa
la lui laisser voir.

Le printemps, en ouvrant la navigation
de l'Ohio, rendit à ces voyageurs la liberté
de suivre leur projet. Ils s'embarquèrent en
avril, dans un bateau, avec provisions, arme
et argent. Ils étoient trois François. M. Ragué
s'étoit joint à eux, ainsi qu'un Virginien

Arrivés au Muskingum, ils y descendirent, et virent l'établissement que commençoit le général *Harmar*, qui avoit avec lui des soldats de la Nouvelle-Angleterre.

S'étant rembarqués, ils rencontrèrent, à quelque distance, une espèce de radeau, monté par un grand nombre de sauvages, qui les hélèrent. Ne leur soupçonnant aucune intention sinistre, ils se mirent en travers et les attendirent. Pour les prévenir même à cet effet, ils attachèrent un mouchoir blanc à leur pavillon, en signe de paix. Mais M. Saugrain ayant apperçu un sauvage qui vouloit sauter dans leur bateau, le couteau à la bouche, lui tira un coup de pistolet qui le renversa. Sur-le-champ, décharge de la part des sauvages, qui tua un cheval dans le bateau des François, cassa un doigt à M. Saugrain, et blessa M. Piqué. Ces derniers ripostèrent, tirèrent treize coups, tuèrent ou blessèrent différens sauvages; mais ceux-ci étant prêts d'aborder leur petit bateau, les rançois crurent plus prudent de l'abandoner et de se jetter à la nage. Plusieurs sauages les suivirent, et gagnèrent avec eux le ord du fleuve. Là, M. Piqué fut assailli par ifférens Indiens, qui le tuèrent de plusieurs oups de couteau. M. Saugrain fut fait prison-

nier, en se défendant. Il est probable que ces
Indiens avoient massacré son compagnon,
parce qu'il étoit plus vieux; ils le gardoient,
lui, comme le plus jeune, et dans le dessein
sans doute de le conduire chez eux et de l'im-
moler. Cette idée ne se présenta pas d'abord à
M. Saugrain; il se laissa lier par ces sauvages,
et cependant il eut la force de prendre encore
dans les poches de son infortuné compagnon,
les différens effets qu'elles contenoient, et
il courut ensuite pendant un mille avec les
sauvages, pour rejoindre leur radeau, que
le courant entraînoit. Quand ils en furent
près, on l'obligea de se jeter à la nage, et on
l'amarra à ce bateau. Un Indien alors lui
donna un grand coup sur la tête; ce coup
fut comme un avertissement pour lui du
sort qui le menaçoit, et tout à la fois, saisi
de frayeur, et guidé par son courage, il résolut de s'échapper. Rompant les foibles
liens qui l'attachoient, il nagea contre le
courant, avec une force incroyable. Aucun sauvage n'osa le suivre, mais on lui tira
différens coups de fusil, dont une balle l'at-
teignit au cou, mais sans le blesser griéve-
ment; enfin il regagna la terre, et y retrouva
le Virginien. Malheureusement ils étoient
presque sans vêtemens, sans provisions, sans

moyen d'en avoir ; ils passèrent quatre jours
dans les bois , et craignant qu'il s'écoulât un
long-temps , sans voir un bateau, ils s'occupèrent d'en construire un. Au milieu de leurs
travaux , ils furent découverts par ces mêmes
sauvages , qui , naviguant sur ce fleuve ,
leur tirèrent quelques coups de fusil , mais
sans les blesser. Enfin . un bateau américain , qu'ils apperçurent , les délivra de leur
cruelle angoisse , et les rendit au fort Pitt.
M. Saugrain n'a jamais pu savoir par quels
sauvages il avoit été attaqué. Il présume qu'il
y avoit des blancs parmi eux , qui , corres-
pondant avec Pittsburg , ou même fréquen-
tant cette ville , avoient pu être instruits de
leur voyage , et qui , leur soupçonnant de
l'argent , avoient formé le projet de s'en em-
arer. Quoi qu'il en soit , il perdit tout dans
e malheur , son argent, ses habits et ses
apiers , et il fut obligé de revenir à Phila-
elphie , où je le trouvai, et d'où il se pro-
osoit de repartir pour l'Europe.

Il me communiqua différentes observa-
ons qu'il avoit faites. La vallée qu'arrose
hio lui avoit paru la plus riche, la plus
rtile qu'il eût vue. La végétation y étoit
ne force et d'une rapidité incroyables. On y
uvoit les plus beaux arbres, et leurs espèces

varioient à l'infini. On y semoit le chanvre e
le tabac, pour y dessécher, y appauvrir le
terres trop riches en sucs, pour y porter du
bled, qui ne vient qu'en herbe. Le maïs
étoit d'une hauteur prodigieuse ; les bestiau
y acquéroient un embonpoint extraordinaire
dans l'hiver même ils trouvoient à se nourri
avec une espèce de canne ou roseau tendre
qui perçoit au travers des neiges, et que le so
produit avec abondance. L'hiver n'y étoi
jamais assez froid pour empêcher les ani
maux de paître à l'air.

La facilité de faire produire à la terre
presque sans peine, le grain dont on avoi
besoin, la facilité d'engraisser des bestiaux
de faire du wisky, de la bierre et du cidre
et mille autres avantages, attiroient sans cess
des émigrans de ce côté. Pleins d'activit
pour bâtir leur première cabane, ils jouissen
ensuite, dans le sein de la paresse, du frui
de leur travail. Un habitant de ces contrées
qui est au milieu des bois, travaille à pein
deux heures par jour, pour sa subsistanc
et celle de sa petite famille. Il passe presqu
tout son temps à se reposer, ou à chasser, o
à boire. Les femmes filent la toile, et font le
habits qui doivent couvrir leurs maris e
leurs enfans. M. Saugrain avoit vu de trè

bonne toile et de bon drap fabriqués dans ces cabanes. Il n'y a presque pas d'argent dans ce pays ; tout se fait par échange. On achète du wisky, avec du bled, ou l'on échange du mouton, contre du porc.

M. Saugrain vit, à 5 à 6 milles de Pittsburg, sur une espèce de roc, un avocat normand, nommé Pintreau, qui y étoit établi avec une femme et trois enfans. Elle étoit jolie, bien élevée, douée de connoissances, et cependant c'étoit une vraie ménagère. Toute cette famille paroissoit heureuse ; le mari labouroit, alloit vendre ses provisions à la ville, prenoit, pour se reposer, un livre dans une petite bibliothèque, qui faisoit ses délices. Il étoit arrivé à Pittsburg avec 50 louis. Il y avoit acheté pour 25 louis, deux à trois cents acres, sur lesquels étoit une petite cabane et un jardin ; et par son travail, il avoit augmenté l'un et l'autre. Il vivoit de pommes de terre, de pain, de cochon, d'œufs, de bœuf, et buvoit du wisky.

Les sauvages continuent toujours à fréquenter le fort Pitt, et ils infectent l'Ohio. M. L— me dit qu'ils cesseroient leurs ravages très-promptement, si le congrès vouloit montrer de la fermeté, et les punir. Il m'ajouta que les établissemens qui se multiplioient au-delà de l'Ohio, les forceroient de s'éloigner.

Le génie actif des Américains les porte toujours en avant. Quand ils ont passé quelques années sur un terrein, ils vont sur un autre, où ils espèrent se trouver mieux, et de cette manière, ils vont s'étendre à l'ouest et au sud. — M. Saugrain n'a pas le moindre doute que, tôt ou tard, les Espagnols seront forcés d'abandonner le Mississipi, et que les Américains le passeront, pour s'établir dans la Louisiane. — Il avoit vu ce dernier pays; il le regardoit comme une des plus riches et des plus belles contrées de l'univers.

M. Saugrain étoit revenu de Pittsburg à Philadelphie, en sept jours, à cheval. — Il s'y étoit rendu en cabriolet; mais il avoit employé quinze jours. — On y a établi une poste aux lettres, et l'on trouve de bonnes auberges sur la route.

Addition à cette lettre, depuis qu'elle a été composée.

M. Saugrain est tellement enchanté de la vie indépendante des solitaires du Kentucké, qu'en 1790, il est retourné seul pour s'y établir, malgré le désastre de son premier voyage.

Fin du premier volume.

TABLE

DES

SOMMAIRES ET MATIÈRES

CONTENUS DANS CE VOLUME.

Fin de la Table.

CPSIA information can be obtained
at www.ICGtesting.com
Printed in the USA
LVOW10s0207260617
539313LV00032B/1457/P